Women in Motion

여성들 이주하다

지구화, 국가정책, 아시아 노동이주

Nana Oishi 저

이안지영 차미경 허오영숙 권미경 공역

박영story

한국어판 서문

『여성들 이주하다—지구화, 국가정책, 아시아 노동이주』한국어판 출간에 서문을 쓸 수 있게 되어 정말 기쁘게 생각합니다. 특히 이 책이 여성 인권과 이주민 문제에 헌신해 온 이안지영, 차미경, 허오영숙, 권미경 님에 의해 번역되어 더더욱 기쁩니다. 그들의 노고에 감사드립니다.

이 책이 처음 출간된 2005년 이후로 이주여성들의 상황에 많은 긍정적 변화가 있었습니다. 전 세계 있는 이주여성들, 특히 이주 가사 노동자 여성들이 이주 목적국 여성들과 함께 국제 사회에 자신들의 목소리를 전달하기 위해 연대하고 있습니다. 그뿐 아니라 다양한 풀뿌리 운동들이 모여 지구적인 연대 활동도 펼치고 있습니다. 2006년에는 전 세계에 있는 이주 가사 노동자들과 목적국 가사 노동자들이 함께 모여 가사 노동자 권리 증진을 위한 첫 번째 국제 회의를 개최하기도 했습니다. 2009년에 제네바에서 열린 국제노동회의에서는 전 세계에 퍼져 있는 가사 노동자 단체들과 연대 단체들을 조직하고자 국제가사노동자네트워크International Domestic Workers Network가 설립되었습니다. 이러한 노력의 결실로 2011년 6월에 국제 노동기구에서 <가사노동자를 위한 괜찮은 일자리 협약 (189호) >이 채택되었습니다.

그럼에도 불구하고 여전히 변하지 않는 많은 문제들이 있습니다. 이주여성들에 대한 학대는 여전히 전 세계적으로 벌어지고 있고, 개발도상국 정부들은 때때로 여론의 압력을 이유로, "자국" 이주여성들을 보호한다는 명목으로, 이주여성 금지조치를 내리곤 합니다. 일부 여성들은 그러한 금지조치 때문에 국경을 넘다가 불법 이민자가 되어 더 취약한 상황에 놓이게 됩니다. 대다수 목적국들이 앞서 언급된 국제노동기구의 189호 협약을 포함한 이주 관련 국제 협약들을 비준하지 않는 것에서 알 수 있듯이 이주에 대한 전 지구적인 거버넌스 체제는 여전히 제대로 작동하지 않고 있습니다. 그러한 맥락에서 이 책은 유용한 시사점을 주고 있습니다.

젠더와 이주문제를 둘러싸고 해결되어야 하는 문제들이 여전히 산적해 있습니다. 특히 극단적인 민족주의와 반이민 정서가 증가하고 있는 지금 시점에 더더욱 그렇습니다. 이러한 시기에 이 책이 번역되어 한국 독자들에게 다가갈 수 있게 되어 기쁘게 생각합니다. 더 많은 한국 사람들이 이주의 젠더적 차원에 대해 더 많은 관심을 갖고 알아가기를 바랍니다.

마지막으로, 저는 어려운 시간들 속에서 고통받으면서도 자신의 삶을 지켜나가고 후대에 영감을 준 지구상의 모든 여성들, 한국의 '위안부' 여성들을 포함한 모든 여성들에게 바치고 싶습니다. 일본 시민으로서, 저는 여성들 간에 그리고 개별 시민들 간에 형성된 상호 이해와 연대의 마음이 정치적 이익을 넘어설 수 있기를 진심으로 바랍니다.

2018년 11월
나나 오이시, 멜버른 대학교 아시아 연구소 교수

역자 서문

　최근 십 년간 불어온 '다문화주의' 열풍은 한국에 살고 있는 아시아 이주자에 대한 다양한 관심을 끌어왔다. 이미 우리의 삶은 아시아에서 건너와 한국 땅에 발을 딛고 살아가는 이주 노동자, 결혼 이주자, 난민, 학생, 사업가 등 다양한 아시아 이주자들의 삶과 맞물려 있다. 함께 일터에서 일을 하고, 가족을 꾸리고, 친구가 되고, 함께 공부하면서 우리의 삶은 이제 더 이상 한국이라는 국경에 갇혀 있지 않다. 또한 한국인들도 다른 아시아 국가로 이주해 그곳의 구성원으로 살아가고 있다.

　나나 오이시는 이 책을 통해 한국을 넘어서 아시아라는 큰 틀에서 아시아 여성들이 왜, 그리고 어떻게 이주하고 있는지를 질문한다. 저자는 아시아의 출발국과 목적국, 그리고 경유국을 유연하고 변화하는 관점으로 해석하면서 각국의 정책들이 어떻게 여성들의 이동에 영향을 미치는지를 설명한다. 또한 동시에 아시아의 이주여성들이 자신들이 통제할 수 없는 거시적인 정책적 흐름 속에서도 어떻게 자신의 삶을 협상하고 행위해 나가는지를 제시함으로써, 아시아 여성의 이주에 관한 총체적 관점을 가질 것을 제안한다.

　이 책의 출판은 한국에서 이주여성들과 활동하던 번역자들이 아시아 여성 이주 현상을 다각도로 이해하고 접근하려던 노력에서 시작되었다. 이 책이 한국에서 다문화라는 슬로건을 넘어 이주민이 처한 상황과 조건을 좀 더 이해하고 선주민과 함께 살아갈 수 있는 사회를 만드는 데 도움이 되길 바란다. 마지막으로 책이 나올 수 있도록 노력해주신 박송이 편집자님께 감사의 마음을 전한다.

2018년 11월
번역자 일동

women
in
motion

차 례

CHAPTER 01

서론: 전 지구적 이주와 여성 3

CHAPTER 02

경제발전과 이민정책―목적국 정부와 사회의 역할― 31

CHAPTER 03

가치 중심 송출정책―송출국의 역할― 83

women in motion

1. 서론:
전 지구적 이주와 여성

1장
서론: 전 지구적 이주와 여성

열대 소나기가 지나간 어느 한산한 저녁 시간, 우리는 작은 마을에 위치한 레나의 아담한 집에서 휴식을 취했다. 레나는 아들에게 애정 어린 눈빛을 보내며 "다시는 제 아들 곁을 떠나지 않을 거예요"라고 온화한 목소리로 말했다. 레나는 12년간 홍콩에서 일을 하다 이제 막 필리핀으로 돌아온 참이었다. 레나는 대학 교육을 어느 정도 받았지만 더 안정되고 많은 월급을 받기 위해 필리핀을 떠나 홍콩 가정에서 가사 노동자[1]로 일하는 것을 선택했었다. 레나가 말했다. "제 아들의 미래를 위해서 우리 가족에게 더 많은 돈이 필요할 거라고 생각했어요." 그렇지만 집을 떠난 그 순간부터 레나의 삶은 극심한 변동에 휩싸였다. 레나가 홍콩으로 가는 것을 반대했던 남편 호세는 레나가 떠난 지 8개월 만에 숨을 거두었다. "남편이 예전에 교통사고를 당했는데 제가 떠난 뒤 건강이 악화됐어요. 남편은 외로워했고, 저를 몹시 보고 싶어 했지요. 저도 마찬가지였고요." 그 후 얼마 지나지 않아 레나의 부모님도 세상을 떠났다. "그때 홍콩에 간 것을 후회했어요. 그렇지만 이제 와서 어쩌겠어요?" 그녀는 하나뿐인 아들 파올로와 이제 필리핀에 살면서 제자리를 찾겠다고 결심한 듯 보였다. 그러나 몇 년 지나지 않아 나는 레나가 홍콩으로 다시 돌아가 가사 노동자로 일하고 있다는 사실을 알게 되었다. 필리핀에서 안정된 직업을 구할 수 없었던 레나는 결국 자신과 아들의 생계를 위해 집을 다시 떠나야 했던 것이다.

레나는 현재 2억이 넘는 이주민 중 한 명이다. 그 수는 급격하게 증가해 왔다.[2] 중대한 사건으로 등장한 이주는 현재 전 세계 곳곳에 영향을 미치고 있다. 대다수 국가들은 더 이상 목적국, 출신국, 경유국으로 따로 구분되지 않으며, 오히려 이 셋이 일정하게 중첩되어 있다. 이주가 각 사회에 미치는 사회경제적, 정치적, 문화적 영향력이 점점 거대해지고 있으며 국가와 시민사회, 그리고 관련된 개인에게도 영향을 미치고 있다. 제7대 유엔 사무총장 코피 아난Kofi Annan은 이주가 가지고 올 복잡성과 계속되는 도전들에 관심을 기울이며 이주문제를 국제 사회의 최우선 과제로 선언했었다.[3] 레나의 사례는 오늘날 전 지구적 이주의 두드러진 특징인 '이주 인구의 여성화'[4]를 반영하고 있다. 지구화 세력은 임금이 낮고 순종적인 이주여성 노동력에 대한 수요를 모든 지역에서 증가시키고 있다. 1960년에서 2000년 사이에 전 세계 이주여성 인구가 3,500만 명에서 8,500만 명으로 두 배 이상 증가했으며, 2000년에 이르러서는 여성 인구가 전 세계 이주 인구의 48.6%를 차지했다.[5] 기존 인식과는 달리 이주는 더 이상 남성에게만 일어나는 현상이 아니다. 점점 더 많은 여성이 아버지나 남편을 따라서가 아니라 독립적인 노동자로 이주하고 있다. 그동안은 남성이 가족을 부양하고자 타국에서 일했지만 이제 여성이 바로 그 일을 선택하고 있다. 많은 여성이 생계 부양자로서 가족을 책임지고자 자국에서 멀리 떨어진 곳에 스스로의 힘으로 이주하고 있다.

경제의 지구적 재구조화는 많은 방식으로 이러한 변화에 중요한 역할을 하고 있다. 첫째, 경제의 지구적 재구조화는 부유한 국가의 중산층 여성들의 노동시장 진출을 촉진하고, 이들을 대신해 돌봄 노동을 제공할 이주여성에 대한 수요를 증가시킨다. 지난 몇 십 년 동안 전 세계에서 2인 생계 부양 가구의 수가 증가해 왔다. 전통적으로 남성들이 종사한 안정적 직업들이 탈규제화, 기업 구조조정, 외주화의 결과로 불안해지고 있다. 일부 여성들은 파트너의 경제적 불안정 때문에, 다른 일부는 중산층 삶의 방식에 대한 욕구로 노동시장에 진입하게 된다.

둘째, 많은 전문직 종사자들이 최근 몇 년간 일에 대한 압박감이 더 커지면서 초과근무를 하고 있다. 사업 간 경쟁의 증가로 직장 내 근무 시간이 증가하고, 일부는 밤이나 이른 아침에 교대 근무를 해야 한다. 수많은 가족이 일에 치이고, 일과 가족 사이에서 균형을 맞추는 데 어려움을 느끼면서 '시간에 쫓기게' 되었다.6) 공공 양육 시설은 부족하고, 가사를 할 시간도 부족한 2인 생계 부양 가족들은 외국인 보모와 가사 노동자에게 자녀를 돌보고 집안일을 관리하는 일을 의존하고 있다.

셋째, 지구적 경제는 개발국뿐 아니라 준개발국 및 개발도상국에서 '신흥 부유층'을 낳고 있다. 신흥 부유층은 국제 경제 팽창이 가져온 혜택을 누리면서 더 풍요롭고 안락한 삶을 영위하게 되었다. 이들은 집을 잘 관리하고 자녀를 잘 돌볼 수 있는 이주 가사 노동자와 보모를 찾는다. 입주 가사 노동자는 필요할 때를 대비하여 하루 24시간 대기 중이다. 입주 가사 노동자를 고용하는 것이 공적 보육 시설에 맡기는 것보다 더 선호되는데 이들은 부담스럽지 않은 비용으로 오랜 시간 개별적인 관심을 기울여 주기 때문이다.

넷째, 많은 산업국가에서 인구 고령화가 진행되면서 노인들을 위한 간호사나 여타 돌봄 노동자에 대한 수요가 증가하고 있다. 남성 간호사나 돌봄 노동자가 있긴 하지만 아시아에서 이 직업군에 종사하는 사람은 대개 여성이다.7) 예를 들어 미국과 영국은 필리핀에서 여성 간호사를 많이 받아들이고 있다. 캐나다는 입주 가사 노동자 프로그램을 통해 아시아 이주여성들의 자국 입국을 허용하고 있다. 이 여성들은 아이들이나 장애인 또는 노인들을 위한 돌봄서비스를 제공하면

서 집안일을 한다.[8]

    앞의 내용은 국가가 제공하는 복지서비스와 맞벌이 가정에 필요한 실제 돌봄 수요 사이에 간극이 있음을 보여주고 있다.[9] 전 세계적으로 복지국가들은 쇠퇴하고 있다. 복지국가가 제공하는 돌봄서비스는 노령화 인구 속도를 따라잡지 못하고, 질 높은 자녀 양육 서비스 욕구를 충족하지 못한다. 많은 국가에서 여성 이주노동이 이와 같은 돌봄 부족 현상의 해결책이 되고 있다. 여러 학자들이 '보모 사슬', '지구적 돌봄 사슬',[10] '재생산 노동의 국제 분업'[11]과 같은 용어를 통해 이미 지적해 온 것처럼, 지구적 경제 재구조화는 돌보미와 가정부로 일하는 이주 가사 노동자에 대한 수요를 전 세계적으로 증가시켰다. 한때 이 같은 경향은 산업화된 국가에서만 나타났지만, 오늘날 지구화는 산업화된 국가를 넘어서 중·저소득 국가에까지 미치고 있다.

    또한 제조업 분야에서도 이주여성에 대한 수요가 높다. 지구화는 '아래로의 경주'를 시작했다. 이는 전 세계의 국가들이 임금이 낮고, 순종적인 노동력을 기업들에 제공하기 위해 경쟁하고 있다는 뜻이다. 지구적 경쟁은 이주여성 노동력이라는 막강한 틈새시장을 열었다. 특히 해외로 이전하거나 외주를 줄 여력이 없는 다수의 기업들은 이주여성들이 가장 '적합한' 노동자임을 알아챘다. 점점 더 많은 이주여성들이 '지구적 상품 사슬',[12] 혹은 '지구적 가치 사슬'이라 불리는 생산 체계 속에 편입되었다. 지구적 가치 사슬은 재화와 서비스를 생산하기까지의 모든 부가가치 활동을 포괄하는 것이다.[13] 신흥공업국 NIEs[14]과 일부 개발도상국의 수출 위주 산업들은 이웃 국가들로부터 많은 수의 이주여성을 받아들이고 있다. 꽤 많은 필리핀 여성들이 대만의 공장에서 일하고 있고, 인도네시아 여성들은 말레이시아에서 같은 방식으로 일하고 있다. 더 중요한 사실은 자국과 비슷한 경제 수준의 다른 개발도상국에서 일하는 이주여성의 수가 늘고 있다는 점이다. 이웃 국가에서 일을 찾을 수 없는 스리랑카 여성들이 몰디브 공장에서 일하는 사례가 그 예이다.

종합하면 위와 같은 사실들은 성별에 따른 국제노동분업 과정이 점차 복잡해지고 있음을 시사한다. 과거에는 성별에 따른 국제노동의 분업이라는 것이 단순히 제3세계 여성들이 자국의 수출 제조 산업에 유입되는 것이었다. 이 여성들은 산업 국가의 소비자를 위한 상품 생산을 담당했다.[15) 오늘날 성별에 따른 국제노동분업은 이주여성들을 가치 사슬 속의 다양한 분야에 유입시키고 있다. 이 여성들은 현재 개발국, 준개발국, 일부 개발도상국의 '지구적 신흥 부유층'을 위해 일하고 있다. 이러한 의미에서 여성들의 국제이주는 북반구와 남반구 사이뿐 아니라 남반구 간의 매우 복잡한 불평등 체제와 관련되어 있다. 이는 성별에 따른 국제노동분업을 이해하고 대응하는 데 있어 새로운 도전을 불러일으킨다.

마지막으로, 국제적 범죄망을 통해 성장한 전 지구적 '성 산업'도 이주여성에 대한 수요를 발생시키고 있다. 성 산업이 국민총소득의 1%를 차지하는 일본의 경우, 15만 명이 넘는 이주여성들이 성 산업에 종사한다.[16) 이들 중 다수가 필리핀과 태국 출신인데, 동유럽과 라틴 아메리카, 최근에는 다른 아시아 지역에서 오는 여성의 수가 점차 증가하고 있다.[17) 일부 여성은 합법적인 '연예인 비자'로 입국하지만, 불법적인 통로로 들어오는 경우도 많다. 이러한 상황은 개발국에만 한정되는 것은 아니다. 아시아의 많은 개발도상국에서 이주여성들이 성 산업에 고용된다. 태국에는 2~3만 명의 미얀마 여성이, 인도에는 10만 명의 네팔 여성이, 파키스탄에는 20만 명의 방글라데시 여성이 성 산업에 종사한다.[18) 이러한 여성 중 상당수가 인신매매와 불법 이주의 피해자이다.

아시아의 여성과 이주: 퍼즐 맞추기

이 책은 합법적 단기 이주의 흐름에 초점을 두고 아시아[19] 이주여성을 살펴볼 것이다. 단기 이주는 영구 이주에 비해 관심을 덜 받아왔지만 현재 아시아와 그 밖의 다른 지역에서 국제이주의 큰 부분을 차지하고 있다. 일반적으로 알려진 사실은 아시아에서 산업국으로 영구 이주[20]하는 경우가 상당히 많다는 것이다. 하지만 수치로만 볼 경우 아시아 내 국가 간의 단기 이주가 훨씬 많다. 1970년 이후 급속한 경제 성장을 이룬 아시아 국가들이 다른 아시아 지역으로부터 다수의 이주자를 받아들이는 단기 이주정책을 채택했다. 북미와 같은 개발국들이 아시아계 이민자를 많이 받아들였지만, 국가별 연간 입국자 통계로만 보면 훨씬 많은 수의 아시아계 이민자들이 아시아 국가에 정착하고 있다. 이는 개발국들이 부분적으로 저숙련, 미숙련 노동자에 대한 제한된 정책을 펼쳤기 때문이다.[21] 예를 들어 다른 아시아 국가로 이주하는 필리핀 이주자는 북미 지역으로 가는 이주자의 10배에 이른다. 2001년 필리핀에서 다른 아시아 국가로 이주한 단기 이주자는 58만 2,584명인 반면, 미국과 캐나다로 영구 이주한 필리핀 이주자는 5만 1,308명에 불과했다.[22]

연구의 초점을 아시아에 두는 또 다른 이유는 바로 아시아에서 이주의 여성화 현상이 특히 두드러지기 때문이다. 아시아 이주여성은 1970년대 후반부터 큰 폭으로 증가했다. 현재 아시아는 이주여성 노동자의 주요 목적지이면서 전 세계 이주여성 노동의 공급지이기도 하다. 1978~2002년 사이 여성 이주자 수는 스리랑카가 17%에서 65%로, 필리핀이 15%에서 69%로, 인도네시아가 41%에서 76%로 상승했다. 2002년에 이미 4백만 명 이상의 아시아계 이주여성들이 아시아 지역에서 일하는 것으로 추정된 바 있다.[23] 이 수치는 합법적 이주자만을 반영한 것이기 때문에 미등록 이주자까지 포함하면 그 수는 훨

썬 많을 것이다.[24)]

국제노동기구ILO, International Labour Organization에서 일하면서 아시아 여성이주에 관한 보고서를 공동작성하는 동안[25)] 남성이주와 비교해 여성이주는 다른 양상을 띤다는 것을 알게 되었다. 남성이주의 경우 아시아 지역 내 거의 모든 개발도상국가에서 일어나는 반면 여성이주의 경우 필리핀, 스리랑카, 인도네시아 등 몇몇 특정 국가에서만 일어났다. 태국이나 네팔, 인도, 방글라데시에서는 이주하는 여성들이 일부 있기는 했다. 하지만 이들 국가 역시 높은 실업률, 낮은 임금, 빈곤 등과 같은 이주를 촉진하는 중요한 '유출 요소'를 가지고 있음에도 그 숫자는 상대적으로 미미했다. 신고전주의 경제이론에 따르면, 각 개인들은 높은 임금을 좇기 때문에 노동력은 상대적으로 풍부하지만 자본이 부족한 지역에서, 노동력은 부족하지만 자본이 풍부한 지역으로 이동한다.[26)] 이 논리는 남성이주에는 적용되는 듯하나 여성이주의 경우에는 그렇지 않다. <표 1.1>에 나타난 것처럼, 남성들은 소득이 낮은 국가(방글라데시, 인도, 파키스탄)에서 이주하지만, 여성들은 상대적으로 좀 더 부유한 국가인 필리핀, 스리랑카, 인도네시아에서 이주한다.

많은 연구들이 밝혀온 것처럼 빈곤은 실제 많은 여성들로 하여금 자국을 떠나 이주하게 하는 원인이다.[27)] 그러나 전 세계 최빈국 중 하나인 방글라데시에서는 여성 이주자가 거의 없다. 경제적 빈곤이 이주의 주요한 동력이라면 저소득 국가에서 이주하는 여성들이 왜 거의 없는 것인가? 개인적 견해로 볼 때 빈곤이 국제 여성이주를 일으키는 근본적 원인일지는 모르지만, 아시아 국가 간 이주 양상의 차이를 전부 설명하지는 못하는 듯하다.

게다가 높은 실업률이 이주를 불러일으킨다는 기존 경제적 측면의 가정 역시 실제 데이터를 보면 설명되지 않는다. <표 1.1>을 보면 파키스탄의 경우 여성 실업률이 남성 실업률보다 2배 이상 높다. 하지만 해외로 이주하는 파키스탄 여성은 극히 적어 그 수가 파키스탄 전체 이주자 수의 0.2%를 차지할 뿐이다. 스리랑카, 인도네시아, 필리핀 또한 여성 실업률이 남성 실업률에 비해 높다. 그러나 이들 국가에서 성별 간 실업률 차이는 성별 간 국제이주 비율의 차이보다 훨씬 작다. 요약하면 실업률이 항상 여성이주를 초래하지는 않는다는 점이다. 국제 노동시장에서 여성 노동력에 대한 수요는 늘 있었다. 그렇지만 아시아 저소득 국가의 많은 빈곤층 여성들이 그 흐름에 따라 이동하는 것은 아니다.

표 1.1 ▌일부 아시아 국가의 단기 이주, Circa 2002

국가	1인당 GDP (US$)	실업률(%)		이주자 수 (단위: 1,000명)			이주자 중 여성 비율 (%)	전체 이주자 수 (단위: 백만)
		남성	여성	남성	여성	전체		
송출국								
필리핀	4,170	9.4a	10.3a	189.8	453.5	682.3	69.2	7.6
스리랑카	3,570	8.7	12.8	70.7	133.0	203.7	65.3	1.0
인도네시아	3,230	n.a.	n.a.	116.8	363.3	480.4	75.7	1.4
비송출국								
방글라데시	1,700	3.2b	3.3b	266.9d	0.8d	267.7d	0.3d	2.5
인도	2,670	4.3b	4.3b	333.5	34.2	367.7	9.3	3.1b
파키스탄	1,940	6.7	16.5	104.2d	0.2d	104.4d	0.2d	n.a.

n.a.= 자료 구할 수 없음, a= 2001, b= 2000, c= 1999, d= 1998.
출처: AMC and MFA(2003); ILO(2004); SLBFE(2004); UNDP(2004); Zachariah et al.(2002)
　　인도의 연간 성별 이주 자료는 케랄라 지역에서 이주한 이주자의 성별 구성 비율을 사용해 도출한 최고 추정치이다.

　　그뿐만 아니라 아시아 여성이주의 최근 양상은 국제노동분업에 있어 국제이주를 국가의 역할 차원으로 설명하는 구조주의 이론에도 도전을 제기한다. 이중노동시장 이론은 국제이주를 국제체제 안에서 '주변'국을 대상으로 한 '중심'국의 착취 형태로 본다. 피오레는 국제

이주가 단지 주변국의 낮은 임금, 높은 실업률과 같은 '유출' 요인뿐 아니라 단순노동을 수행할 외국인 노동자를 필요로 하는 중심국의 '유입' 요소들에 따라 발생한다고 주장한다.[28] 그러나 이러한 접근과 세계체제론은 아시아의 중·저소득 개발도상국 여성들이 서구의 고소득 국가가 아닌 중소득의 아시아 국가로 유입되는 이유를 설명하지 못한다. 일부는 대다수 빈곤한 이주자들이 서구로 이주하기 위해 지불해야 하는 높은 송출비를 감당할 수 없기 때문이라고 주장한다. 그러나 최근 몇 년간 출발 전에 높은 송출비를 지불하지 않아도 되는 '임금공제방식'을 통해 가난한 사람들이 점점 더 많이 해외로 이주하고 있다. 마찬가지로 필리핀과 스리랑카의 빈곤층 여성들이 이런 방식을 통해 이주하며, 그 수가 계속 증가하는 추세이다. 하지만 다른 개발도상국들의 여성들은 이러한 선택을 하지 않는다.

국제 노동시장에서 이주여성에 대한 수요가 높지만 여전히 방글라데시, 파키스탄, 인도에 살고 있는 저소득층 여성 대다수가 이러한 수요에 부응하지 않는다. 누군가는 종교 때문이라고 말할지도 모른다. 무슬림과 힌두 여성의 경우에 자국 내 임금 고용에서조차 밀려났으므로 해외이주를 시도하지 않는다고 말이다. 그러나 이는 대부분 잘못된 통념이다. 파키스탄, 방글라데시, 아프가니스탄과 같은 일부 무슬림 국가 여성들이 해외로 이주하는 경우가 드물지만, 인도네시아나 무슬림이 지배적인 필리핀의 민다나오 섬 등 다른 무슬림 국가의 경우 무슬림 여성들이 이주여성의 중요한 공급원이다. 인도는 힌두교인이 80%를 차지하지만 인도 여성은 거의 필리핀 여성과 같은 비율로 자국의 노동시장에 참여해 왔다.[29] 이런 사실에도 불구하고 매우 적은 수의 인도 여성만이 홀로 해외에 일하러 나간다. 일부 국가에서 종교가 여성 고용에 제약을 가하는 것처럼 보이지만, 모든 국가의 여성 이주 양상을 설명하지는 못한다.

이와 같이 국가 간 차이를 불러일으키는 근본 원인은 무엇일까?

<표 1.1>이 분명히 시사하는 것처럼, 빈곤과 실업이 결정적 요인은 아니다. 그렇다면 무엇이 대규모 여성이주를 이끄는 결정적 요인인가? 이 질문에 답하기 전에 학자들이 국제 이주여성이라는 주제에 어떻게 접근했는지를 개괄해 보는 것이 유용할 것이다.

젠더와 이주: 개괄

많은 학자들이 오랜 기간 국제이주의 원인을 규명하고자 했다. 그러나 성별 차이에 관한 이주문제는 1980년 이전에는 큰 관심을 받지 못했다. 많은 연구들이 오랜 시간 이주가 남성에게만 해당하는 현상이라는 가정을 따랐다. 게다가 대다수 국가들이 이주와 관련된 성별 관련 통계들을 축적하지 않았다.[30] 1960년대 산업화를 이룬 많은 국가에서 가족 재결합을 이민정책의 중요한 원칙으로 받아들이면서 학자들이 여성 이주자를 가족 이주의 일환으로 다루기 시작했다. 그러나 여성들은 여전히 남성 이민자의 부양가족으로만 다루어졌을 뿐, 의미 있는 경제적 기여자로 인정받지 못했다. 일부 연구들이 젠더에 따른 변수들을 추가하기는 했지만 여전히 이주 모델에 '여성의 결혼 가능성'을 포함하는 방식이었으며 초점은 계속 가족연계 이주에 맞추었다.[31]

1980년대에 들어서 일부 학자들이 여성들의 도농 간 이주에 관심을 보이기 시작했고, 점차 국제 여성이주를 포함한 연구를 확장시켰다.[32] 그럼에도 불구하고 젠더는 주류 이주 이론에 포함되지 못했다. 앞서 언급한 신고전주의 경제 이론이나 구조주의 이론과 같은 전통적 접근들은 임금 격차나 노동의 수요 공급과 같은 거시적 유출－유입 요인들에 주된 초점을 맞추어 왔다. 그러한 접근들은 대개 몰성적인데, 이주를 남성만의 현상으로 바라보거나 이주의 원인이 남성과 여성 모두에게 같은 방식으로 작용한다고 가정했다.

최근의 접근들 또한 이주 이론의 젠더 주류화에 다소 소극적이었다. 네트워크 이론가들은 이주자의 구체적인 대인 관계 연결망에 초점을 맞추며 이주를 촉진하는 중요한 요인으로 바라본다.33) 이 이론은 많은 경험 연구에 의해 뒷받침되었다.34) 하지만 이 이론은 최근까지도 네트워크를 젠더 중립적인 것으로 취급했다. 한편 또 다른 학자들이 목적국에서 젠더화된 네트워크 자원이 가지는 함의에 대해 다루기 시작했다.35) 그러나 이주의 흐름에 있어서 네크워크가 성별에 따라 다르게 나타나는 영향에 대해서는 여전히 연구가 되지 않고 있다. 쿠란과 리베토 푸엔데스의 작업은 이러한 관점으로 접근한 중요한 시작점이다. 이들은 멕시코의 사회적 연결망이 여성과 남성의 **국제이주**를 똑같이 유발하지만, 남성의 **국내이주**에는 전혀 영향을 미치지 않는다는 점을 발견했다.36) 사회적 연결망에 관한 젠더적 함의는 더 많은 분석을 요한다.

네트워크 이론을 가지고 이주 양상의 차이를 설명하기는 다소 어렵다. 예를 들어 특정 국가들 사이에서 왜, 어떻게 네트워크가 발전하고, 또 다른 국가들 사이에서는 왜 그렇지 않은지를 설명하기가 어렵다. 이런 점에서 이주체제 이론은 대규모 이주가 시작되기 오래전부터 어떻게 그러한 네트워크들이 국가 간의 역사적, 지리학적, 정치적 연결을 통해 발전해 왔는지를 설명하는 데 유용하다.37) 하지만 1970년 이전의 필리핀과 사우디아라비아의 예에서 볼 수 있듯이, 그러한 연계망이 주요 송출국과 목적국 사이에 항상 존재하지는 않았다. 일반적으로 네트워크 이론을 통한 접근은 어떻게 이주의 흐름이 확장되었는지에 대해 많은 것을 설명해 주지만, 이주가 애초에 어떻게 시작되었는지에 대해서는 설명하지 않는다.

신경제이론은 다른 통찰력을 제공한다. 이는 '가구 전략'을 살펴봄으로써 미시적 수준의 맥락을 포함시킨다.38) 이 이론에 따르면 각 가구는 구성원의 재생산 및 생산 능력을 평가하고, 전체 수입을 최대화하기 위해 각자의 노동을 전략적으로 조직한다.[39] 많은 학자들은 이 이론이 가족과 개인 모두를 염두에 둔다는 점에서 그 유용성을 인정했다. 그러나 또 다른 학자들은 가족이 중립적이고 자율적인 행위자라는 이 이론의 기본 전제에 의문을 제기했다.

　일부 가구전략주의자들은 이주에 관한 의사 결정 기제에 영향을 미치는 가족 내 권력의 역학 관계와 가부장적 이데올로기에 초점을 맞추어 분석했다.[40] 이로써 남성과 여성이 가족 내부의 권력 위계에 따라, 또한 성별 역할에 대한 각기 다른 사회문화적 기대에 따라 어떻게 형성되는지를 명료하게 밝혀 왔다. 한쪽에서는 이러한 가구 전략 접근에 보다 비판적이었는데 이들은 가족이 항상 공동으로 행동하지 않으며, 또한 가구 전체를 위한 전략이 항상 가족 구성원들의 이익을 최대화하지는 않는다고 주장했다.[41] 이들의 견해에 따르면 가족 구성원들은 때로 자신만을 위한 선택을 하는데, 자신의 교육을 위해 돈을 벌기도 하고, 가족의 통제로부터 벗어나 독립을 추구하기도 한다는 것이다. 혼다그누 소텔로는 멕시코 이주자에 관한 연구를 통해 젊은 여성이 독립적으로 이주하는 현상은 가족을 위한 희생이라기보다 독립을 위한 통과의례로 인식된다는 사실을 발견했다.[42]

　가족 역할에 대한 정의를 분명히 내리기는 어렵다. 왜냐하면 가족은 모두의 행복을 위한 공간이기도 하지만, 권력 관계망 속에서 각 구성원 간의 이해가 충돌하는 투쟁의 장이기도 하기 때문이다.[43] 게다가 가구 전략 접근 이론에는 여성들의 결혼 여부나 삶의 주기에 대한 시각이 빠져 있다. 본 연구와 다른 사례 연구에서 보여주듯이 젊은 미/비혼 여성들은 자아실현과 독립을 위해 이주하는 경향이 있는 반면, 나이가 좀 더 많은 기혼 여성들은 가족을 부양하고 자녀의 교육을 뒷받침하기 위해 이주하는 경향이 있다.[44] 가족 내 가부장제와 노동의 성별 분업 정도가 항상 같지는 않다. 여성들의 삶의 주기에 따라 시간이 흐르면서 변하기도 한다.

여전히 국제 여성이주를 이론화하는 것은 어려운 일이다. 하지만 1990년대 중반 이후, 많은 학자들이 이주여성을 연구하기 시작한 것은 흥미로운 발전이라 할 수 있다. 특히 아시아 여성의 국제이주에 대한 연구가 급격하게 증가했다. 콘스타블은 홍콩에 거주하는 필리핀 가사 노동자에 대한 풍부한 민족지학적인 설명을 제공했는데, 가사 노동자들의 독립적인 이주 경험을 해석했을 뿐 아니라 이들이 가진 문제들을 고찰했다.[45] 콘스타블은 여성의 행위성과 주체성을 조명함으로써 이주 연구에 새로운 통찰력을 제공했다. 파레냐스는 로스앤젤레스와 로마에 거주하는 필리핀 이주여성에 관한 연구에서 여성의 행위성을 재생산 노동의 국제적 분업이라는 더 넓은 맥락과 연결시켰다.[46] 감부드는 이주자 본국인 스리랑카에 초점을 맞추어 이주자가 떠나고 난 뒤 지역 공동체와 가족을 살펴보고, 중동에서 일하고 돌아온 이주여성들을 인터뷰했다.[47] 그녀의 풍부한 민족지학적인 설명은 이주가 이주여성과 그 가족, 지역 공동체를 어떻게 변화시켰는지 보여준다. 친은 정치경제학적 관점에서 말레이시아에 거주하는 여성 가사 노동자에 대한 정밀한 분석을 수행했다.[48] 친은 국가의 역할에 초점을 맞추면서 어떻게 제3세계 여성들이 국가의 근대화 전략을 통해 국제 노동시장으로 편입되어 왔는지에 대한 흥미진진한 분석을 제공했다.

　위의 연구들은 제3세계 여성들의 이주 경험과, 그녀들을 전 세계 가사노동 영역으로 밀어 넣는 국제 정치·경제적 특성을 다루어 국제 이주여성에 대한 지각을 상당히 넓혀 주었다. 그러나 **초국적 이주 양상과 국제 여성이주의 원인 메커니즘**을 밝히고자 하는 나의 질문에는 여전히 답이 되지 않는다. 다수의 국가를 다루는 몇몇 연구는[49] 각기 다른 저자들이 수행한 훌륭한 사례 연구를 편집한 것이었다. 그러나 이러한 연구는 여성이주를 유발하는 공통 요소를 찾는 데 있어서 각 사례들을 동일한 변수를 사용하여 체계적으로 비교하고 대조하지 않았다. 파레냐스[50]의 작업이 아마도 여성이주에 관한, 최초이자 중요한 비교 연구일 것이다. 하지만 파레냐스의 연구는 유입국 측면에만 초점을 두었다. 따라서 송출국을 다룬 분석이 보강된다면 파레냐스의 연구가 더욱 풍부해질 것이다. 또한 앞서 언급한 것처럼 필리핀 및 아시아 여성들그리고 남성들 대다수가 북미나 유럽이 아닌 아시아 내에서 이주하므로 연구 범위를 서구권을 넘어 '남반구－남반구 이주'까지 확대하는 것이 중요하다. 특히 현재 남－남 이주의 흐름이 남－북 이주보다 훨씬 더 두드러지고 있다는 점에서 더욱 그러하다. 게다가 국제노동기구에서 행한 초기 연구 경험을 통하여,[51] 차등화된 전 지구적 경제의 영향력만큼이나 국가와 국제 사회가 이주에 영향을 미치고 있음을 인식하게 되었다. 특히 국제 여성이주 분석에서 초국가적인 거시 정치적 요인들을 설명할 필요가 있다.

여성이주에 대한 통합적 접근

이 책은 국제 여성이주의 초국적 양상을 일으키는 인과 기제를 통합적으로 접근하여 설명하고자 한다. 고스와 린퀴스트가 제안하듯이 이주를 종합적으로 이해하려는 시도들이 많이 있었다.[52] 이러한 시도들이 하나의 통합이론으로 정립되지는 않는다. 오히려 가족, 네트워크, 제도 등 거시적 수준과 미시적 수준 사이의 연계 요소를 규명해 내려는 다양한 이론들 속에 반영된다. 비록 이 시도들은 다른 연구대상에 초점을 맞추고 있지만 공통의 목표를 공유한다. 그것은 바로 '수준이 다른 사회적 조직들을 연결하고 송출국과 목적국을 동시에 분석하면서, 역사적이면서도 동시대적인 과정 모두를 분석에 반영하는 것'이다.[53] 나의 연구 목표는 이 같은 접근 속에서 이주문제에 젠더 차원을 포함하여 기존의 분석틀을 보다 발전적으로 완성하는 것이다. 나의 통합적 연구는 송출국과 유입국뿐 아니라[54] 내가 '비송출국'이라고 이름 붙인, 상대적으로 여성이주가 거의 일어나지 않는 국가 모두를 포함하여 이주의 다양한 요인들을 고찰할 것이다. 거시적 측면에서 여성이주의 인과 관계를 고찰하는 연구자들은 사회적 현상의 인과 기제를 온전히 이해하기 위하여 (1) 유사한 결과는 유사한 원인 때문이라는 가정 속에서 유사한 결과가 나타난 일련의 사례를 고찰하고, 공통의 인과 요소를 규명하기를 시도하는 '일치법', (2) 유사한 조건 속에 있지만 다른 결과가 나타난 두 종류의 사례를 비교하고, 그 차이를 설명할 수 있는 다른 조건을 규명해 내는 '차이법'을 채택해야 한다고 주장한다.[55] 나는 이 두 가지 방법 모두를 사용해 집단 내 비교와 비교 그룹 분석을 할 것이다. 먼저 **집단 내 비교**에는 필리핀, 스리랑카, 인도네시아 같은 주요 송출국가를 대상으로 어떤 요인이 이 국가들에서 여성이주를 이끌어 냈는지를 규명하고자 일치법을 사용할 것이다. 같은 방법으로 방글라데시, 파키스탄, 인도와 같은 비송출 국가들의 차이를 비교하면서 이들 국가 내 여성이주를 억제하는 공통의 맥락을 찾는 데 주력할 것이다. 대조적으로 **'송출국'**과 **'비송출국'** 간의 비교 그룹 분석에 있어서는 이들 간의 차이를 가져오는 요소들을 밝히기 위해 차이법을 사용할 것이다.

본질적으로 나의 통합적 접근은 국가 사례를 비교하는 것이다. 그러나 이 현상의 복잡성을 고려할 때 다층적 수준의 분석 역시 채택할 것이다. 구체적으로 초국적, 거시적-국가, 중간층위-사회, 그리고 미시적-개인이라는 네 단계를 통해 이루어질 것이다. 초국적 수준에서는 여성 고용에 미친 지구화의 영향, 국제 노동시장의 변화, 국제 관계, 그리고 국제적 이주체제의 부재에 대해 논의할 것이다. 일부 학자들이 전 지구적 재구조화로 인해 제3세계 여성들이 산업 국가의 저임금 서비스 영역으로 통합되고 있음을 이미 지적해 왔다.[56] 그러나 왜 아시아 이주여성들이 미국이나 유럽이 아닌 같은 아시아 지역 내 중·저소득 국가로 이주하는지를 이해하기 위해서는 보다 세심한 분석이 필요하다. 게다가 지구화가 모든 제3세계 여성들에게 같은 방식으로 영향력을 미치는 획일한 힘이 아니라는 점에 주목해야 한다. 지구화의 영향은 국가마다 다르다. 지구화 과정에서 그 영향이 경제적, 정치적, 사회적으로 각기 다르게 개입되기 때문이다. 실제로 지구화는 개발도상국가와 개발도상국 사람들을 배제한다는 비판을 받아왔다.57) 따라서 지구화가 여성이주에 미치는 차별화된 효과를 살펴보아야 한다. 특히 지구화로 인해 어떤 국가에서는 많은 여성들이 이주로 내몰리는 반면 다른 국가에서는 그렇지 않은지에 대해서 말이다.

여성이주 정책에 영향을 미치는 또 다른 초국적 요인은 해외 이주노동자를 보호할 '국제이주 체제'와 같은 효과적인 국제적 법률틀의 부족이다. 기존의 국제 보호 시스템은 많은 목적국가들이 보호하려는 의지가 없기 때문에 제대로 작동하지 않았다. 따라서 많은 개발도상국가들은 자국민을 보호하기 위해 자신들의 송출정책을 조정해 왔다. 이러한 정책은 다양한 형태로 만들어졌는데, 어떤 정책은 극히 보호주의적이어서 여성이주를 제한하는 반면, 어떤 정책들은 상대적으로 개방하였다. 3장과 4장에서는 다양한 국가들이 자신들의 송출정책을 어떻게 발전시켜 왔는지 고찰해 보고, 이러한 차이를 설명하는 요소들을 다루어 논의할 것이다.

거시적 수준: 국가의 역할

거시적 수준에서 나는 국제 여성이주와 국가의 역할58)을 분석할 것이다. 국제이주는 목적국 및 송출국 모두에게 매우 중요한데 이는 이주가 초래하는 중대한 경제적, 정치적 이익에 따라 각 국가들의 행동이 다르기 때문이다. 목적국은 이민정책을 통해 유입 이주노동자의 기술 수준과 사회경제적 특징을 결정한다. 많은 학자들이 이미 이주정책의 중요성을 설파해 왔는데,59) 일부 학자는 이민정책의 차이를 한 민족의 자기 민족에 대한 스스로의 정의 혹은 이해의 문제로 설명해 왔다.60)

그러나 송출국의 측면을 드러내는 심층적인 연구는 거의 없었다. 이는 부분적으로 학자들이 송출국가가 사실상 영향력이 없다고 간주하기 때문이다. 이주가 수요 주도적인 현상으로 인식되어 개발도상국이 행사할 수 있는 역할이 노동력 수출의 증진이나 촉진에 한정된다고 가정한다. 일부 학자들은 이주의 결정적 요인으로 국가 경제 정책이 제3세계 농촌 인구에 불러일으킨 부정적 결과를 지적했다.[61] 그러나 앞서 제시한 자료에서 살펴볼 수 있듯이 빈곤이나 실업 수준 그 자체가 자동적으로 여성이주의 대규모 유출을 불러일으키는 것은 아니다. 지난 십 년 사이에야 비로소 송출정책에 대한 연구가 나타났다.[62] 이러한 연구들은 주로 정책의 내용에 초점을 맞추었을 뿐, 송출정책의 국가 간 차이에 대해서는 거의 관심을 기울이지 않았다.[63] 주류 이주 이론은 젠더 차원의 송출정책도 대부분 무시해 왔다.

이 책은 송출국가와 사회 모두가 성별에 따라 다르게 나타나는, 젠더 분화된 이주 결과를 어떻게 초래해 왔는지를 규명하고자 통합적 접근을 취한다. 특히 여성의 국제이주에 대한 송출국가의 반응을 변수로써 설명하고자 한다. 이주가 수요 주도적 현상인 것은 사실이지만 개발도상국 노동자들이 같은 방식으로 이러한 수요에 부응하지는 않았다. 특히 여성이주 현상이 더욱 그렇다. 전통적인 남성이주의 경우, 국가는 이를 저지하지도 막지도 않았다. 사실상 많은 국가들이 남성이주를 촉진하거나 자유방임주의적인 접근을 취했다. 그러나 여성이주와 관련해서는 국가정책이 극심하게 다른 양상을 보인다. 뒤에 논의하겠지만, 여성이주에는 송출 제한이나 금지로 통제를 가한다. 나는 이를 '가치 중심 송출정책'이라 칭한다. 여성에게 가한 제약들은 여성이 남성에 비해 국가에서 보호받아야 할 필요성이 있다는 근본적인 사회적 가치를 보여주기 때문이다. 이러한 가치 중심 송출정책은 다양한 사회문화, 정치, 제도적 요소가 구체화되어 아시아 여성이주의 흐름에 지대한 영향을 끼친다는 것이 나의 가설이다.

미시적 수준: 개인의 자율성

미시적 수준에서는 여성의 자율성과 의사 결정권에 관해 고찰할 것이다. 개개인의 역할 역시 중요한데, 이는 정책 형성 그 자체가 반드시 일반 시민들의 맹목적 동의를 보장하는 것은 아니기 때문이다. 한 예로 여성이주를 금지하려던 필리핀 정부의 노력이 실패했는데 그 이유가 여성들이 비공식 경로를 통해 해외로 계속 이주했기 때문이다. 반대로 여성이주를 촉진하고자 했던 일부 국가의 시도가 성공하지 못한 이유는 자국 여성들이 이주하는 데 관심이 없었기 때문이었다. 그리하여 거시적 정책 요인뿐 아니라 개인과 가족을 다룬 미시적 분석 역시 여성이주의 실제 결정적 요인을 규명하는 데 필수적이다. 특히 본 연구는 가구 내 여성의 자율성과 의사 결정권의 중요성을 강조하고자 한다. 여성이주는 단순히 유입-유출 요인이나 전 지구적 재구조화 과정의 결과라기보다 오히려 여성 스스로 적극적으로 참여하고 심사숙고해 결정하는 복잡한 과정이다. 여성의 자율성이나 의사 결정권의 역할을 고찰하는 것은 통합적 접근방식에서 중요한 부분을 차지할 것이다.

여기서 가구에 대해 짧게 논의하고자 한다. 스리랑카와 방글라데시 사례의 경우 대다수 이주여성이 핵가족으로 구성된 가구에 속해 있으며, 재정적 의무와 책임이 핵가족 내에서 결정된다. 반면 필리핀 이주여성은 종종 부모와 자식뿐 아니라 조부모, 형제, 자매, 조카, 시집 가족들에게 해외에서 돈과 선물을 보냈다. 이들이 반드시 같은 '가구' 내에 속하는 것은 아니지만 이 연구에서는 거주를 공유하는 한 단위로 이해한다. 따라서 여성의 이주 행위를 분석하기 위해서는 기존의 가구를 넘어선 시각을 가져야 하며, 때로는 대가족, 더 나아가 지역 공동체 내에서 수행하는 역할에 대해서도 살펴보아야 한다. 이 연구는 가구 내 젠더 역할이 여성의 의사결정에 미치는 영향뿐 아니라 가족 구성원, 친구, 이웃의 영향을 미시적 분석에 포함할 것이다.

거시-미시 연계: 여성이주의 사회적 인정

본 연구는 지구화의 영향력, 국가 정책, 개인의 자율성을 연결시키는 발견적 개념으로서 '사회적 인정'이라는 개념을 제시할 것이다. 사회적 인정을 일련의 사회적 규범, 즉 여성의 임금 고용과 지리적 이동성을 수용하고, 국제 여성이주 환경을 조성하는 사회적 규범들로서 정의하고자 한다. 예를 들어 한 사회가 식민지 농업 단지에서 여성을 임금 노동자로 고용한 역사적 유산을 가진 경우에, 그 사회는 여성이 가족 외부에서 경제 활동하는 것에 대해 받아들일 준비가 되어 있다고 볼 수 있다. 이러한 역사적 유산은 여성 노동이주에 대한 사회적 인정을 확장한다.

한 국가가 수출위주산업화 정책을 통해 지구적 경제로 통합되어 외국인 직접 투자 증가를 경험한 경우에도 국제 여성이주에 대한 사회적 인정성이 크게 높아진다. 이를 통해 도시 제조업 영역에 일자리가 창출되고, 여성의 도농 간 이동이 증가했기 때문이다. 그러나 나는 여성의 내적 이동이 직접적으로 자유무역지대의 예비 이주 노동력을 창출함으로써 이주여성의 수를 증가시킨다고 주장하는 기존의 문헌들과는 시각을 달리한다.[64] 대신에 여성의 도농 간 이동성이 증가하므로 지역 사회의 젠더 규범이 변형되었고, 더 나아가 그 변형이 국제 여성이주에 대한 사회적 인정을 가져온다고 본다. 어떻게 여성의 도농 간 이동성이 지역 사회의 규범을 변화시켰고, 그로 인해 여성의 해외이주에 대한 사회적인 인정이 보다 쉽게 이루어졌는지에 대해 살펴볼 것이다. 이로써 지구화가 제3세계 여성의 국내 및 국제이주 경험에 미치는 영향을 설명할 것이다.

요약하자면, '통합적' 접근에 따라 다음 사항을 고찰하여 여성이주의 양상과 인과 기제를 설명할 수 있다. 바로 (1) 지구화의 영향, (2) 국제이주 체제의 결여, (3) 성별화된 이주 및 송출정책, (4) 가족 내 여성의 자율성, (5) 여성의 국제이주에 대한 사회적 인정이 그것이다. 앞서 말하였지만 이 연구는 합법적 여성이주에 한정지을 것이다. 미등록 이주와 인신매매는 계속 증가해 왔고 국제 사회에 어려운 도전을 주고 있다. 그러나 이번 연구에서는 이와 같은 특정 형태의 이주는 제외할 것이다. 신뢰할 만한 자료의 부족이 첫 번째 이유이다. 더 중요한 이유는 두 현상 모두 내가 수행한 연구와 다른 형태의 연구를 요하는, 이를테면 범죄 네트워크, 국경 통제, 법 집행기관 등의 요소들과 관련되기 때문이다. 연구 결과는 특정 형태의 미등록 이주에는 적용할 수 있으나 전체 현상으로 일반화할 수는 없다.

연구 자료

이 책에서 사용한 자료 대부분은 9개국 일본, 필리핀, 태국, 베트남, 방글라데시, 스리랑카, 인도, 파키스탄, 아랍에미리트와 특별 행정 지역인 홍콩에서 1999년과 2000년에 수행한 현지 조사를 통해 수집한 것이다. 여기에 추가적으로 1993년에서 1996년, 그리고 2002년에서 2003년까지 국제노동기구에서 일하며 수집한 다른 나라에 대한 자료를 보충했다. 나는 양적, 질적 자료 모두를 사용할 것이다. 질적 자료는 116명의 이주여성, 22명의 '비이주자', 국가 기관, 고용 에이전시, NGO, 국제기구 및 연구 기관 등에서 일하는 111명의 사람들과 주요 면접을 하여 얻었다. 필요한 경우 이주여성들의 인구학적 특성뿐 아니라 1인당 GDP, 실업률, 여성 노동참여율, 외국인 직접투자 수준 등과 같이 거시 경제적 지표를 보여주는 양적 자료 또한 사용할 것이다.

아시아 목적국가들의 이민정책을 다룰 때에는 주로 일본과 신흥 공업국가인 홍콩과 싱가포르, 걸프 국가들인 쿠웨이트와 아랍에미리트의 자료를 비교할 것이다.[65] 이렇게 세 집단으로 주요 목적국을 구분한 이유는 각각이 독특한 이민 양상과 경제 발전 과정을 보여주기 때문이다. 이 분석에서는 이민 결과에 대한 젠더적 차원이 부각될 것이다.

'송출국' 및 '비송출국'의 송출정책에 대해서는 송출국인 필리핀과 스리랑카, 비송출국인 방글라데시에 초점을 둘 것이다. 그 이유는 이들 국가는 각기 여성이주에 대한 특정한 양상의 대응 방식을 보이기 때문이다. 다시 말해 스리랑카는 여성이주에 가장 관대하며 필리핀은 중간 정도, 그리고 방글라데시는 가장 제한적이다. 대다수 국가가 남성이주에는 유사한 송출정책을 채택한 반면, 여성이주에 대해서는 서로 전혀 다르게 대응한다. 이 두 집단 간의 차이를 부각시키기 위해 '송출국'으로서의 인도네시아, 그리고 '비송출국'으로서의 인도와 파키스탄에 관한 추가 자료를 보충할 것이다.

이 같은 정책 분석을 하기 위해 면접 자료, 정책 문서 및 다른 추가 정보를 포함한 다양한 자료들을 취득했고 사용할 것이다. 정책 문서는 행정 명령, 부서 지침, 국가 기관 내부의 회람 문서, 정부 보고서 등이 포함된다. 제도적 분석은 정치인, NGO, 송출 기관, 국제 기구 및 여러 이익 집단들, 그 외 외교부, 노동부, 법무부 등 다양한 부처별 공무원과의 면접에 기반을 둔다.

미시적 분석은 이주여성 116명과의 면접에 기초하고 있다. 스리랑카와 방글라데시 인터뷰 참여자 대다수가 영어를 잘 못 했기 때문에 통역을 통해 이들과 인터뷰했다. 일부는 현지 조사를 하는 동안 해외에서 일하고 있기도 했고, 어떤 사람들은 이미 본국으로 귀환한 상태이기도 했다. 이 연구에서 '이주를 시도했지만 성공하지 못한 이주 시도자'이거나 이주를 시도한 적 없는 '비이주자'인 22명의 여성과 추가적으로 인터뷰한 내용도 포함했다. 비이주자와의 인터뷰는 개인적 결정에 영향을 미치는 요인들을 규명하는 데 특히 중요했다.

보통 무작위 추출 방식으로 이주노동자에 대한 체계적인 설문을 수행하기란 굉장히 어렵다. 그 어느 나라도 전체 이주 인구를 광범위하게 포괄하는 목록을 가지고 있지 않기 때문이다. 특히 개발도상국가의 경우 여성이주를 다룬 자료가 일반적으로 적다는 것을 고려하여 모든 연구 참가자들은 '스노우볼 샘플링' 방식을 통해 모집되었다. 또한 이 연구를 위해 참여 관찰법을 함께 사용했다.

필리핀 여성 55명 인터뷰 중 15명은 필리핀으로 돌아온 '귀환 여성'이었고, 인터뷰 당시 나머지 40명 중 14명은 홍콩에서, 26명은 아랍에미리트에서 일하고 있었다. 스리랑카 여성 50명과도 인터뷰 했는데 21명이 귀환 여성이었고 29명이 홍콩에서 일하던 여성이었다. 인터뷰한 이주여성 대다수가 가사 노동자였으나 일부는 엔터테이너, 돌봄 노동자, 공장 노동자 또는 사무직 노동자였다. 몇몇 남성 이주자도 인터뷰했지만 인원이 너무 적어 샘플에는 포함할 수 없었다.

방글라데시 여성에 대한 연구는 처음 계획과 달라졌다. 현지 조사 당시 방글라데시에서 비숙련 여성 노동이주가 금지되었으며 필리핀이나 스리랑카 여성과 비교해 방글라데시 이주여성의 수가 훨씬 적었기 때문이다. 총 33명의 여성과 인터뷰했는데 11명이 귀환 이주자였고, 22명은 비이주자였다. 그 22명에는 방글라데시를 막 떠나려고 준비하던 여성 2명, 그리고 이주하려고 중개업자에게 이미 비용을 지불했으나 사기를 당해 떠나지 못한 여성 7명, 이주에 관심이 있으나 아직 실행하지 못한 여성 4명, 적어도 인터뷰 당시에는 이주에 전혀 흥미가 없던 여성 9명이 포함되었다.

인터뷰 시간은 각각 달랐지만 대부분 60분에서 90분 정도가 소요되었다. 때때로 보다 심층적인 정보를 얻기 위하여 두세 차례 같은 여성을 인터뷰하기도 했다. 이주여성의 사생활 보호를 위해 이 책에 나오는 모든 여성의 이름은 가명을 사용하였다.

현지 인터뷰: 연구 참여자 선정

현지 조사 기간 동안 국제노동기구 사무소를 연락 기관으로 사용할 수 있어 행운이었다. 학업 휴가 중이었는데도 각국에 있는 동료들이 친절하게 공무원, NGO 직원, 연구자들과 약속을 잡는 데 도움을 주었다. 과거 국제노동기구에 일하면서 만난 다양한 국가의 공무원들 역시 연구에 도움을 주었다. 이들은 인터뷰를 위한 중요한 면접 대상자를 파악할 수 있게 해주었다. 그러나 면접을 위해 이주여성들을 찾는 일은 꽤 어렵고 시간이 많이 걸렸다. 앞서 지적한 것처럼 이번 연구에 포함된 국가 어느 곳에서도 이주자에 대한 전체 목록을 가지고 있지 않았다. 일부 국가 기관은 등록된 이주자 목록을 가지고 있었지만 그런 경우 비공개였다. 설령 그러한 목록이 있더라도 연구 참여자를 파악하기가 어려울 것이라는 이야기를 들었는데 그 목록에 있는 사람들은 여전히 해외에 있거나 혹은 기관에 알리지 않고 거주지를 바꾸었을 수 있기 때문이었다. 게다가 그 목록에 있는 주소들은 전국적으로 흩어져 있기 때문에 그 목록에서 무작위 샘플을 뽑아 내어 그들을 방문한다는 것은 거의 불가능할 일이었다.

이러한 어려움에 부딪혀 먼저 필리핀 마닐라에 사는 친구의 도움을 얻었다. 친구 집에서 일하는 몇몇 여성을 인터뷰했는데, 이 여성들은 과거 이주하여 가사 노동자로 일한 경험이 있는 이주여성들이었다. 그리고 나서 이주NGO에[66] 연락을 취해 과거 이주 경험이 있는 여성들을 파악할 수 있게 해 달라고 도움을 요청했다. 일부 이주NGO들은 향후 떠날 이주노동자들을 위하여 출국 전 사전교육 과정을 매주 운영하고 있었다. 그중 한 곳을 꼼꼼히 살펴보고 이미 이주 경험이 있는 여성 집단을 인터뷰했다. 한 NGO를 통해 홍콩에서 가사 노동자로 일한 적이 있는 레나를 만났다. 우리는 긴 인터뷰 과정을 거치면서 친구가 되었다. 레나는 친절하게도 마닐라에서 북쪽으로 세 시간 가량 떨어진 자신의 고향 마을로 나를 데려갔다. 그곳에 있는 레나의 친구들도 레나처럼 이주했다가 귀환한 여성들이었다. 그 동네를 두 번 방문하여 레나 집에 머물면서 귀환 이주자인 레나의 이웃들을 인터뷰했다.

스리랑카 NGO인 이주지원센터는 이주자를 파악하는 데 큰 도움을 주었다. 이주지원센터 역시 곧 떠날 이주여성들을 대상으로 출국 전 사전교육 과정을 운영하고 있었다. 나는 그 프로그램에 참여해 관찰하였고 이후 참가자 몇 명을 인터뷰했다. 그 당시 이주지원센터 관계자는 콜롬보에서 북서쪽으로 네다섯 시간 떨어진 케갈르Kegalle 지역에서 진행되는 사업을 보여주었다. 그 지역에서는 과거 이주여성들이 다시 해외로 이주할 필요가 없도록 소규모 자영업을 운영하는 법을 가르치고 있었다. 그곳에서 나는 단체로 월례 회의에 참석한 20여 명의 '귀환' 여성들을 만났다. 그 후 다시 인터뷰를 할 의사를 표명한 일부 여성의 집을 방문했다.

  이주하려는 아시아 여성들이 목적국으로 손꼽는 홍콩에서는 '현장'에서 일하는 여성들을 인터뷰했다. 이곳에서는 인터뷰 참여자를 찾기가 상대적으로 쉬웠는데, 대다수 이주여성들이 일요일마다 쉬었고 공공장소에 모였기 때문이었다. 각각의 민족 집단마다 어울리기 좋아하는 장소가 따로 있었는데, 필리핀 사람들은 시내 한복판인 동상 광장, 스리랑카인들은 코룬 공원, 인도네시아인들은 빅토리아 공원에 모였다. 일요일마다 나는 이 장소에 가서 이주여성을 인터뷰했다. 말 그대로 정말 대규모 모임이었다. 동상 광장에는 족히 천 명이 넘는 필리핀 여성들이 광장 전체와 그 주변 지역을 꽉 채웠다. 많은 이주여성처럼 나 역시 바닥에 신문을 깔고, 그곳을 새 '사무실' 삼아 내 주변에 앉거나 주위를 지나가는 여성들을 인터뷰했다. 일요일 모임에 나가는 것 말고도 교회가 운영하는 쉼터나 이주여성을 위한 법률지원 사무소들을 방문했다. 그곳에서 나는 폭력이나 성적 학대 혹은 다른 문제들을 경험한 후 고용주로부터 도망 나온 필리핀과 스리랑카 가사 노동자들을 인터뷰했다. 또한 홍콩에 체류하는 동안 몇몇 고용주와 고용 에이전시를 인터뷰했다.

  마찬가지로 이주자들이 많이 가는 목적지 중 하나인 아랍에미리트에는 아시아에서 온 이주여성들을 찾아서 인터뷰하는 일이 극도로 어려웠다. 중동 지역 대부분 국가에서 미숙련 이주여성들에게 휴가가 주어지는 경우가 없었고 혼자 밖에 나가는 일도 허용되지 않았다. 이 말은 홍콩에 있는 이주여성들이 그러하듯이 주말에 이주여성들이 모일 장소가 없다는 뜻이다. 대신 나는 대사관과 영사관을 방문했다. 과거 연구를 통해 나는 주요 이주 송출국가의 외교 임무 중 하나가 그들의 관저에 이주여성을 위한 쉼터를 두어 운영하는 것임을 알았다. 필리핀 정부에서 일하는 친구의 도움으로 나는 아부 드하비에 위치한 필리핀 대사관의 쉼터와 두바이 필리핀 영사관의 쉼터 두 곳에 있는 이주여성들을 인터뷰할 수 있었다. 방글라데시, 스리랑카, 인도네시아 대사관들도 방문했지만 이주여성을 인터뷰하는 것은 불가능했다.

결론

이 책은 그동안 발표된 이주 문헌에서 상대적으로 관심을 덜 받아 온 국제 여성이주의 국가 간 다른 양상과 인과 기제를 살펴본다. 이 연구는 여성이주를 장려하거나 가로막는 요인들이 무엇인지 파악하기 위해 이주 송출국과 유입국, 비송출 국가를 분석하는 '통합적 접근'을 채택한다. 통합적 분석은 초국적, 국가적, 사회적, 개인적 측면의 각기 다른 네 가지 분석을 포함한다. 생산과 서비스의 지구화라는 초국적 요인은 제3세계 여성들의 삶을 극적으로 바꾸어 놓았다. 이주노동자를 보호하기 위한 국제적 법체제의 미비는 송출정책 분석에서 중요하게 고려되어야 할 또 다른 요소이다. 국가의 역할도 매우 중요하다. 이주노동에 대한 국제 노동시장의 높은 수요에도 불구하고, 일부 국가는 종종 여성들이 국외에서 일하지 못하도록 막는다. 그렇다고 국가의 법 집행 능력이 절대적인 것은 아니다. 국가가 전적으로 개인의 행위를 좌우할 수는 없다. 이는 우리가 여성들의 의사 결정 과정과 그에 영향을 미치는 사회적 환경을 분석해야 함을 의미한다. 이 같은 다층적 분석에 근거한 통합적 접근은 우리가 여성이주의 인과 기제를 이해하고, 왜 이주의 여성화가 몇몇 국가에서는 일어나고, 또 다른 국가에서는 일어나지 않는지에 대한 대답을 찾는 데 도움을 줄 것이다.

다음 장에서는 아시아 내 이주 목적국의 역할에 초점을 두고 이주여성에 대한 수요가 어떻게 창출되었고 이러한 수요를 수용하기 위해 이민정책이 어떻게 발전해 왔는지를 설명할 것이다. 특히 경제 발전 방식의 차이가 어떻게 다른 형태의 노동 수요를 창출하고 이주여성에 대한 이민정책을 형성하는 변수가 되었는지 명료하게 설명할 것이다. 그리고 나서 3장에서는 이주 송출국의 역할을 제시하고 '가치―추동적' 송출정책을 살펴볼 것이다. 이를 통해 여성이주 정책이 남성이주 정책과 어떻게 다른지, 그리고 다른 이유가 무엇인지를 드러낼 것이다. 4장에서는 여성이주 송출정책에 영향을 미치는 요인들을 살펴보고 이 요인들이 여성이주에 있어 어떠한 국가 간 차이를 만들어 내는지 살펴본다. 식민 유산과 시민사회, 국가 정체성, 그리고 상징적인 젠더 정치학의 중요성이 강조될 것이다. 5장은 개별 이주여성에게 초점을 둔다. 면접 자료에 근거해 이주여성의 '얼굴'을 드러내고, 왜 이들이 이주하는지 혹은 안 하는지, 그리고 이들 중 일부가 계속해서 이주를 할 수밖에 없는 '덫'에 걸려들게 되었는지를 보여준다. 6장은 개발도상국 여성을 둘러싼 사회적 환경을 고찰한다. 특히 여성이주를 대규모로 일으킨 주요 요인으로 '사회적 인정'의 측면을 제시한다. 이장에서는 여성이주에 대한 사회적 인정 과정이 어떻게 발전하고 증진했는지, 그리고 때로 손상되었는지에 대해 토론한다. 마지막 장에서는 연구 결과를 요약하고 국가와 국제 사회가 직면하고 있는 도전들을 포함한 중대한 정치적 영향에 대해 논할 것이다.

women in motion

2. 경제발전과 이민정책
− 목적국 정부와 사회의 역할 −

2장
경제발전과 이민정책
—목적국 정부와 사회의 역할—

아시아 여성 이주자를 만나는 가장 빠른 방법은 아마도 일요일에 홍콩의 동상광장과 싱가포르의 럭키 플라자를 거니는 것일 것이다. 수천 명의 이주여성들이 이곳에 모여 서로 어울리고 이야기를 나눈다. 이 시간들이 고되고 길었던 한 주에서 벗어나 쉴 수 있는 시간이다. 일요일과 공휴일, 이곳에서는 선주민들이 '소수자'가 된다. 어떤 이유로 이 많은 여성들이 여기에 모여 있는 것일까?

이 장에서는 목적국이 국제 여성이주에 미치는 역할에 초점을 두고 아시아에서 국제 여성이주가 증가하게 된 과정을 검토한다. 여성들의 자율적인 이주가 이 지역에서 전혀 새로운 것은 아니다. 19세기에는 많은 중국 여성들이 가사 노동자로 당시 "영국령 말라야"로 불린 싱가포르와 말레이시아에 이주하였다. 2차 세계대전 이후에는 이주여성에 대한 수요—특히 보모, 가정부, 돌봄 노동자—가 아시아의 많은 지역에서 계속해서 증가하였다. 동시에 아시아 저개발국들은 아시아와 전 세계에 이주여성들을 보내는 주요 '송출국'이 되었다. 앞 장에서 논의했듯이 이주의 여성화는 특히 아시아에서 최근 몇 십 년간 가속화되어 왔다.

건설과 같은 '남성의 일'과는 달리, 가사와 같은 '여성의 일'에 대한 수요는 경기 침체의 영향을 거의 받지 않는다. 동남아시아의 많은 중산층 맞벌이 부부에게 있어 가사 노동자를 고용한다는 의미는 단지 필요에 따른 것일 뿐 아니라 지위의 상징이기도 하다. 또한 서아시아 아랍 국가의 상류층 가정의 경우에도 몇 명의 가사 노동자를 고용하는가는 부의 중요한 지표이다. 전前 필리핀 주 공무원은 다음과 같이 말한다.

> 필리핀 가사 노동자들은 메르세데스 벤츠와 비슷한 처지다. 그들의 존재 자체가 고용주의 지위를 상징하기 때문이다. 바로 그 때문에 고용주들이 임금 감봉이나 재정적인 어려움에 처했을 때에도 가사 노동자를 쉽게 해고하지 않는다.

실제로 아시아의 경제 위기는 가사 노동에 대한 이주여성 수요에 영향을 거의 끼치지 않았다. 따라서 경제적인 측면만으로는 여성 이주노동에 대한 수요를 쉽게 설명할 수 없다.

이 장에서는 먼저 식민지 시대의 여성이주에 대한 간략한 역사를 소개한다. 그러고 나서 전후시기에 이주여성에 대한 수요를 촉진한 다양한 요인들을 검토할 것이다. 아시아 중상위 소득 국가들에 이주여성 대부분이 살고 있다. 그러나 각국마다 이주여성을 받아들이는 절차와 이주여성의 유형이 다르다. 예를 들어 홍콩과 싱가포르는 이주 가사 노동자를 많이 받아들이는 반면, 일본은 가사 노동자 대신 상당히 많은 수의 이주 엔터테이너들을 받아들인다. 이러한 차이는 왜 발생했을까? 이 장에서는 아시아 내 이주 목적국들을 비교하고 대조하고자 한다.

목적국들 사이에 존재하는 다양성을 설명하기 위해서는 여성이주정책에 영향을 미친 각 국가의 개발 과정, 인구 문제 및 사회문화적 요인들을 검토해야 한다. 여기서는 목적국을 (1) 동남아시아홍콩과 싱가포르 (2) 일본 (3) 서아시아 걸프 산유국, 세 분류로 나누어 분석할 것이다. 이를 통해 국제적인 성별 분업을 가져온 여성이주에 각국이 어떻게 대응해 왔는지 그 차이점과 유사점을 설명하고자 한다.

마지막으로, 이 장에서는 이주여성이 어떻게, 어떤 이유로 목적국에 선택되는지를 분석할 것이다. 왜 어떤 국가들은 필리핀 이주여성을 주로 받아들이는 반면, 또 다른 국가들은 인도네시아인들을 주로 받아들일까? 어떤 요인들이 이와 같은 결정을 만들어 내는 것일까? 여기서 거시적 차원의 이민정책을 '정치적인 선택'이라는 용어를 통해 분석하고, 사회적 차원에서 결정된 선택—특히 개별적인 고용자와 알선업체에 의한—을 '사회적 선택'이라는 용어로 접근하고자 한다. 또한 고용주와 알선업체 인터뷰를 통해, 특정 국적의 이주여성에 대한 수요 구조를 형성하는 개별적 차원의 사회문화적인 고정관념을 조명하고자 한다.

경제발전과 여성이주: 신흥공업국

홍콩, 싱가포르, 말레이시아로 향하는 여성의 자율적인 이주는 새로운 현상이 아니다. 이 지역들의 대규모 여성이주는 제국주의 시대로 거슬러 올라간다. 19세기 중반에 중국 남부 특히 광동 지방의 여성들은 가정집에서 일하기 위해 이 지역들로 이주하였다. 당시 중국에서 타국으로의 이주는 공식적으로 금지되었지만, 광동에서 일어난 상당한 규모의 여성이주는 '태평천국의 난(1850~1864년)'과 경제 상황 악화의 결과로 만주인들이 중국 국경에 대한 통제권을 잃어버린 1851년에 시작되었다.[1] 1860년 이주 금지조치가 풀렸을 때, 이주여성의 수는 급격히 증가하였다. 이주여성 대다수가 미혼이었는데, 이는 전통적으로 결혼한 여성은 집에서 아이들과 시부모를 돌봐야 했기 때문이다. 광동은 중국의 타 지역처럼 전족과 여아 살인이 일반적이지 않았기 때문에, 이주여성의 주요 공급지가 되었다. 산으로 둘러싸인 고립된 지리적 환경 덕분에 광동 지역에서는 타 지역에 비해 여성들에게 훨씬 관대한 독특한 문화가 발달하였다. 광동 여성들의 발은 전족으로 결코 묶인 적이 없었기 때문에, 광동 여성들은 다른 지역 여성들보다 해외로 가는 것이 훨씬 쉬웠다.[2]

광동에서 온 이러한 이주 가사 노동자들은 대개 아마amah라 불린다. 영국 식민지에서 중국인 가정 또한 가사 일을 도와주는 소녀 노예인 무이짜이mui tsai에 의존하였다. 무이짜이는 어린 나이에 팔려와 결혼해 나갈 때까지 주인과 그의 가족을 위해 일한다.[3] 1918년 홍콩 총독의 보고서에 따르면, 거의 모든 중국인 가정은 무이짜이를 둘 여유가 있었다.[4] 이러한 형식의 노예를 폐지하기 위한 캠페인이 1920년대 초기에 시작되었고 1923년 영국 당국은 무이짜이 매매를 금지하였다. 이러한 노력이 "수양딸"이라는 새로운 용어 아래 2차 세계대전까지 이어졌으나, 가사 노동에 대한 수요는 무이짜이에서 아마로 옮겨갔다.[5]

1930년대에 많은 여성들이 가사 노동자로 일하기 위해 광동에서 홍콩과 말레이 반도현재 말레이시아와 싱가포르로 이주하였다. 이는 부분적으로는 대공황으로 인해 영국 식민지의 남성 이주자들이 중국 본국으로 송환되었기 때문이었다. 1930년 말레이 반도에서는 높은 실업률에 대한 대응으로 '이민 쿼터 제도'를 도입했다. 결과적으로 1931~1933년 사이에 중국으로 돌아온 남성의 수가 말레이 반도에 도착한 중국 남성 수와 비교하여 50만 명이 더 많았다.[6] 이민 제한이 1933년의 영국령 해협 식민지 외국인 조례Straits Settlements Aliens Ordinance of 1933에 포함된 후 중국의 남성이주가 급격히 감소하였다.[7] 남성 이주자 귀환정책은 이미 생계에 어려움을 겪고 있던 중국 농촌 가정에 부담을 증가시켰다. 1934~1938년 사이에 말레이 반도로 이주하는 중국 여성이 급격하게 증가하였는데, 이는 여성이 쿼터 제한에서 면제되었기 때문이다. 많은 중국 여성들이 남편을 대신해 가족을 부양하고자 말레이 반도로 향했다.8) 게다가 1924년 이후 합성 섬유 산업의 성장은 광동 지역 실크 산업에 종사하는 10만 명 이상의 가난한 여성들이 일자리를 잃는 결과를 낳았다.9) 광동의 경제 상황은 홍수와 같은 자연 재해 및 일본의 침략과 중국의 내전과 같은 정치적인 혼란으로 더욱 나빠졌다. 19만 명 이상의 중국 여성이 말레이 반도와 홍콩의 가사 노동자가 되기 위해 1933~1938년 사이 광동을 떠났다.10) 중국 본국에서 말레이 반도로 이동한 대규모 여성이주는 높은 실업률을 이유로 식민지 당국이 여성에 대해서도 이민 제한을 가했던 1938년까지 계속되었다.11) 동시에, 홍콩으로 인구 이동은 더욱 증가했다. 아마도 말레이 반도가 이주를 제한하자 이주자들이 발걸음을 홍콩으로 옮긴 듯하다. 중일 전쟁의 장기화 역시 중국 남부에서 사람들을 몰아내었다. 1938~1940년 사이에, 50만 명 이상의 중국인들이 홍콩으로 떠났다.12)

전후시기에, 이주민들의 목적국에서는 사회경제적인 대변동이 있었다. 이 지역들 모두 강력한 수출위주산업화, 현지 여성 노동력의 급격한 성장 그리고 핵가족화를 겪었다. 이 때문에 가사 노동자에 대한 수요가 높아지고, 다른 아시아 국가로부터 여성이주의 문을 열었다. 그러나 목적국마다 각기 다른 이주 과정과 정책을 가지고 있었다. 사회적 요인과 더불어 지리적 요인이 영향을 미쳤다. 다음 절에서는 홍콩과 싱가포르의 사례를 비교 대조할 것이다.

홍콩

2차 세계대전이 일어나기 몇 십 년 전부터 1950년대까지, 홍콩은 중국과 함께 세계의 무역 집산지로서 번성했다. 홍콩의 주요 산업화는 공산주의자들이 중국 본토를 지배한 1949년에 시작되었다. 홍콩 식민지 당국은 중국 본토로부터 난민 유입을 허용하였는데 이들 중 상당수가 능력 있는 자본가와 관리자였다. 이 중산층 난민들은 홍콩의 경공업 분야에 재정착했다.[13] 동시에 미숙련 노동자 난민들은 저임금 노동인력으로 경제에 기여했다. 1950년대부터 풍부한 지역 자본과 노동력을 기반으로 홍콩에서 제조업이 성장하기 시작하였다. 1947년에는 홍콩 수출품의 10%만이 제조 상품이었으나 1959년에 그 수치가 70%로 성장했다.[14] 다국적 기업들은 자본 출자를 늘렸고, 1960년대 말에 이르러 홍콩의 산업 경기는 비약적으로 발전하였다.

여성들은 홍콩의 경제 발전에 결정적인 역할을 했다. 젊은 미혼여성은 다루기 쉽고 순종적이며 수작업에 능숙할 것이라 여겨졌기 때문에 제조업 분야에서 선호했다. 공장에서 일하는 여성 노동자의 수가 급격히 증가했다. 1961~1991년까지 남성의 노동참여율은 11.2% 떨어졌으나, 여성의 노동참여율은 10.8% 증가했다. 1981년까지 홍콩 노동자의 49%가 여성이었다.[15] 여성들 대부분이 식민지 산업화의 초기 단계라 할 수 있는 경공업 분야에 종사하였다. 1970년대 초에는 그들 중 85%가 의류, 직물, 플라스틱, 전자공학, 가발 공장에서 일했다.[16] 그러나 곧 홍콩은 구조적인 변동을 겪으면서 자국의 경제를 서비스 산업에 기반한 경제로 전환, 많은 수의 중산층 계급 여성들이 노동력으로 투입되기 시작했다.

더 많은 여성들이 가정 밖에서 일하거나, 일하기를 원하면서 가사 노동력을 구하는 것이 심각한 문제가 되었다. 중국에서 오는 노동 이주는 공산주의가 정권을 잡고 중국 본토 국경이 공식적으로 닫힌 1949년 이래 감소하였다. 그 결과로 아마의 공급은 감소했고, 중산층 가족은 대가족이나 본토 미등록 이주자의 도움을 받았다. 그러나 1970년대에 들어서 전통적인 대가족, 확대가족은 급속한 도시화, 인구 증가와 그에 따른 주택 부족으로 인해 줄어들었다. 대규모 주택 정책은 핵가족의 편의를 위해 고안되었고 이는 가족 구조의 변화를 가속화하였다. 동시에, 젊은 부부는 부모와 떨어져 사는 것을 선호하기 시작했다. 1971~1990년 사이, 홍콩의 평균 가족 수는 4.5명에서 3.5

명으로 떨어졌다.[17] 소규모 핵가족이 전통적인 대가족을 점차 대체하면서, 여성들이 가사를 도와줄 가족 구성원을 찾는 것이 더욱 어렵게 되었다. 게다가 가족 수입의 증가는 가사 노동자를 고용하는 것이 나이든 시어머니 혹은 친정어머니에게 가사 부담을 지우는 것보다 더 적합하다고 느끼게 하는 요인이 되었다.[18]

그러나 그때까지는 홍콩에서 외부의 도움을 얻기가 어려웠다. 아마의 공급이 중국 국경의 폐쇄로 이미 감소한 데다, 점점 더 많은 여성들이 가사 노동특히 입주 가사 노동자을 그만 두었다. 낮은 임금과 긴 노동 시간뿐 아니라 때로 학대까지 경험케 하는 힘든 고용주-고용인 관계 때문이었다. 많은 공장들이 문을 열면서, 아마는 더 나은 급여와 일정한 노동 시간, 더 나은 사회적 지위와 독립적인 라이프스타일을 제공하는 공장 노동 분야로 옮겨갔다. 홍콩 가정의 전반적인 수입의 증가는 가사 노동에 종사하는 중국 여성들이 줄어든 또 다른 이유였다. 가사 노동자가 부족해지면서 아마가 제공하는 서비스 질이 하락하고 이로 인해 그들에 대한 평판이 안 좋아지기 시작했다. 1970년대와 1980년대에는 아마를 고용하기가 어려운 데다 아마의 요구가 많다는 사회 인식이 팽배했다. 콘스타블에 따르면, 당시 홍콩 거주자들 중에 아마를 원하는 사람이 너무 많아 아마들이 요청받은 일을 거부하거나 심지어 그들이 원할 때는 언제든 그만둘 수 있게 되었다는 사실을 한탄하는 홍콩 거주자들이 있었다고 말한다.[19]

많은 맞벌이 가정에게 가사 노동에 대한 도움이 점차 필요해졌음에도 불구하고, 이를 위한 효과적인 사회정책이 마련되지 않았다. 자유방임주의 경제 원칙에 따라, 홍콩 사회정책은 노동 계급 가족에 '최소한의 지원'만을 제공하였는데, 이는 사실상 지원이 거의 없는 것과 매한가지였다. 대규모 공공 주택 계획 또한 보육 시설을 포함하지 않았다.[20] 홍콩 정부는 자녀 양육을 가족의 역할이라 여겨, 정부의 복지 서비스가 도리어 가족 구성원이 가족을 돌봐야 한다는 전통적인 가치를 위협한다고 주장하였다. 극빈층 가족을 제외하고는 충분한 공공 보육 서비스가 제공되지 않았다. 사회복지에 관한 홍콩 정부의 첫 번째 정책 성명은 이러한 입장을 명확히 반영하고 있다.

> 사회복지서비스가 본질적인 혹은 전통적인 책임감을 급속히 붕괴시키는 방향으로 조직되어서는 안 된다. 예를 들어, 노인이나 병약한 가족을 돌보는 도덕적인 책임은 가족이 담당해야지 공공 또는 사적인 사회복지 기관들이 담당하도록 해서는 안 된다. … '가족 책임감'을 강화하기 위해 가능한 모든 경제적·사회적 기반을 마련하는 것은 분명 바람직하다.[21]

고령화가 진행됨에 따라 홍콩 핵가족에게 노인을 돌보는 일은 중요한 문제가 되었다. 공적 지원이 극히 적었기에 노인 돌봄의 책임은 가족에게 돌아갔다. 이것은 대개 아내 혹은 미혼인 딸의 몫이었다.

공적 복지 지원의 부족으로 인해 홍콩의 맞벌이 부부는 얼마 되지 않는 아마들의 노동에 의존해야 했다. 그러나 점점 더 많은 수의 아마가 입주 가사 노동을 포기하고, 파트타임인 출퇴근 가사 노동자로 일하게 되면서 특히 집에 신생아나 노부모처럼 지속적인 돌봄이 필요한 가족 구성원이 있는 맞벌이 가족의 삶은 더욱 어려워졌다.

이민정책

1974년 홍콩 정부는 다른 아시아 국가 출신 가사 노동자들이 합법적으로 이민할 수 있는 통로를 열었다. 이전까지, 홍콩 정부는 중국에서 온 미숙련 노동자만 받아들였었다.[22] 이는 홍콩 현지 인구가 급속히 증가하고 중국 난민의 유입이 꽤 많았기 때문이다. 수년간 홍콩 정부는 합법이든 불법이든 중국 본토에서 홍콩으로 온 중국인들을 받아들였다. 하지만 1974년에 들어서 보다 엄격한 '터치베이스Touch Base'

정책홍콩 땅을 밟으면 지위를 인정해 주는 정책을 시행하였는데, 이는 국경을 넘다 잡히는 불법 이주민들의 입국을 거부하는 정책이었다. 그렇지만, 카오룽과 홍콩섬 도시 지역에 불법으로 이미 살고 있는 이주자들에는 거주권을 부여했다는 점에서 관대한 정책이기도 했다.23)

한 노동부 공무원에 따르면, 외국인 가사 노동자 정책은 홍콩에 거주하는 서구 이주자들의 압력에 의해 촉진되었다고 한다. 이들 대부분은 주로 유럽주로 영국과 북미 출신으로, 다국적기업의 홍콩 사무실에서 일했다. 이들은 많은 월급을 받으면서 넓은 집에서 부유하게 살았는데, 대부분 영어를 하는 가사 노동자를 원했다. 그러나 중국 국경이 폐쇄되면서 당시 홍콩은 외국인은 차치하고 현지 인구를 위한 가사 노동자도 충분치 않은 상황이었다. 홍콩 정부는 외국 투자를 끌어들이기 위하여 외국인의 요구를 들어줄 수밖에 없다는 것을 깨달았다. 심지어 오늘날까지도 홍콩 정부는 외국인 투자자들을 끌어들이기 위한 광고에 외국인 가사 노동자를 이용한다. 외국인 투자자와 다국적기업 임원을 겨냥한 정부의 웹 사이트는 가사 노동자를 쉽게 구할 수 있다는 점을 장점으로 내세워 홍콩에서의 "멋진 삶의 경험"을 부각해 광고한다.

홍콩에서 임원 라이프스타일은 손쉽게 입주 가정부를 구할 수 있다는 장점이 있다. 맞춤형 중개소는 고객의 요구에 맞추어 전문적인 훈련을 받은 보육인, 간호사, 요리사를 포함한 가사 노동자를 소개시켜 준다. 대부분의 간부들이 사는 집에는 가사 노동자 숙소가 포함되어 있다. 아이가 있는 가정의 경우, 한 명 혹은 두 명의 입주 노동자가 있으면 엄청난 차이를 느낄 수 있다. 부모는 자질구레한 집안일에서 해방되어 자녀들과 의미 있는 시간을 보내고 홍콩에서 할 수 있는 것들을 즐긴다. 사실, 많은 기업 임원들의 부인은 홍콩에서 가사 노동자의 서비스를 즐기다 본국으로 돌아가서 재적응하는 데 어려움을 겪는다. … 대부분의 가사 노동자는 필리핀 혹은 동남아시아 국가에서 온다. 가사 노동자들의 임금은 최저 임금을 적용하여 한 달에 미화 471달러이다.[24]

가사 노동이 필요한 것은 외국계 임원뿐만이 아니었다. 가사 노동자 수요는 특히 자녀를 돌봐줄 사람이 없는 맞벌이 부부와 현지인들 사이에서도 증가하였다. 정부도 그러한 요구에 부응하여, 홍콩 주민과 외국인들이 중국을 제외한 나라에서 2년 단위로 갱신 가능한 계약을 통해 외국인 가사 노동자를 데려오는 것을 허가하였다.[25] 1976년에 행정상의 절차가 마련되었고, 노동부 산하에 외국인 가사 노동자 서비스 부서가 새롭게 설립되어 외국인 가사 노동자와 연관된 일의 관리와 통제를 맡았다.[26] 그 결과, 홍콩의 외국인 가사 노동자 수는 1970년대 후반 기준 몇 천 명 수준에서 2001년 23만 2,290명으로 증가하였다. 이들 대부분은 필리핀 여성이었다<표 2.1> 참조.

표 2.1 ▌홍콩의 외국인 가사 노동자 국적

국가	1990	1993	1995	1997	1999	2001
필리핀	63,643	105,410	131,176	138,085	140,066	155,370
인도네시아	1,023	6,148	16,357	24,706	36,769	66,130
태국	4,274	6,999	6,708	5,142	5,433	6,900
인도	838	1,027	1,228	1,157	1,179	n.a.
스리랑카	344	632	831	1,089	1,177	n.a.
네팔	32	104	318	528	606	n.a.
기타	181	284	408	264	219	3,890
합계	70,355	120,604	157,026	178,971	185,499	232,290

출처: 홍콩 이민청(1999); 아시아 이민 센터와 아시아 이주 포럼(2003)

홍콩이 외국인 가사 노동자를 받아들이는 데는 네 가지 요인이 작용했다. (1) 1980~1990년대 급속한 경제 성장을 이끌어 낸 자유방임주의 산업정책 (2) 영어를 쓰는 가사 노동자를 원한 외국 투자자와 외국계 사업가 증가 (3) 현지 여성들의 노동시장 진출 증가 (4) 중국 국경 지역의 봉쇄로 인한 아마의 입국 중단이 그것이다. 외국계 기업의 서구 임원진을 사로잡을 필요성이 특히 중요한 계기였다.

동남아시아의 다른 국가들에서는 상황이 다소 다르다. 다음의 싱가포르에 관한 내용에서는 여성이주를 장려한 국가 주도 경제발전의 아주 전형적인 예를 볼 수 있다.

싱가포르

1965년 완전한 독립을 획득한 도시국가 싱가포르는 공격적인 수출위주산업 전략을 채택했다. 홍콩이 오랫동안 자유방임주의 경제정책을 따른 반면, 싱가포르는 존슨의 용어를 사용하자면, "개발 국가"의 대표적인 사례이다.[27] 이는 경제와 사회 개발이 국가 주도로 강력하게 이루어짐을 뜻한다. 특히 싱가포르 정부는 다국적 기업을 사로잡기 위한 모든 노력을 다했다. 싱가포르가 이러한 전략을 채택했을 당시 싱가포르 지역 경제는 거의 대부분이 기술력과 경영력이 부족한 소상인과 금융업자로 구성되어 있었다.[28]

외국 투자가 증가하면서 노동 수요가 증가했고 수출위주산업은 풍부하고 값싼 현지 노동력과 결합했다. 그러나 독립 당시 190만 명에 불과한 적은 인구 때문에 싱가포르는 외국인 노동자들에게 문을 열어야만 했다.[29] 1965년 정부는 고용 규제법Regulation of Employment Act을 통과시켰고, 이를 통해 미숙련 노동자가 1년 허가제로 싱가포르에 들어올 수 있었다. 첫 해에는 총 노동력의 0.4%인 2,109명에 대한 허가가 나왔다.[30] 그러나 수출위주산업이 성장하기 시작하면서 그 수가 1969년 5,449명에서 1973년 10만 명으로 증가하였다.[31]

싱가포르는 외국인 노동자들이 우세해지는 상황을 막기 위해 신중하게 이민정책을 만들었다. 싱가포르 정부는 외국인 노동자의 증가를 국가 정체성의 위협으로 인식했다. 이는 민족 간의 균형 관점에서 특히 중요했다. 싱가포르의 지도층은 중국인이었고 그들의 입장에서는 통치를 지속하기 위하여 중국인이 숫자상 다수로 남아야 했다. 이미 말레이인과 인도인들이 인구의 중요한 부분을 차지한 상황에서 싱가포르 정부는 말레이계 노동자들의 입국을 제한하였다. 이는 싱가포르의 주변국인 인구가 풍부한 말레이시아로부터 말레이인의 유입을 막기 위함이었다.

이런 상황에서, 싱가포르 정부는 현지 노동력 전체를 동원하는 신중한 정책을 수립했다. 노동력 부족이 발생하면 가능한 한 싱가포르 노동자로 충당하려 했고 꼭 필요한 경우가 아니면 이민의 문을 열지 않았다. 이와 같은 정책 수립과 외국인 직접 투자의 증가에 따른 결과로 싱가포르에서 여성의 노동시장 참여율은 1957년 21.6%에서 1980년에 44.3%로 두 배 이상 증가하였다.[32] 그뿐만 아니라 총 노동력에서 여성 비율이 1957년 17.5%에서 1980년 34.5%로 증가하였다. 1980년까지 제조업, 특히 의류와 전자 산업은 13만 명 이상의 여성을 고용하였고, 이는 전체 여성 노동자의 34.9%를 차지했다.[33] 1979년 정부는 싱가포르 경제를 노동 집약적 경제에서 자본 집약적 경제로 이동시키는 것을 목표로 정책을 실행했다. 1980년대 초반에 이르자 서비스와 기술 산업이 제조업을 대신해 싱가포르 경제의 핵심적인 산업으로 성장했다.

기혼 여성의 노동시장 참여율은 1957~1970년 사이, 14.0%에서 14.7%로 거의 증가하지 않았다. 산업화 이후에도 기혼 여성의 노동시장 참여는 1975년 22.1%에 불과했다.[34] 이는 싱가포르의 경제 성장을 강화하기 위해 노동력 성장을 중요시해 온 정부에게 있어 우려할 만한 상황이었다. 싱가포르 수상을 지낸 리콴유Lee Kuan Yeu는 다음과 같이 말했다.

여성들은 남성들과 동등한 지적 능력을 가졌다. 더 많은 일자리
가 여성들에게 제공되고, 기혼 여성들이 소득세를 따로 내는 것
에서 알 수 있듯이 우리 사회의 여성 지위는 변화하였다. … 경
제적 독립으로 아내의 지위는 독립적으로 변화하였다. … 정부는
정책을 통해 여성들이 자신의 능력을 최대한 발휘할 수 있게 교
육을 장려하고 여성들의 능력에 상응하는 고용을 촉진하고자 하
였다. … 그러나 전통적으로 남성 중심적인 아시아 사회에서 사
회적 태도의 변화는 법을 통해 오지 않았다. 그러한 변화는 자연
적으로 일어나도록 해야 한다.[35]

그러나 많은 여성들이 여전히 어려움에 직면하였다. 남성들의
'사회적 태도', 특히 가사 노동의 분담에 대한 태도가 쉽게 변하지 않
았다. 게다가 1970년대 후반에 이르러 농촌 지역에서 오는 현지 가사
노동자 수가 줄어들었다. 싱가포르 정부는 1960년대 후반부터 말레이
시아 출신 가사 노동자의 고용을 허가하였으나, 말레이시아 역시 1970
년대 후반까지 급속한 경제 성장으로 노동력이 부족했다. 1978년에는
기혼 여성의 노동시장 진입 장려의 일환으로, '외국인 가사 노동자 정
책 계획'이 시작되었다. 외국인 가사 노동자는 이제 필리핀, 스리랑
카, 인도와 같은 '비전통적 지역'에서 들어오기 시작했다.[36] 이 같은
정책은 직장을 구하는 싱가포르 여성들에게 실용적인 대안을 제시한
다는 목표를 가지고 추진되었다.
　이 정책은 실제로 현지 주부들을 집에서 해방시키는 데 기여했
다. 싱가포르 기혼 여성의 노동시장 참여는 1980년 29.3%에서 1989
년 40.3%로 증가하였다.[37] 1992년 이후부터는 노동시장에 참여하는
기혼 여성 비율이 미혼 여성보다 더 많았다. 1998년 기혼 여성은 노

동시장 참여 여성의 55.7%를 차지했다.[38]

　미숙련 외국인 노동자의 대규모 유입을 막기 위해 싱가포르 정부는 개별 고용주가 외국인 가사 노동자에 대한 추가적 재정 부담을 지도록 했다. 우선, 고용주는 싱가포르식 사회보장제도라 할 수 있는 중앙공제기금CPF, Central Provident Fund에 외국인 노동자 월급의 30%를 지급해야 한다.[39] 1982년 이 정책은 고용주가 고용한 이주노동자에 대한 수수료를 정부에 지급하는 징수제도로 대체되었다. 이로 인해 고용주는 이주노동자의 고용으로 얻는 이익이 줄어들게 되었고, 이로써 이주 인구 증가를 억제할 수 있었다. 세금은 업종마다 달랐으나 모든 직종에서 그 비용이 증가했다. 외국인 가사 노동자에 대한 세금이 그중에서도 가장 높았다. 제조업 노동자 고용 세금은 50싱가포르 달러인 반면 가사 노동자를 고용하기 위해서는 250싱가포르 달러를 내야 했다. 분명 이러한 정부 정책의 의도는 싱가포르 가정이 외국인 가사 노동자에 지나치게 의존하는 것을 막기 위함이었다.

　동시에 정부는 외국인 가사 노동자가 싱가포르에 정착하는 것을 방지하기 위한 강력한 통제 정책을 시행했다. 예를 들면 계약을 2년으로 제한하고 나이는 반드시 50대 이하에 신체 건강하고, 어떤 노동허가 조건을 위배한 적이 없는 사람에게만 재계약을 허용하였다. 외국인 가사 노동자는 싱가포르 남성과의 결혼과 임신도 금지되었다. 이들은 일반 건강진단뿐 아니라, 임신 · HIV/AIDS · 성병 검사를 6개월마다 받아야 했다.[40]

　싱가포르 정부는 외국인 가사 노동자의 고용을 허가한 것뿐 아니라 싱가포르 여성의 아이 양육 부담을 완화하기 위한 정책을 시행하였다. 1983년 인구정책이 출산장려 정책으로 전환된 후에, 정부는 공공 보육 센터를 짓고 비정부 기관과 민간 영역의 유사 보육 시설 설립을 장려하였다. 보육 센터의 수와 수용인원은 1982년 각각 33개2,023명 수용 가능에서 1990년대 중반 319개23,235명 수용 가능로 증가하였다.[41]

그러나 보육 시설 건립이 맞벌이 부부를 위한 완벽한 해답은 아니었다. 대부분의 센터는 2세 이하 아동을 맡지 않았다. 거기에다 운영 시간이 엄격히 제한되어 보통 하루 24시간 가까이 아이와 지내는 입주 가사 노동자가 제공하는 것만큼 관심을 아이에게 기울이지 않았다. 게다가 의료 편의시설이 없어 아픈 아동은 받지 않았다. 이는 부모가 아픈 아이를 데리고 병원에 다니며 사실상 집에서 간호해야 하는 것을 의미했다.42) 그러나 가장 큰 문제는 비용이었다. 1990년대 초반 싱가포르의 아동 양육비용은 한 아이당 매달 350~400싱가포르 달러였다. 이는 싱가포르의 물가에 비하면 너무나 높은 비용이었다. 더 고가의 혹은 "더 낫다고" 여겨지는 기관은 800싱가포르 달러의 비용이 든다.43) 반면에 외국인 가사 노동자의 월급은 대략 300싱가포르 달러로 필리핀 여성은 약 330~350싱가포르 달러, 인도네시아 가사 노동자는 약 230~250싱가포르 달러였다.44) 비록 고용주가 따로 징수세를 내야 하지만, 전체 비용으로 따지면 고급 보육 시설에 내야 하는 비용보다 적은 비용이 든다. 따라서 2명 이상의 아이를 둔 부부의 경우에는 아이도 돌보고, 가사도 하는 외국인 가사 노동자를 고용하는 것이 경제적 선택이었다.

싱가포르 가족의 또 다른 걱정은 노인 수발이었다. 싱가포르는 아시아에서 빠르게 고령화되는 사회에 속한다. 2002년 싱가포르 인구의 7.6%가 60세 이상이었다. 이 수치는 2014년 15.2%로 두 배 이상이 되었다.45) 저출산 특히 다수 중국 민족의 저출산과 기대 수명 증가는 싱가포르 맞벌이 가족에게 있어 노인 돌봄의 부담을 가져왔다. 정부가 공공 요양원과 같은 복지서비스를 제공하지만, 전통적인 효의 가치로 인해 90%의 중국인과 말레이인들이 집에서 고령의 부모를 돌보았다.46) 같은 연구는 대다수 노부부들이 아들과 함께 살기를 바라는 것을 나타내기도 한다. 돌봄에 대한 실질적 책임은 많은 경우 며느리가 감당하고 있지만 말이다. 여성의 50% 이상이 집 밖에서 일하는 사회에서, 외부의 도움이 없는 한 이러한 상황은 점차 감당하기 힘들어진다. 그 결과, 성가신 고용 절차와 높은 징수세에도 불구하고 많은 맞벌이 가족은 외국인 가사 노동자와 돌봄 노동자를 고용하게 된다. 이는 특히 한 명 이상의 아이가 있거나, 나이 든 부모님과 함께 사는 맞벌이 부부에게는 보다 경제적인 선택이다. 외국인 가사 노동자는 실질적인 도움을 제공하며, 싱가포르 가족에게 중산층의 지위를 부여한다.

싱가포르인들은 외국인 가사 노동자에게 급속도로 의존하기 시작했다. 1990년부터 2002년 사이, 외국인 가사 노동자 고용 비율은 6.7%에서 14.3%로 두 배 가까이 증가하였다.[47] 이 수치는 세계 최고 수준이다.[48] 2000년 싱가포르에는 14만 명 이상의 외국인 가사 노동자가 있었는데, 그중 8만 명은 필리핀 출신이다. 나머지는 인도네시아, 스리랑카, 미얀마와 태국 출신이다.[49]

싱가포르 정부가 가사 노동자들을 인구 정책의 일환으로 여기는 한 가사 노동자의 수는 계속 증가할 것이다. 싱가포르 정부는 외국인 가사 노동자를 양육비용을 감소시키는 주요한 요소로 여긴다. 최근 어린 아이나 노부모가 있는 가정의 경우에 징수세가 345싱가포르 달러에서 250싱가포르 달러로 감소하였다.[50] 외국인 가사 노동자의 고용 촉진으로, 싱가포르 정부는 싱가포르인의 출산율이 증가하고 여성 노동시장 참여가 최대한 증가하길 바라고 있다. 보육과 노인 수발 시설을 창출하고 증진하는 복지 프로그램 등의 확대는 비용 때문에 실용적인 선택으로 여겨지지 않았다. 점점 더 많은 이주여성이 정부의 복지 삭감으로 인해 증가하는 가사 노동과 돌봄 노동에 대한 부담을 지고 있다.

국제 여성이주에 관한 신흥공업경제지역 모델

몇 가지 근소한 차이에도 불구하고, 홍콩과 싱가포르의 사례는 신흥공업경제지역에서 공통적으로 나타나는 특정한 이민 모델을 대표한다. 두 국가 모두 강력한 산업화 정책을 시행했고, 수출 위주 제조업 분야의 고속 성장을 이룩하면서 여성 노동자의 수요가 증가한 경우다. 모든 아시아 지역과 전 세계 공장에서 여성은 남성과 비교하여 다루기 쉽고, 순종적이며, 좋은 능력을 가진 것으로 여겨져 선호된다. 많은 현지 여성이 공장 노동의 임금이 더 높고 노동 환경이 좋기 때문에 가사 노동보다 공장 노동을 선호한다.

　신흥공업경제지역 모델이 가진 독특한 점은 정부가 즉각적으로 노동시장의 요구를 받아들여 자국 여성들을 노동시장으로 진입시키기 위해 외국인 가사 노동자의 이민을 허용했다는 점이다. 다시 말해 이주여성의 유입은 명확히 정부 주도 산업화 정책의 일환이었다. 홍콩의 경우, 외국인 가사 노동자 수용은 다국적 기업과 임원들을 사로잡기 위한 전략의 일부였다. 이는 명백히 경제적 생산성 향상과 외국인 직접 투자를 증진시키기 위함이었다. 다른 공통 요인으로는 정부가 사회 서비스 투자 대신 외국인 가사 노동자 프로그램을 받아들였다는 것이다. 자국 여성의 노동시장 진출을 증진하고자, 정부가 보육과 노인 수발 서비스를 제공하는 대신에 값싼 노동시장의 문을 열었다. 남편의 가사 노동 기여를 장려하는 그 어떤 캠페인도 없었다. 기존의 성역할 이데올로기는 그대로 남아 있었다. 말레이시아에서 유사한 상황을 관찰한 친은 말레이시아 정부 관료들이 "중산층을 지원할 보육 시설 확충에 대한 준비가 부족한" 상황에도, 많은 말레이시아 남성이 가사 노동의 책임을 회피해 왔다고 지적했다.[51]

　최근 다른 신흥공업경제지역 역시 이 모델로 전환하고 있다. 한국과 대만도 여기에 포함되는데 이 두 국가는 오래전부터 제한된 이민정책을 펼쳐 왔다. 이 두 나라 모두 자국 여성의 노동시장 참여를 증가시키기 위해 많은 외국인 가사 노동자를 받아들였다. 대만은 공식적으로 1992년에 외국인 가사 노동 시장의 문을 열었다. 대만의 가사 노동자 수가 급속히 증가하여, 2001년 11만 4,519명의 돌봄 노동자와 가사 노동자가 들어왔다.[52] 한국은 1980년까지 노동 송출국가였으나 1991년부터는 아시아 이주노동자의 주요 목적국이 되었다.[53] 한국 정부는 공식적으로 미숙련 이주노동자의 입국을 금지하였기 때문에, 오랜 시간 동안 노동자들이 미등록 노동자이거나 '산업연수생'으로 위장되었다. 그러나 한국 이민정책은 점차 개방되어 2002년 11월 한국 정부는 비록 재중 교포들만이긴 했지만 외국인 가사 노동자를 받아들이기 시작했다.[54] 2004년 8월에는 결국 또 다른 주요한 정책 변화로 미숙련 외국 노동자를 받아들였다. 현재 아시아의 모든 신흥 공업경제지역은 공식적으로 가사 노동자의 일시적 유입을 받아들이고 있다.

일본: 고립이냐 변화냐?

일본은 아시아에서 외국인 가사 노동자를 받아들이지 않는 유일한 고소득 국가이다. 예외적으로, 일본에 거주하는 외국인 외교관은 해외로부터 가사 노동자를 데려오는 것이 허가된다. 강력한 이민 제한 정책이 그 이유라 할 수 있다. 일본은 대부분의 여성 이주노동자가 연예 산업에서 일한다는 점에서 독특하다. 그렇다면 일본은 왜 다른 나라와 다른가? 앞으로도 그럴 것인가? 이 절에서는 특히 이주여성과 관련된 일본의 이민정책을 살펴볼 것이다.

많은 학자들은 일본이 단일 민족으로 구성되지 않은 나라임을 지적해 왔다. 일본에는 많은 소수 민족들이 존재한다.[55] (1) 식민시기에 일본으로 강제 이주한 한국인과 중국인 (2) 오랫동안 동화를 강요당한 홋카이도 섬 북부의 아이누인 (3) 일본이 19세기에 정복한 류큐 왕조 시민인 태평양 연안 섬의 오키나와인이 그 예이다.[56]

일본은 20세기 초에 이민 송출국이었다. 200년간 자진하여 고립 속에 지낸 후 1868년 세계를 향해 문을 열었고, 이후 많은 일본인들이 해외로 이주하였다. 미국과 캐나다가 1930년대 중반 아시아 이민자들에게 문을 닫을 때까지 많은 이들이 하와이, 캘리포니아, 브리티시 콜롬비아로 이주하였다. 이후에는 브라질과 페루가 목적국이 되었다. 1940년까지 아메리카 대륙의 일본 이주민과 후손은 50만 명에 이르렀다. 일본인들은 만주, 한국, 대만을 포함한 일본 식민 영토로도 이주하였다. 만주에만 1937년까지 180만 명의 일본인이 이주하였다. 대부분은 전후에 일본으로 돌아왔다.57)

일본에서 최초로 주요한 이민 유입은 식민주의 시대에 시작되었다. 1911년 한국을 침략한 후, 일본 정부는 약 40만 명의 한국 노동자대개 남성를 건설 현장이나 광산으로 데려가 강제 노동을 시켰다. 이는 2차 세계대전 후반까지 이어졌다. 동시에, 많은 한국 여성들이 '위안부'로서 일본 군인의 성 노예가 될 것을 강요받았다. 전후에 120만 명의 한국인과 중국인은 고향으로 돌아갔다. 그러나 일부는 남아서 민족 공동체를 꾸렸다. 2003년 이들과 이들 후손은 일본 내 전체 외국인 거주자의 24.9%에 이르렀다.58) "특수 영구 거주자"라 불리는 이들의 수는 줄어들었지만 최근 학생, 산업 연수생, 노동자의 이주로 일본 내 한국인과 중국인 수는 증가하고 있다.

전후 경제 회복 과정은 외국인 노동자 수요의 증가를 창출하였고, 1970년 이후 수요가 더욱 크게 증가하였으나 일본은 미숙련 노동자에 대한 '닫힌' 이민정책을 유지하였다. 하지만 1990년에 '이민과 난민 인정법Immigration and Refugee Recognition Act'을 개정하여, 니케이진 일본인 이민자(대개 브라질과 페루 이민자) 후손과 사실상 미숙련 노동자인 기술연수생들에게 뒷문을 열어주었다. 그 이후 라틴 아메리카 출신 니케이진의 수는 맹렬히 치솟았다. 1985년 일본에는 2,000명의 브라질인이 있었는데, 새로운 이민법이 제정되자 브라질인의 수가 26만 8,322명까지 증가하였다.59) 2003년에 브라질인과 페루인의 수를 합치면 일본 거주 등록외국인 총합의 17.1%에 이르렀다.

그러나 전체적으로, 임시·영구 외국인 체류자의 총합은 여전히 매우 적다. 2003년 일본 인구 대비 1.5%였다. <그림 2.1>에서 보여주듯, 대부분의 이주민은 아시아 출신이다.

그림 2.1 ▮ 일본의 이주민 국적, 2003

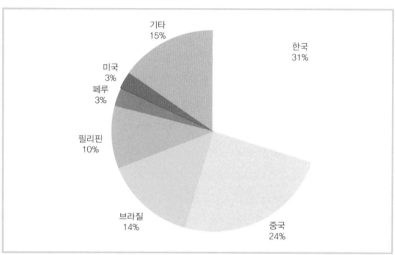

출처: 법무부(2004).

최근 몇 년간 일본에서는 이주의 여성화 현상이 두드러졌다. 이주민 유입은 오랫동안 남성이주가 지배적이었다. 하지만 1996년부터 일본에 등록된 외국인의 대다수를 여성이 차지하고 있다. 2003년에는 등록된 외국인 체류자의 53.8%가 여성이었다.[60] 그러나 일본의 여성 이주 양상은 다른 국가와 달리 상당히 독특하다. 서아시아와 동남아시아에서 일하는 이주여성들이 가사 노동자, 간호사, 공장 노동자인 반면에 일본에서 일하는 이주여성들은 대부분 엔터테이너이다. 여기에는 공식적으로 모든 미숙련 노동이주와 일부 숙련 노동자의 이주를 금지한 일본 이주정책이 크게 작용했다. 일본 이민법은 외국 노동자를 단지 14개의 직업군으로 나누었는데, 이들 분류에는 다른 나라에서 아시아 이주여성들이 대부분을 차지하는 가사 노동자, 공장 노동자, 간호사가 포함되지 않았다. 일본에서는 아시아 여성들이 다른 직업군에 집중되어 있는데 이는 바로 '유흥업'으로, 아시아 여성이 손쉽게 접근할 수 있는 유일한 이민 분류 직종이다.

엔터테이너는 일본의 외국 이주노동자의 가장 큰 부분을 구성한다. 2003년 13만 3,103명의 엔터테이너가 일본에 도착하였는데, 그중 60%(80,048명)가 필리핀 여성이었다.[61] 그들 중 압도적인 다수는 필리핀 출신의 젊은 미혼 여성이다. 많은 이들은 매달 필리핀 정부가 명문화한 공식 엔터테이너 최저 월급인 1,500달러보다 적은 돈을 받고 일한다. 그들 중 일부는 매달 350달러밖에 안 되는 돈을 벌기도 한다.[62] 엔터테이너 비자로 들어온 여성들 중 일부는 실제 공연자로 일한다. 하지만 대부분의 여성들은 바 호스티스나 성매매를 하는 것으로 조사되었다. 법무부 조사에 따르면 엔터테이너 비자로 들어온 아시아 여성의 81.6%가 실제로는 술집에서 웨이트리스나 호스티스로 일한다고 한다.[63]

일본 엔터테이너 산업에 종사하는 외국인 여성은 "자파유키상"이라 불린다. 이는 2차 세계대전 전에 성 산업에 종사하기 위해 중국으로 간 일본의 가난한 여성들을 일컫는 "카라유키상"에서 유래된 경멸적 용어다. 엔터테이너와 성 산업의 자파유키상에 대한 수요는 1970년대 후반 일본의 전반적인 경제 호황과 더 나은 교육 시스템이 정착된 이후에 급속히 증가했다. 이 시기부터는, 이 분야로 유입되는 일본 여성들이 거의 없었다. 게다가 급속도의 경제 성장이 유흥업과 성 노동자에 대한 수요를 증가시켰고 자국에서 충족할 수 없게 되었다. 초기에는 섹스 관광이 유행하였다. 일본 남성은 값싼 여가를 즐기고 접대를 받기 위해 동남아시아 나라로 여행하기 시작하였다. 1981년 정부는 섹스 관광에 대한 점증하는 비판들에 대응하여 이를 중단하기 위한 조치를 취했다. 이에 야쿠자와 같은 범죄 조직은 그들의 전략을 바꾸어 일본 남성을 해외로 보내기보다는 아시아 여성을 일본으로 데려오

기 시작했다.[64)

　'엔터테이너'라는 이민 분류 직종은 1981년에 외국인 엔터테이너 노동자의 강한 요구에 대응하여 도입되었다. 초기부터 이 분류는 미숙련 외국인 노동자의 입국을 거부하는 정책에 반하는 것으로 여겨졌다. 일본의 노동 비자는 "숙련된" 노동자에게만 주어졌다. 엄격히 말하자면, 일본 정부는 '체류 자격'만을 부여하지, 이것이 '비자'는 아니다. 그러나 나는 혼란을 막기 위해 '비자'라는 용어를 사용한다. 게다가, 직업 특성상 엔터테이너의 자격 조건을 입증하는 것은 어렵다.[65) 바로 이를 이용해 범죄 집단이 여성들을 성 산업에 유입시키려 이 비자를 사용했다. 여행 비자 역시 엔터테이너 분야 직종과 성 산업으로 외국인 여성을 유입시키기 위해 사용되었다. 1979년에는 9,100명의 필리핀인이 일본에 '관광객'으로 입국했다. 1981년까지 이 인구는 2만 512명으로 두 배가 넘었고, 1986년에는 7만 7,275명에 이르렀다. 이런 '관광객'의 63%를 차지하는 다수가 젊은 여성이다.[66) 2004년 1월 기준, 10만 6,352명의 이주여성이 체류 기간을 넘긴 채로 거주했는데, 대부분이 '관광객' 혹은 '엔터테이너'다.[67)

　결혼 이민도 일본 여성이주의 또 다른 주요한 분류이다. 이 여성들은 외국인 노동자로 간주되지 않는다. 더 많은 아시아 여성은 결혼을 이유로 일본으로 입국한다. 특히 농촌 지역에서 외국인 아내들을 찾는데, 이는 농촌의 저출산 현상과 젊은 일본인들의 도시 이주가 빈번하기 때문이다. 외진 마을에 사는 농부들은 젊은 일본 신부를 만나는 데 어려움을 겪는다. 소득과 재산으로만 보면 일본 농부들은 중산층으로 간주된다. 그러나 실제 노동 시간이 길고 가족 전체가 일을 해야 한다는 점에서 중산층의 삶과는 다르다. 특히 젊은 여성들은 더 많은 짐을 지는데, 가사 및 아이들과 시부모 돌봄에 대한 전통적 책임은 물론 많은 농사일까지 해야 한다. 전통적인 가족 가치가 일본 농촌 지역에서 특히 강한 데다, 여성들의 지위가 더 낮아 자유가 제한되고,

또 물질적으로도 풍요롭지 않다. 그 결과 농촌 지역의 젊은 일본 남성은 스스로 아내를 찾기 어려운 상황에 놓인다. 이러한 문제를 풀고 농촌 인구의 감소를 해결하기 위해, 지방 정부는 중년의 미혼 농부가 외국인 아내를 만나는 것을 지원했다.

대부분의 외국인 신부는 아시아인으로, 일본인 중개사무소와 고객들은 아시아 여성이 문화적으로 비슷하다고 믿는다. 대다수 여성들이 중국, 필리핀, 한국, 태국, 스리랑카 출신이다. 필리핀 정부 통계에 따르면, 일본은 1998년 4,237명의 필리핀 아내를 받아들였다. 그 해 가장 많은 수의 필리핀인들이 결혼 이주를 통해 공식적으로 이주했다.[68] 필리핀 해외이주위원회CFO 회장에 따르면, '우편 배달 신부' 같은 결혼 유형은 필리핀에서 금지하였지만 오랫동안 계속 지속되고 있다고 한다. 많은 해외 사무소와 불법 중개업체가 영업을 해왔고, 최근에는 인터넷을 통해 사업을 지속하고 있다. 이러한 사업은 주로 북미와 유럽인이 대상이었지만, 점차 아시아인도 증가하고 있다. 일본의 지방정부는 주민들이 결혼 배우자를 찾는 것을 도와주고, 이후에도 지원을 해준다. 예를 들어, 일본 북부 야마가타 현은 야마가타 주민의 예비 아내에게 일본어 수업을 제공할 자원봉사 선생님을 마닐라로 파견한다. 이러한 방식의 결혼은 공식적으로 행해지는 것이다. 필리핀 정부는 국제결혼이 인신매매의 위장술로 사용될 가능성에 대해 염려한다. 배우자 비자는 받기 용이하기 때문에 중개인들이 바 호스티스와 성매매에 종사할 여성들을 입국시키기 위한 '서류'상의 결혼으로 이용할 가능성이 있기 때문이다.

일본 정부는 오랫동안 엔터테이너, 관광객, 배우자의 이주 과정에서 발생하는 인권 침해에 대한 적절한 조치를 취하지 않았다. 일본 정부는 2002년 12월 인신매매 예방과 금지, 처벌에 관한 UN 협정에 서명하였지만 적절한 대응을 하지 않고 있다는 비난을 받았다.[69] 하지만 2004년 인신매매에 관한 미국 정부의 보고서가 공개되면서 일본 정부의 태도가 변화하고 있다. 보고서에 따르면 일본은 아제르바이젠, 잠비아 등 다른 개발도상국들과 나란히 인신매매 방지를 위한 노력에 있어 "최소한의 기준에 도달하지 못한", "2차 감시 목록"에 포함되었다.[70] 이는 일본 정부에게 심각한 정치적 수치였다.

이와 같은 외부의 압력에 따라 마침내 일본 정부는 인신매매의 존재를 인정하고, 직면한 문제를 해결하기 위하여 조치를 취하기 시작하였다. 2004년 12월에는 반인신매매 행동계획을 발표하였고, 2004년 이민법과 형법의 개정을 이끌어 낼 입법을 준비했다. 이 같은 법 개정으로 인신매매 중개인들은 보다 강력한 처벌을 받게 되고 인신매매 피해자들은 더 많은 지원과 보호를 받게 되었다. 그러나 필리핀 출신 엔터테이너의 이민을 강력하게 제한하는 정책이 포함되었다는 점에서 국내외에 여러 논쟁과 항의를 불러일으키고 있다.

일본 이민정책과 젠더 이데올로기

전체적으로, 일본은 외국인 가사 노동자에게 문을 연 다른 산업화된 아시아 국가와 뚜렷하게 대비된다. 다른 나라들은 경제 발전 과정에서 훨씬 일찍 가사 노동자를 받아들였다. 부분적으로는 인구에서 그 차이가 발생한다. 싱가포르와 홍콩을 보면, 인구가 적으므로 자국민의 노동력을 최대화하기 위해 여성들을 '가사에서 자유롭게' 만들어야 했다. 반면 일본은 1960년대에 이미 상대적으로 인구가 많았고 농촌 지역에 충분한 노동력이 공급되었다. 1960년대 당시 홍콩의 인구가 5백만 명, 싱가포르의 인구가 2백만 명이었던 것에 비해, 일본은 1억 1천 100만 명이었다. 일본 정부는 미숙련 외국인 노동자를 받아들일 필요가 없었는데 이는 경제 호황 시기에 농촌 노동력이 산업 영역으로 흡수되었기 때문이다. 이후 일본은 1970년대 초반 심각한 노동력 부족에 직면하게 되자 미숙련 외국인 노동자를 받아들여야 하는지에 대한 열띤 논쟁을 벌였다. 그러나 1973년 오일쇼크와 뒤이은 경기 침체로 노동시장 상황이 완화되었고, 1970~1980년대에는 주로 파트타임 여성 노동력이 제조업과 서비스업의 노동 부족을 채워주었다.

'거품 경제 시기'라 불린 1980년대 후반과 1990년대 초, 노동 부족 현상이 심각해져 농촌 지역의 노동력이 더 이상 국가 전체의 노동수요를 충족할 수 없게 되었다. 그럼에도 불구하고 일본 주부들이 집 밖에서 일할 수 있도록 그 어떤 외국인 가사 노동자 장려 정책이 채택되지 않았다. 그런 방안은 논의조차 되지 않았다. 일본 정부는 주부들을 노동시장에 참여시키기 위해 외국인 가사 노동자를 받아들이는 대신, 미숙련 노동자 수요를 충족하기 위한 '뒷문'을 열었다. 1990년 새로운 이민법은 니케이진이 합법적으로 일본에 들어와 미숙련 노동자로 일할 수 있게 하였다. 처음에는 이들 대다수가 남성이었지만 곧 가족을 데려오기 시작했다. 현재 일본에는 이들 국가에서 온 많은 여성들이 요양원에서 돌봄 노동자로 일하거나 공장에서 일하고 있다.[71]

미숙련 노동자를 받아들인 또 다른 '뒷문'은 바로 기술 연수 프로그램이었다. 이 프로그램은 아시아 국가에서 일본으로 온 노동자들이 주로 건설 분야와 제조업에서 3년간 "연수를 받는 것"이다. 사실상 이 프로그램은 약간의 '연수'를 받는 측면이 있지만, 중소기업의 '3D-더럽고, 위험하고, 힘든' 업종에 이주노동자를 보내는 것이라 할 수 있다. 이 연수 프로그램의 참여자 중 많은 수가 여성이었다. 외국 학생들은 또 다른 중요한 노동력이 되었다. 이들은 사실상 이민법이 제한하고 있는 주당 20시간을 초과해 일하는 '노동자'였다. '학생' 중 절반은 여성이었고, 대개 웨이트리스, 접시닦이, 청소부 같은 서비스 분야에서 일했다.

그렇다면 왜 일본은 자국 여성의 노동시장 진출을 장려하기 위해 외국인 가사 노동자를 받아들이지 않았을까? 부분적으로는 외국인 미숙련 노동자를 받아들이지 않는 일본 정부 정책에 기인한다. 또한 성별 이데올로기도 그 이유이다. 일본인들은 일반적으로 여성의 자리는

'집안'이라는 성별 인식을 가지고 있다. 일본 정부는 일본 여성들이 가사를 스스로 책임지기 때문에 외국인 가사 노동자는 필요하지 않다는 강력한 성별 이데올로기에 기반을 둔 정책을 실시하였다. 근대 산업화 시기에 일본 정부는 일본 여성들이 좋은 아내와 현명한 엄마로서 생산적인 노동자가 될 아이들을 잘 키우도록 장려하였다. 여성들은 남성 군인을 뒷받침하는 '조고 노 마모리'의 역할, 즉 남편에게 물질적, 심리적 안락을 제공하는 역할을 하도록 했다. 이러한 정부의 성별 이데올로기는 2차 세계대전에 등장하여 현재까지 일부 가족들에게 남아 있다.

성별 이데올로기는 1961년 더욱 강화되었다. 이케다 정부는 아동 발달에 있어 엄마 역할을 강조하고, 여성들이 집에 머물도록 장려했다.[72] 충분한 근거가 없었음에도 정부 고위 관료들은 자녀 출생 후 초기 3년을 엄마와 충분한 시간을 보내지 못하면 아이들의 신체적, 심리적, 지적 발달에 심각한 영향을 미친다고 주장했다. 건강복지부는 이를 캠페인으로 만들었으며 정부 인력 자원 정책의 일부가 되었다. 이 같은 정부 기조는 다음의 이케다 수상의 말에 녹아 있다. "인간 자원 개발의 기초는 바로 훌륭한 엄마가 훌륭한 아이를 낳고, 이들을 훌륭한 아이로 키우는 것이다."[73]

이 같은 주장이 실제로 근거가 없다는 것이 다양한 연구에서 증명되었지만 여전히 이 '세 살 신화'는 정치선전과 미디어 선전의 결과로 사회에 뿌리 깊게 흡수되었다. 최근 발간된 백서에 따르면, 대다수 일본 여성들은, 자녀가 있는 여성들은 일해선 안 된다고 믿고 있고, 70%의 여성이 실제로, 첫 아이가 태어나면 일을 그만두는 것으로 밝혀졌다.[74]

고이즈미 정권에서는 성평등 정책을 추진하였다. 하지만 세금 및 사회 보장 정책과 관련된 정부 정책들에서 여전히 성별 이데올로기가 작동했다. 일본 정부는 한 가구당 연간 소득이 103만 엔 이하인 가구는 아내들이 가사를 담당하도록 하기 위한 세금 인센티브제를 오랫동안 시행해 왔다. 2004년에는 이 인센티브가 감소되었지만, 소득 수준 이하의 가구에 여전히 배우자 공제 혜택을 주었다. 또한 여성들이 연간 130만 엔 이상의 소득을 버는 경우 무료 사회 보장과 건강보험 수급 자격에서 배제시킴으로써 사회 보장 시스템을 통해 주부들이 집에 머물도록 암묵적으로 장려했다. 게다가 연 소득이 141만 엔 이상이면 높은 소득세를 내야 한다.[75] 직장에서 역시 자체 불이익이 있다. 대부분의 일본 회사는 배우자대개 아내가 1년에 130만 엔 이하의 소득이 있을 때만 '배우자 수당'을 제공한다. 따라서 많은 일본 주부들로 하여금 그 이상 돈을 벌지 않도록 영향을 미친다.

적어도 가까운 미래에는 외국인 가사 노동자가 일본에서 정착하지 못할 것이다. 많은 일본 여성들이 여전히 전통적인 젠더 역할을 내면화하고 있기 때문이다. 미출간된 연구에 따르면, 대부분의 일본 기혼 여성은 일본인 가사 노동자조차도 고용할 생각이 없다고 한다. 그 이유는 다양한데 대다수가 집안에 낯선 이를 들이고 싶어 하지 않고, 또 외부인이 요리한 음식을 좋아하지 않기 때문이다. 일반적으로 많은 주부들이 가사는 자신들의 의무이자 외부인이 개입하지 않아야 할 사적인 일이라 여긴다.[76] 최소 한 명의 어린 자녀를 둔 일본 직장 여성이 하루 평균 5시간 26분을 가사와 아동 양육에 보낸다. 반면 일본 직장 남성의 평균 가사·양육 시간은 겨우 하루 26분에 불과하다.[77]

다른 문제는 주택 공간의 부족이다. 싱가포르와 홍콩의 많은 아파트들에는 가사 노동자를 위한 숙소가 있다. 반면 일본에는 현대 주택과 아파트 크기가 작고 입주 가사 노동자를 위한 여분의 공간이 없다. 원칙적으로 가사 노동자들은 혼자 살면서 통근할 수 있어야 한다. 그러나 일본을 포함한 모든 정부는 이를 원치 않는데 그럴 경우 가사 노동자들의 삶을 추적하는 것이 더욱 어렵기 때문이다.

최근 일본에서는 다양한 방식으로 가사 도움을 받을 수 있게 되었다. 많은 지방정부는 '가족 지원 서비스'를 제공하기 시작했다. 이

서비스는 아동 양육이 필요한 사람과 하루에 몇 시간씩 '자원봉사'를 할 수 있는 사람을 연결하는 것이다. 비록 공식적으로는 이 제도가 상호 지원 시스템으로 분류되지만, 시간당 7달러를 받는 자원봉사라는 점에서 실제 고용 제도에 더 가깝다. 지역 협동조합은 쿠라시노 타스케아이노 카이서로의 생활을 돕는 협동조합라 불리는 유사한 제도를 만들었다. 이 협동조합은 시간당 6~7달러를 받고 아동양육뿐 아니라 청소, 요리, 쇼핑 등과 같은 정규 가사까지 담당한다. 이런 자원봉사 시스템뿐 아니라 전문 회사가 시간당 15~40달러의 요금으로 전문적인 청소와 가사 서비스를 제공한다. 경제적 여유가 있는 일부 여성들은 이와 같은 가사 도움과 보육 서비스에 어느 정도 의지한다. 파트타임으로 도움을 받는 것이 여전히 "좋은 아내와 엄마"로서 정체성을 유지할 수 있다는 측면에서 여성들에게는 편안한 선택이다. 이들은 가사와 돌봄 노동에서 완전히 자유로워지고자 하지 않는다. 또한 많은 일본 여성들이 입주 가사 노동자를 고용하지 않는 것이 자신들의 사생활과 자율성을 유지하는 길이라 여기고 있다.

열린 이민정책으로의 전환? 고령화와 이주

일본의 저출산과 고령화 현상은 이와 같은 이민정책에 의문을 제기하고 있다. 일본은 세계에서 가장 빠른 속도로 고령화가 진행되고 있는 국가 중 하나다. 2003년 1.29명이라는 낮은 출산율로 인해 노동 시장 상황이 악화되고 일본의 사회 안전 시스템의 기초를 흔들 것으로 예상된다. 65세 이상 일본 인구는 2015년 전체 인구의 26.7%를 차지했다.[78] UN 인구국의 연구에 따르면 일본 노동력은 1995년 8,700만 명에서 2050년 5,700만 명으로 감소할 것이다. 동시에 생산 가능인구의 부양 비율은 1995년 4.8%에서 2050년 1.7%로 감소해 사회안전 체계에 무거운 짐을 지울 것이다. 같은 연구는 1995년 수준의 노동인구를 유지하기 위해 2050년까지 매년 60만 9,000명의 이민자를 수용해야 한다고 지적한다. 또한 1995년 수준의 생산가능인구의 부양 비율을 유지하기 위해서 매년 천만 명의 이주자를 받아들일 수밖에 없다고 말한다.[79] 국제 통화기금IMF은 일본의 인구감소는 실제 1인당 실질 GDP를 0.8%까지 감소시키고 이로 인해 경제가 심각한 타격을 입을 것으로 보고 있다.[80]

현재 일본의 기대 수명은 전 세계 최고 수준이고, 맞벌이 부모 가족 인구는 점차 증가하고 있다. 따라서 가족 구성원들이 나이든 부모를 돌보는 일은 더욱더 어려워지고 있다. 가족들의 증가하는 요구를 충족하기 위해, 1999년 일본 정부는 간병 돌봄 보험제도를 시행했다. 이 제도의 목적은 향후 5년간 돌봄 노동자를 15만 7,000명에서 35만 명으로 늘리는 것이다.[81] 그러나 이 정도 증가로는 실제 수요를 감당하기에 불충분하다는 비판을 받고 있다. 법무부 장관은 간병이 필요한 노인의 수가 2050년까지 280만 명에서 520만 명으로 2배 이상 증가할 것이라 예측하였다. 이는 간병 서비스를 제공하는 데 필요한 노동자의 수 역시 현재 52만 명에서 대략 100만 명까지 증가할 것이라는 것을 의미한다. 그러나 열악한 노동 조건 때문에 돌봄 노동자가 되고자 훈련된 사람 50만 명 중 오직 17만 명만이 이 분야에서 일하고 있다.[82]

이러한 현실에 대응하기 위해, 2000년 3월 법무부는 이민 통제 기본 계획을 발표하면서 정보산업과 통신 분야의 외국 전문 기술자 증가를 제안하는 것에 더하여, "정부는 노인을 위한 간병 부족 상황을 고려하여 외국인 전문가들의 도입을 고려한다"고 밝혔다.[83]

2004년 11월, 일본 정부는 마침내 자유무역협정의 일환인 경제 파트너십 협정의 범위 내에서 2006년부터 필리핀 돌봄 노동자와 간호사를 받아들였다. 이 협정을 통해 필리핀 간호사와 돌봄 노동자들은 각각 3년과 4년씩 일본 체류 허가를 받았다. 이들은 6개월 동안 언어를 연수한 후에 일본 병원과 요양원에서 연수생으로 일했다. 관련 국가 시험을 통과하면, 매 3년마다 허가를 갱신하며 공식적인 노동자로 계속 일할 수 있었다. 이 협정은 전문적인 돌봄 경험이 없는 필리핀 대학 졸업자도 일본어와 관련 연수를 받으면 허가를 받을 수 있게 하였다. 일단 국가 시험을 통과하면, 일본 병원과 요양원에서 비자를 갱신하면서 계속 돌봄 노동자로 일할 수 있게 되었다.[84]

　일본 정부가 숙련 노동자로 돌봄 노동자를 분류하는 것은 대부분의 산업화 국가가 돌봄 노동자를 비숙련 노동자로 간주하는 것에 비해 주목할 만하다. 이는 물론 공식적으로 외국 미숙련 노동을 꺼리는 일본의 이민정책의 기조에서 기인한 것이다. 정책의 일관성을 유지하기 위해, 정부는 대학 졸업자나 간호 대학 졸업자만 돌봄 노동자로 받아들이기로 결정했다. 돌봄 노동자를 숙련 노동자로 인정하는 것은 임금과 노동 조건이 안정적이어서 긍정적으로 여겨질 수 있다. 그러나 이것은 교육 수준이 낮은 다른 유능한 돌봄 노동자의 기회를 제한하는 역할을 하기도 한다.

　이러한 협정이 실제 돌봄 영역에 미칠 영향은 당분간 유입되는 연간 이주자의 수가 많지 않기 때문에 크지는 않을 것이다. 실제 몇 명의 간호사와 돌봄 노동자를 받아들일지는 여전히 협상 중이다. 당국은 1년에 총 200명 이상 유입될 것으로 보지 않고 있다.[85] 일본 정부는 적어도 현재까지는 고령화 문제의 주요 해결 방안으로 필리핀 간호사와 돌봄 노동자 유입을 보고 있지 않다. 돌봄 노동 시장 개방은 일본의 무역과 투자를 증진시킬 양국 간 상호 경제적 파트너십 형성을 위한 정치적 타협으로 이용되었다. 사실, 필리핀 정부는 돌봄 노동자의 일본 내 '시장 진입 부족'을 볼 때 당분간 필리핀 돌봄 노동자들의 고용 가능성이 거의 없다고 보고 있다.[86] 새 협정은 적어도 지금 수준에서는 절박한 경제 상황에 놓인 필리핀 여성들에게 경제적 기회를 거의 제공하지 않을 것이다.

　그러나 앞으로 얼마나 오랫동안 일본이 돌봄 노동자에 대한 이민의 문을 닫아둘지에 대해서는 의문이다. 일본은 급속한 고령화 문제에 직면해 있기 때문에 결국 훨씬 더 큰 규모로 외국인 돌봄 노동자를 받아들일 수밖에 없을 것이다. 노인을 위한 돌봄 노동자가 부족한 수준이 심각하여 이미 많은 일본 병원과 요양원이 일본 정부에 외국인 간호사와 돌봄 노동자를 고용할 수 있도록 이민정책을 완화할 것을 요구하고 있다.[87] 이런 상황에서 여론 역시 돌봄 노동자에 관해 더 우호적인 쪽으로 변화하였다. 1999년 3,600명응답자의 90%가 여성을 조사한 결과에 따르면, 거의 80%가 외국 노동자에게 더 많은 직업을 개방하는 것에 반대한다고 응답했다.[88] 그러나 2004년 조사에서는 대부분의 응답자남성의 71%, 여성의 52%가 일본 노동 시장이 외국인 노동자에게 문을 여는 것에 동의하고, 57%는 외국인 간호사와 돌봄 노동자에게 영주권을 확대하는 것에 지지한다고 응답했다.[89] 반면에, 같은 조사에서 이들은 다른 분야의 외국인 노동자 수용은 지지하지 않는다는 입장을 밝혔다. 이는 일본인들이 점차 고령화 문제의 심각성을 깨달아 돌봄 영역에서 더 많은 이주노동자들을 받아들여야 한다고 인지하기 시작했음을 보여준다.

이처럼 대중적 지지가 높아짐에 따라 일본 정부가 더욱 확장된 새로운 정책을 추진할 가능성이 높아지고 있다. 간병과 돌봄 노동자 수를 증가시키는 것이 하나의 방법이고, 다른 나라와 파트너십을 확장하는 것 역시 또 다른 선택이다. 현재 계획이 얼마나 성공할지가 이를 결정하는 핵심이 될 것이다. 이주여성에게 괜찮은 노동 환경을 제공하고, 일본 노인, 그들의 가족, 의료 기관, 대중을 포함한 사회의 지지를 받는 것은 반드시 필요하다. 현재 상황을 고려할 때, 일본이 아시아 출신 이주 돌봄 노동자를 받아들이는 주요 목적국이 될 것은 시간문제이다.

서아시아(중동)[90]

서아시아_{중동}의 경제 발전은 동아시아 및 동남아시아와 다른 방식으로 이루어졌기에 이민 양상도 달랐다. 서아시아의 경제 성장은 주로 석유 산업에 의해 주도되었고, 이에 일찍부터 석유 분야와 연관된 기반시설을 짓는 건설 노동자가 많이 필요했다. 이 나라들의 경제는 최근 몇 년간 관광, 금융과 같은 다양한 다른 분야로 확장되고 있다. 그러나 제조업 분야는 오랫동안 취약했다. 그 결과, 일본과 신흥공업경제지역과 다른 유형의 이주노동자를 필요로 하였다. 이처럼 경제 구조의 차이가 이주여성을 받아들인 요인이기도 했다. 이번 절에서는 국제 여성이주를 발생시킨 세 번째 경제 개발 유형을 살펴본다.

서아시아는 세계에서 가장 큰 이주노동자의 목적국이다. 2000년 1,900만 명의 이주자들이 이 지역에 거주했는데, 이는 총 아시아 이주 인구의 43%이며, 총 세계 이주 인구의 11%이다.[91] 이 지역에는 장단기 여성 이주자를 모두 합해 740만 명이 거주했다. 1990년 이후부터는 이민자의 총합이 자국민 인구를 초과하고 있다. 이 지역은 이제 외국인 이주자가 현지에서 태어난 사람들보다 많다.

그러나 모든 서아시아 국가가 외국인 이주노동자의 주요 유입국인 것은 아니다. 서아시아 국가들은 산유국과 비산유국으로 나뉜다. 산유국은 걸프협력기구GCC를 만든 바레인, 쿠웨이트, 오만, 카타르, 사우디아라비아, 아랍에미리트이다. 이 석유 부자 GCC 국가는 아시아로부터 이주노동자를 강력하게 끌어들인다. 반면 비산유국인 시리아, 레바논, 예멘과 같은 나라는 GCC 국가에 노동자를 보내고 있다. 이 국가들도 최근 몇 년간 이주노동자를 받아들이기 시작했지만 주요 목적국이라고는 볼 수 없다.

사우디아라비아와 쿠웨이트로의 이주는 1930년대에 석유가 발견된 직후 시작되었다. 그러나 본격적인 석유 생산은 2차 세계대전 이후에나 시작되었다.[92] 1973년 걸프 지역 산유국으로의 이주노동자 유입은 그 수나 출신국의 범위에 있어서 보통 수준이었다. 그렇다 하더라도 그 해에 이집트, 오만, 요르단을 포함한 이웃 국가 출신의 이주노동자가 이미 88만 명이나 있었다.

서아시아의 높은 노동이주율을 이해하려면, 그 지역의 사회 인구 통계학적 특징을 이해하는 것이 중요하다. 첫째, 석유 부자 GCC 국가는 사우디아라비아와 리비아를 제외하면 모두 1975년 당시 백만 명 이하의 적은 인구를 가지고 있다. 이 지역에서 가장 큰 규모인 사우디아라비아조차도 당시 인구가 5백만 명 이하였다.[93]

둘째, 신유국들의 노동시장 참여율은 역사적으로 낮았다. 이 지역 전통에 따라 여성이 집 밖에서 일하는 것은 억제되었다. 1970년대 경제 '도약' 시기에 여성 노동참여율은 바레인이 3.3%, 쿠웨이트가 5.2%에 불과했다.[94] 남성의 노동참여율 역시 다른 아시아 국가에 비해 낮은 편이었다. 예를 들어 1971년 바레인의 경제 활동 참여율을 보면 남성은 49%로, 63.2%인 일본과 54.8%인 홍콩에 비해 낮은 수치였다. 부분적으로는 바레인에 여전히 40만 명의 베두인족이 전통적 방식인 유목 생활을 하고 있어 임금 고용에 적합하지 않기 때문이다. 게다가 베두인족은 특히 공식 분야에서 일하는 것을 꺼려하는데, 이는 정부가 그들에게 보조금을 지급하기 때문이다.[95] 또한 다른 민족들도 산업 분야에서 일해 본 경험이 없다. 1975년 사우디아라비아 국민의 51.7%가 여전히 농업이나 수산업에 종사하고 있었다. 이러한 사실은 국내 노동력이 1970년대 초반에 촉진되기 시작한 석유 주도형 개발 속도를 따라잡기에 불충분했음을 보여준다.[96] <표 2.2>를 보면 산유국의 노동시장 참여율은 매우 낮다.

표 2.2 ▌1970년대 초 서아시아의 인구, 노동인구, 읽고 쓰는 능력

국가	인구(백만)	노동인구(백만)	읽고 쓰는 능력(%)
산유국			
바레인	0.21	0.05	47
쿠웨이트	0.47	0.09	55
오만	0.56	0.14	55
카타르	0.07	0.01	33
사우디아라비아	4.59	1.03	33
아랍에미리트	0.20	0.05	14
비산유국			
이집트	37.36	12.52	40
요르단	2.62	0.53	62
레바논	n.a.	n.a.	68
시리아	7.34	1.84	53
예멘	n.a.	1.43	10
민주주의 예멘	1.66	0.43	10

출처: Birks & Sinclair(1980).

세 번째로 숙련 노동자의 부족은 경제 개발 초기 당시 이 지역의 높은 문맹률과 관계가 있다<표 2.2>. 벅스와 신클레어에 따르면, 높은 문맹률은 이 지역의 전통적 학교 체계에 기인한다고 한다. 보통 남학생들만 입학하는 코란 학교에서는 종교 지도자들이 코란을 읽고 쓰고 외우는 것만 가르친다. 코란 학교를 졸업해도 대부분 신문을 쉽게 읽을 수 없고 계산도 할 수 없다. 코란 학교는 나중에 '서양 학교'로 바뀌었다.[97] 그럼에도 초기 시스템의 전통은 1970년대 초까지 남아 있었고, 결국 대규모로 숙련 노동자 부족 사태가 발생했다. 그 결과, 이 국가들은 경제 발전을 위해 다른 나라로부터 숙련/미숙련 노동자를 받아들여야만 했다.

1973년 석유 가격 폭등 이후, 외국 노동자의 송출국이 바뀌었다.

이윤이 급격하게 증가하면서 산유국인 걸프협력기구 국가들과 리비아는 대규모의 건설 프로젝트에 투자하기 시작했다. 투자 증가와 경제 활동 증가로 걸프 지역의 노동 수요는 폭발적으로 증가했다. 1973~1975년 사이, 이 지역의 경제가 급속도로 성장하면서 이주노동자의 수는 88만 명에서 180만 명으로 증가하였다.[98] 이웃 아랍 지역의 노동력이 고갈되면서 산유국들은 다른 곳으로 시선을 돌려야 했다. 이로 인해 이주노동자의 송출국이 다양화되었다.

산유국들은 이미 예멘, 수단, 레바논, 시리아, 이라크와 팔레스타인 지역 등 멀리 떨어진 아랍국들로부터 이주노동자를 받아들였다. 1973년 이후에는 비아랍 국가인 남아시아, 동남아시아까지 확대했다. 지리적으로 가깝고 임금이 낮은 인도와 파키스탄 노동자들이 많이 채용되었다. 1980년에서 1990년대로 들어서면서 필리핀인, 방글라데시인, 스리랑카인, 태국인, 인도네시아인 등으로 이주노동 송출국이 확대되었다. 1970~1980년대는 대한민국 노동자들이 중동에 일하러 왔다. 하지만 1980년대 후반 한국의 경제 성장과 임금 상승으로 이들은 한국으로 돌아갔다.[99] 지역별 자료가 따로 존재하지 않지만 사우디아라비아 단독 지표만으로도 이 지역의 다양한 경향을 살펴볼 수 있다. 사우디아라비아에서 일하는 남/동남/동아시아인의 수는 1975년 3만 8,000명에서 1990년 209만 4,000여 명으로 증가하여 총 이주 노동력의 61.5%를 차지했다.[100]

이처럼 이주 송출국의 다양화는 1980년대와 1990년대 계획적인 국가 정책에 의한 것이다. 산유국들은 인구가 적고 출산율이 낮기 때문에 대부분의 노동자가 외국인이었다. 1990년에 카타르 노동인구의 91.6%, 아랍에미리트연합의 89.3%, 쿠웨이트의 86.1%가 외국인이었다.[101] 이들 국가들은 현재 자국에서 태어난 자국민보다 외국인의 수가 더 많다. 이러한 상황은 심각한 우려를 낳고 있는데, 자신들의 사회경제적 위치에 불만족스러워하는 외국인들이 소수의 지배 계급에 대항할 가능성이 있다고 간주되기 때문이다. 이들 국가들은 외국인 노동자를 경제적으로 필요로 하면서도, 국가 안전과 사회 질서를 위협하는 존재로 여겼다.

이러한 이유로 많은 걸프협력기구 국가들이 이주 송출국가에 제한을 가하는 정책을 채택했다. 이 정책의 목표는 이주노동자들이 목적국의 정부에 대항하는 단결 행동을 하지 못하도록 예방하는 것이다. 걸프협력기구 국가들은 개발도상국을 통제할 수단으로 국가 할당제도를 사용하여 왔다. 할당수는 걸프협력기구들과 송출국과의 관계에 따라 보상 혹은 벌의 차원에서 줄어들거나 늘어날 수 있었다. 송출국은 송금액을 증가시키도록 더 많은 할당을 받길 원했기 때문에 경제정치적 사안에 있어서 걸프협력기구들에 반하는 강력한 입장을 취할 수 없었다. 다시 말해, 걸프협력기구 국가들은 국가별 할당 시스템을 통해 외교적, 정치적 영향력을 행사했다.

이주의 여성화

걸프 국가들에서 여성 이민정책은 비교적 열려 있었다. 1960년대에는 가족 이주가 허용되었고, 주로 이웃 아랍 국가들, 그리고 몇몇 아시아 이주남성의 많은 아내들이 가사 노동자로 일했다.[102] 쿠웨이트에서는 1979년까지 가족 이주가 감소하지 않았고 외국인의 정착도 금지되지 않았다. 그 이후에는 여성이 그들 스스로 노동계약을 통해 입국하기 시작하였다.[103]

1970년대 후반, 이주노동자 유형은 송출국에 따라 다양했다. 산유국들의 생활양식이 변화하면서 특히 아시아 출신의 여성 가사 노동 수요가 증가했다. 총합만 살펴보면 여전히 남성 이주자가 여성 이주자보다 많지만 비율 면에 있어서는 남성보다 여성이 더욱 빠르게 증가하였다. 산유국의 이주여성 수는 1960년과 2000년을 비교해 보았을 때 47배 증가한 반면, 남성은 41배 증가하였다.[104] <표 2.3>을 보면 사우디아라비아, 쿠웨이트, 아랍에미리트에서 특히 증가하였다. 2000년 4월 21일 발행된 걸프 뉴스에 따르면, 아랍에미리트 시민의 50%, 평균 한 가구당 두 명의 외국인 가사 노동자를 고용하였다.

표 2.3 ▌석유부자국가 GCC 국가의 이주여성

	1960	1970	1980	1990	2000
바레인	7,425	11,346	25,718	49,349	85,398
쿠웨이트	23,037	176,201	361,825	609,175	342,950
오만	6,625	8,373	37,683	94,167	142,697
카타르	3,021	16,348	40,493	89,091	105,596
사우디아라비아	22,997	103,163	577,066	1,267,310	1,770,803
아랍에미리트	329	10,972	179,515	442,664	538,995
계	63,434	326,404	1,222,300	2,551,756	2,986,438

출처: UN(2004).

아랍 국가의 여성이주가 가진 특징은 이주여성의 증가가 현지 여성의 노동시장 참여와 직접적인 연관이 없다는 점이다. 비록 최근 둘 간의 연관성이 보이기 시작했지만 <표 2.4>에서 보듯 걸프협력기구 국가들 내 여성 노동시장 참여는 아시아 가사 노동자가 도착하기 시작한 1970년대 중반까지 매우 낮았다. 이는 당시 싱가포르와 홍콩 여성의 높은 노동시장 참여율과 뚜렷하게 대비된다. 서아시아 산유국의 많은 주부들은 석유로 인한 부가 급격히 증가하던 시기에 일종의 과시적 차원에서 가사 노동자를 고용하기 시작했다. 전반적으로 가구 수입이 증가하면서 가사 노동자를 고용하기 시작했다. 걸프협력기구 국가들의 부의 수준은 아랍 고용주들이 8~12개 방을 가진 궁전 같은 집에서 사는 수준까지 올라갔다. 최근 연구들은 자녀 수가 가사 노동자 고용 여부에 큰 영향을 미치지 않는다는 사실을 보여준다.[105] 다시 말해, 가사 노동자 고용은 생활양식이 변화하고 더 많은 서비스를 열망한 결과로 '필수적인' 것이 되었다. 또한 가사 노동자는 사회적

표 2.4 ┃ 석유부자국가 GCC 국가의 여성 노동시장 참여율

	1970	1975	1985	1990	2000
바레인	4	10	n.a.	18	24[a]
쿠웨이트	11	15	n.a.	24	30[b]
오만	6	n.a.	n.a.	9	7
사우디아라비아	5	5	7	9	n.a.
카타르	5	n.a.	n.a.	17	21[c]
아랍에미리트	9	10	n.a.	18	19[d]

a = 2001 data, b = 1998 data, c = 1997 data, d = 1995 data, n.a. = 자료 구할 수 없음.
출처: ESCWA(1997a;1997b); ILO(2004).

지위의 상징으로 변화했다. 부의 척도는 얼마나 많은 가사 노동자를 고용하는지에 따라 결정되었다.

이러한 유행은 결과적으로 비걸프협력기구 국가까지 퍼졌다. 이 지역에서 이주노동자의 주요 송출국인 요르단 사람들은 산유국인 걸프협력기구 국가에서 벌어온 돈으로 자국에서 가사 노동자를 고용하였다. 요르단 사람들은 쿠웨이트와 사우디아라비아에서 고용주가 가사 노동자를 고용하는 모습을 보고 가사 노동자를 호화로운 삶과 동일한 것으로 보기 시작했다. 아시아 가사 노동자는 이들 국가에게 '유행하는 소비 아이템'이 되었다.[106]

아랍 여성의 노동시장 참여율이 증가하기 시작했던 1980~1990년대에 가사 노동자 고용이 급속도로 증가하였다<표 2.4> 참조. 동남아시아에서 현지 여성은 먼저 제조업 분야에서 일했다. 반면에 아랍 산유국 여성은 사무직종에서 일했다. 왜냐하면 걸프협력기구 국가들의 경제는 석유 생산과 관련한 서비스에 기반하는데, 석유 생산 일자리는 이미 이주 남성 노동자 차지였기 때문이다. 1993년 쿠웨이트 여성 노동자의 49%가 전문적·기술적 분야에, 44.3%가 사무서비스 분야에, 4.7%가 다른 종류의 서비스 분야에, 2.0%가 다른 업종에서 일했다.[107] 그러나 대부분의 현지 아랍 여성은 상대적으로 짧은 기간 노

동자로 일하는데, 현지 노동인구가 집중된 공공 영역의 경우 넉넉한 조기 은퇴를 제공하기 때문이다. 쿠웨이트에서 공공 부문의 노동자는 20년간 일하면, 월급의 75%를 퇴직 후 받는다. 40세 이상 여성과 45세 이상 남성은 개인 사업을 시작할 자금을 빌릴 수 있다. 기혼 여성의 경우 15년만 일하면, 모든 혜택을 받고 퇴직하여 넉넉하게 살 수 있다. 따라서 자국 여성또는 남성들은 오랫동안 일할 의지가 없게 된다.108) 1992년 국가 노동인구의 90%가 더 높은 임금과 사회 보장 혜택을 제공하는 공공 부문에서 일했다.109)

노동력의 자국화

경제 성장이 지체되고 안보 문제가 대두되면서 많은 걸프협력기구 국가들이 외국인 이주노동자 대신 자국민 노동자를 고용하는 정책을 발표하기 시작했다. 이 국가들은 인구의 다수를 차지하는 이주자들이 단결하여 파업과 폭동을 일으키는 것을 원치 않았다. 하지만 이같은 민족주의적 정책은 자국민 노동자들이 임금이 적고 사회적으로 낙인 찍힌 "이주자의 일"을 하려 하지 않았기 때문에 거의 영향력을 미치지 못했다. 대부분의 자국민들이 이미 공공 영역에서 높은 임금을 받으며 일하고 있는 상황이었다. 하지만 이러한 상황은 지난 수십년 사이에 변화하고 있다. 이 지역의 경제적 침체는 공공 영역의 일자리를 감소시키고 자국민들이 하찮게 여기는 일들을 하도록 만들었다. 하지만 여전히 많은 자국민들이 전문적이고 숙련된 노동을 요하는 직업을 가질 수 없는데도 '이주자' 일자리를 꺼려했다. 그 결과, 노동 인구의 '쿠웨이트화' 혹은 '사우디아라비아화'가 실행되지 못했다. 실제로, 지난 10년간 '사우디아라비아화' 정책에도 불구하고, 15만 명에서 20만 명의 필리핀 노동자가 매년 사우디아라비아에 오고 있다.110) UN은 이주자가 높은 비율을 차지하는 지금의 현실이 가까운 미래에 바뀌지 않을 것으로 내다보고 있다.111)

출신 국가에 대한 고정관념과 이주자 선택 기준

이미 살펴본 것처럼 지난 30년간 외국인 이주노동자에 대한 수요는 아시아 전체에서 증가했다. 대부분의 이주여성은 가사 노동자, 공장 노동자, 성매매가 동반되는 엔터테이너 등등 여성화된 일자리에 종사했다. 비록 이 분야에 적은 수의 남성이 있었지만, 노동시장에 존재하는 성 고정관념 혹은 특정 성에 대한 선호는 여성에게 호의적으로 작동했다. 고용주와 직업소개소는 특히 돌봄 노동과 가사 노동이 "남성보다 여성에 적합"하다고 보고 여성의 일로 인식했다.[112] 또한 여성들은 온순하고 순종적이며, 수작업에 능숙하다고 여겨져 공장 노동에도 선호되었다.

이주여성 노동은 단일하지 않다. 이주여성의 노동에 대한 수요와 임금 수준은 개별 자질보다는 출신 국가에 대한 고정관념에 따라 결정된다. 국제 여성이주 양상을 연구할 때 이러한 과정이 목적국의 정치적, 경제적, 사회적 차원에서 어떻게 작동되는지를 검토하는 것이 중요하다. 다음으로 가사 노동자에 초점을 맞추어 민족에 대한 고정관념과 다른 요인들이 아시아 여성을 결정하는 데 어떤 영향을 미치는지를 분석하고자 한다.

정치적 선별 요인

대부분의 이민정책에는 특정 국가 출신 이주민에 대한 선호도가 영향을 미친다. 그러한 선호에는 정치적이고 외교적인 이유가 있다. 목적국 정부는 특정 출신국 정부에게 이민 할당을 많이 제공하는 '호의'를 베푼다. 식민주의 역사와 같은 요인도 때로 이러한 우선적 대우에 주요한 역할을 한다. 그러나 세계화가 증대되는 이 시대에 몇몇 국가는 경제적 파트너십을 위한 정치적 도구로서 이민정책을 사용한다. 예를 들어 말레이시아는 필리핀과 인도네시아 여성만을 가사 노동자로 허가하였다. 이는 말레이시아, 인도네시아, 필리핀 정부와 맺은 경제 협약의 일환이었다.113) 이런 우대 정책 때문에 스리랑카와 같은 다른 주요 송출국은 1997년까지 공식적 채널을 통해 말레이시아로 가사 노동자를 보낼 수조차 없었다.114) 최근의 사례를 보면 일본은 경제적 파트너십 협약에 따라 간호와 돌봄 노동의 제공국으로 필리핀 이주자만을 받아들이고 있다. 일본은 이 정책을 다른 경제 영역에서 관세 감소를 위한 양국 협상의 지렛대로 사용하였다. 3장에서 더 자세히 다룰 것이지만, 많은 개발도상국은 이주민의 송금액을 증가시키고자 이민 할당에서 유리한 지위를 차지하고자 노력해 왔다. 이러한 이유로 송출국의 노동부 각료들이 유입국에 공식적으로 방문하여 더 많은 자국민을 이주노동자로 받아들일 것을 요구하는 것이다.

이주자를 선택하는 정치적 요인에는 주로 무슬림 국가의 경우 종교적 이유도 있다. 말레이시아 규정은 주로 무슬림 가사 노동자주로 인도네시아인를 고용하도록 한다. 같은 이유로, 걸프 국가에서는 무슬림 이주여성을 강하게 선호한다. 많은 아랍 가정은 가톨릭 신자인 필리핀인이나 불교 신자인 스리랑카인을 고용할 경우 자신들의 자녀가 "서로 충돌하는 가치체계 때문에 큰 정신적인 혼란에 직면"하게 될 것이라 주장한다.115)

민족도 여전히 이민정책의 또 다른 요인이다. 말레이시아 같은 다민족 국가116)는 인도, 스리랑카 혹은 중국에서 온 이주노동자의 유입이 국가의 큰 관심사다. 이는 민족 균형과 국내 정치에 영향을 주기 때문이다. 이러한 이유로 이주노동자는 전체 인구 구조를 변화시키지 않도록 하기 위한 관찰 대상이 된다. 석유부자 걸프협력기구 국가의 이주정책은 이주노동자들의 연대가 정치적 불안을 초래한다고 보고 이주노동자의 국적을 다양화했다. 이와 같은 정치적 선별 요인은 세계의 많은 곳에서 이민을 받아들이는 데 중대한 영향을 미친다.

사회적 선별 요인 및 출신 국가에 대한 고정관념

정부 정책이 허용하는 범위 내에서 고용주와 직업사무소들 역시 미시적 차원에서 이민자를 선택하는 데 중요한 역할을 한다. 그들의 선호도에 따라 시장에서 임금 비율이 결정된다. 일반적으로, 필리핀 노동자가 아시아 전역에서 가장 높은 임금을 받는다. 홍콩 현지 조사에 따르면 필리핀 가사 노동자의 공식적인 최저임금은 1999년에 월 3,670홍콩달러였으며, 2003년에는 3,270홍콩달러로 줄어들었다. 그러나 다른 국가 노동자들은 그와 같은 대우를 받지 못했다. 인도네시아 정부의 한 관계자는 홍콩에 거주하는 인도네시아 노동자의 90%가 공식적인 최저임금을 받지 못하고 있다고 언급했으며, 현지 NGO 조사에 따르면 이들은 1999년에 월 2,310홍콩달러 혹은 그 이하로 받는다고 한다.117) 스리랑카 가사 노동자와의 인터뷰를 통해 스리랑카 노동자의 시장 임금이 월 2,000홍콩달러로 더 적었음을 알 수 있었다. 홍콩에서 인터뷰한 대부분의 스리랑카 가사 노동자는 고졸에 훌륭한 영어 능력을 가지고 있었다. 그러나 실제 스리랑카 노동자의 '시장 임금'은 2,000홍콩달러였기 때문에 공식적인 최저임금을 지불할 고용주를 만나는 일은 어려웠다. 상대적으로 수가 적은 인도 가사 노동자는 주로 800~1,000홍콩달러로 가장 낮은 임금을 받았다. 모든 가사 노동자는 2003년 공식적인 최저임금 인하로 인해 시장 임금인 400홍콩달러 이하의 낮은 임금을 받았다. 가사 노동자에게 최저임금 이하의 임금을 지급할 경우 20만 홍콩달러의 벌금과 1년 이하의 징역에 처해짐에도 불구하고, 여전히 고용주는 대부분 인도네시아, 스리랑카, 인도, 태국 출신 가사 노동자에게 최저 임금 이하의 월급을 지급했다. 이런 차별적인 임금은 아시아 국가 어디서나 존재한다.

이러한 시장 임금은 이주자의 국적에 대한 고용주의 선호에 따라 각각 결정되며 취업 소개소가 이를 노동자들에게 전달한다. 월급 수준은 개개인의 능력과 연관되기보다는 특정 국가에 대한 고정관념과 편견이 반영된 것이다. 이 고정관념과 편견은 언론, 취업 소개소, 고용주의 개인적인 사회망에 의해 강화된다. 가사 노동자의 가장 중요한 자질 중 하나는 언어, 특히 영어 실력이다. 영어는 다른 언어 배경을 가진 아시아인들 사이의 통용어가 되었다. 영국의 식민지였던 영향으로 많은 홍콩, 싱가포르, 말레이시아의 고용주는 영어를 쓴다. 이들은 필리핀 가사 노동자들이 영어 사용이 가능하다는 점에서 소통하기가 더 쉽다고 느낀다. 대만처럼 고용주가 비록 영어를 거의 못하는 상황에서도 고용주는 다른 가족 구성원들이 '무료 언어 수업'을 받을 수 있다는 이유로 영어를 사용하는 가사 노동자의 고용을 선호한다.118) 현지 조사 결과를 보면 고등학교 교육 이하의 수준인 필리핀 여성은 영어를 잘 사용하지 못했지만, 이들이 평균적으로 스리랑카인, 인도인, 인도네시아인, 태국인보다 영어를 더 잘 말하고 이해한다는 이유로 필리핀인에 대한 수요가 높다는 것을 알 수 있었다. 중동의 많은 아랍 고용자들 역시 영어를 사용한다. 아랍에미리트에서 만난 필리핀 응답자의 거의 90%가 영어로 고용주와 이야기한다고 답했다. 아랍어를 사용할 줄 알면 종종 환영받는데 대부분의 이주여성은 출발 전 사전교육을 통해 기초 아랍어를 배운다. 하지만 여전히 영어는 아시아에서 주요하게 사용되며, 필리핀인들은 영어에 능숙하다는 이유로 환영받는다.

영어뿐 아니라 또 다른 선택 요인이 바로 교육 수준이다. 많은 고용주는 가사 노동자들이 가사뿐 아니라 아동 양육의 역할을 담당하기를 기대한다. 이는 자녀들의 숙제를 도와주는 것을 포함한다. 즉, 가사 노동자는 청소부이자, 요리사이며, 보모인 동시에 가정교사인 것이다. 필리핀 출신 가사 노동자들은 다른 나라 가사 노동자보다 교육 수준이 높다는 이유로 그 수요가 가장 높다. 많은 조사에서 실제로 필리핀 가사 노동자의 평균 교육 수준은 모든 나라 중 가장 높은 것으로 나타났다. 필리핀 가사 노동자의 삼분의 일 가량이 대학 교육을 받았다. 현지 조사에서는 이 여성들 대부분이 결혼과 가난을 이유로 그만두기 전까지 대학에서 1~2년 교육을 받은 것으로 나타났다. 필리핀 국내 노동시장에서 대학 교육 몇 년을 받은 학력은 취직에 큰 도움이 되지 않는다. 대다수 고용주는 대학 졸업자를 선호하고, 대학 졸업장이 없는 여성은 대학을 몇 년 다녔는지와 상관없이 고등학교 졸업자와 같은 취급을 받는다. 그러나 해외에서 일하고자 하는 가사 노동자는 상황이 다르다. 다른 나라에서 온 외국인 가사 노동자 대다수가 대학 교육을 받지 않았기 때문에 1~2년 대학을 다녔다는 사실이 고용에 영향을 미친다. 필리핀 가사 노동자의 삼분의 이 이상이 실제 고등학교 졸업자지만, '고등 교육을 받은 필리핀 가사 노동자'라는 이미지는 고용주 사이에 널리 퍼져 있다. 훌륭한 영어 실력과 거의 동일시되는 고등 교육은 많은 아시아 부모들의 요구를 충족시킨다. 홍콩, 싱가포르, 대만의 모든 중산층 이상 계층의 부모들은 영어를 잘하는 것이 좋은 학교에 입학하고 좋은 직업을 얻는 데 도움이 될 것이라 여겨 자녀들이 영어를 말하는 환경에서 교육받길 원한다. 이러한 추가적인 장점들로 인해 교육 수준이 높은 가사 노동자는 이들 국가에서 좋은 지위를 갖게 되고 또 더 많이 선호된다.

고용주의 선택에도 사회문화적인 복합적인 요인이 많이 작용한다. 피부색, 청결 그리고 외모는 많은 고용주에게 있어 중요한 영향을 미친다. 필리핀인, 인도네시아인, 스리랑카인은 모두 '아시아인'이지만, 일본과 중국 고용주는 이들이 결코 자신들과 같은 아시아인이라고 여기지 않고 인종적, 계급적 차이를 강하게 인식했다. 심지어 자신들이 고용하는 가사 노동자가 "너무 검거나", "너무 다르지" 않기를 원했다. 자신들의 입장에서 이상적인 가사 노동자는 "너무 검지 않아서" 고용주가 그들보다 어느 정도는 우월하다고 느낄 수 있으면서 동시에 청결성과 문화의 관점에서 '서구화'되어 있고 '교양'이 있어야 하며, 거주 공간을 함께할 때 위생상의 불편함이 없어야 했다. 가사 노동자는 어느 정도 매력적이고, 이웃의 눈에 '서구적'으로 보여야 하지만, 여성 고용주가 질투나 위협을 느낄 정도여서는 안 된다.

이러한 선택 기준이 고용주 사이에서 '자연적'으로 발생한 것이 아니라는 사실이 중요하다. 사실 목적국의 가사 노동자 소개소가 이러한 선택 기준을 강화했다. 종종 이 소개소들은 불법인데도 다양한 국적 간에 임금이 다르다는 사실을 고용주에게 알려준다. 이들은 신문과 웹 사이트에 번지르르한 광고를 게재하면서 고용주에게 직접 각 국가에 대한 고정관념을 전달한다. 몇몇 홍콩 '가정부 소개소'를 찾아갔을 때, 소개소들은 다음과 같이 말했다.

인도네시아인은 별로예요. 영어를 잘 못 하고요. … 홍콩에는 스리랑카인이 많지 않은 반면, 필리핀은 14만 명 이상이 살고 있습니다. 스리랑카는 … [쉼] … 그들[스리랑카인]은 외모도 별로죠. 알다시피 피부도 검고요. 필리핀인은 훨씬 상냥합니다. 옷도 잘 입고요. 당신을 어떻게 돌봐야 할지에 대해 모든 것을 알고 있습니다. 우리 고객들이 가장 많이 선택하는 부류는 필리핀인들입니다. [홍콩계 중국인 중개인 1]

그들[스리랑카인과 인도인]은 느린데다, [동]아시아인들이 주로 싫어하는 심한 냄새가 납니다. 인도네시아와 스리랑카인은 몸에 매우 강한 향수를 뿌리죠. [홍콩계 중국인 중개인 2]

나도 잘못됐다는 것을 알지만, 그런 건[차별하는 것은] 우리가 아닙니다. … 제가 하는 일은 가사 노동자를 제공하는 것이고, 저는 피부색, 인종, 종교를 가리지 않습니다. 하지만 중국인들은 피부색이 많이 어두운 사람들을 싫어합니다. 웃긴 일이죠, 그렇지만 사실이에요. [영국인 중개인]

고용주조합의 부의장은 가사 노동자가 얼마나 서구화되었는지, 종교적으로 얼마나 비슷한지가 중요하다고 믿는다.

[필리핀 가사 노동자가 선호되는 이유가] 그들이 서구화되었다는 점과 그들의 생활 습관이라고 생각합니다. 또한 필리핀인들은 가톨릭 신자이거나 기독교인입니다. 홍콩에서도 많은 사람들이 가톨릭 신자이거나 기독교인입니다. 종교는 매우 중요한 요인입니다. … 무슬림을 비난하는 것이 아니라 무슬림과 기독교 사이에 차이가 있음을 말하는 것뿐입니다.

홍콩의 고용주들과 이야기를 나누는 과정에서 종교가 자주 등장하지는 않았다. 그러나 종교는 고용주가 가사 노동자를 고용할 때 고려하는 성실함과 정직함의 한 측면이다. 물론 기독교인이라는 점이 윤리적 행동을 보증하는 것은 아니다. 아시아에서 기독교인이 된다는 것은 과거 서구 제국주의 권력이 아시아인을 기독교로 개종시켰다는 점에서 부분적으로는 서구화와 연관되어 있다. 그 결과, 가사 노동자가 독실한 기독교인이 아닐지라도 고용주들은 기독교인 가사 노동자들과 같은 '서구' 가치를 공유한다고 느낀다. 이러한 가치는 다른 상식과도 연관되어 있다. 홍콩의 해외 주재원 가정에 가사 서비스를 제공하는 한 영국인 중개인은 왜 많은 고용주들이 다른 국적 가사 노동자에 비해 필리핀 가사 노동자를 선택하는지를 설명하기 위해 필리핀인의 '상식' 수준을 꼽는다.

그들[필리핀인]은 진취적이고 상식이 있습니다. … 솔직히 말하면, 나는 필리핀인을 선택할 수밖에 없습니다. 왜냐하면, 내 생각으로는 필리핀의 태도가 [서구인에게] 더 상식적이기 때문입니다. … 만일 당신이 아이를 돌볼 사람을 찾고 있다면, 당신이 찾을 수 있는 최고를 원할 것입니다… 만약 문제가 생기면, 그들

[필리핀인]은 당신에게 전화를 할 수도 있고, 처리할 방법을 찾을 수 있고, 또 메시지를 남길 수도 있을 것입니다. 많은 고용자가 이곳에서 사업을 합니다. 고용주들이 나가서 일하는 동안 그들에게는 스스로 일하는 가사 노동자가 필요합니다. 상식을 가진 사람을 쓰는 것은 중요합니다. 나는 다른 인종을 비난할 의도는 없지만, 인도와 스리랑카에는 매우 좋은 이들[가사 노동자]이 없습니다.

요르단 외국인 가사 노동자에 대한 험프리의 조사는 홍콩 고용주들의 필리핀 가사 노동자 선호에 관한 나의 연구 결과를 뒷받침한다. 험프리는 요르단 외국인 가사 노동자들이 인종피부색이 밝은가 어두운가, 의사소통 능력영어를 사용하는가 아닌가, 교육높은 수준인가 아닌가, 매력미모인가 추한가, 그리고 외모유행을 따르는가 아닌가와 같은 분류에 따라 등급이 매겨진다고 한다. 그는 필리핀 여성들이 더 많이 선호되는 이유가 교육 수준이 더 높고 영어에 친숙하고 덜 검은 피부색을 가지고 있으며, 서양인처럼 옷을 입는다는 점에서 선호된다고 말했다. 요르단에서 1980년대 후반, 교육을 받은 필리핀인의 임금은 한 달에 250달러였으며 교육을 받지 않은 스리랑카인은 70~100달러를 받았다.119)

일반적으로 필리핀 사람들은 서구화되었고, 교육, 위생, 상식의 측면에서 고용주와 비슷하다고 인식된다. 그러나 필리핀 가사 노동자를 선호한다는 것이 필연적으로 이들을 잘 대우한다는 것을 의미하지는 않았다. 필리핀 가사 노동자에 대한 물리적, 언어적 학대는 흔하게 일어났고, 스리랑카나 인도네시아 가사 노동자보다 결코 적지 않았다. 교육 수준이 낮은 일부 고용주는 불안감을 느껴 가사 노동자들의 학력과 영어 구사 능력을 경시했다. 그럼으로써 고용주들은 가사 노동자의 낮은 임금을 합리화하고 권력의 차이를 유지하고자 했다.120) 특히 걸프 지역에서 많은 고용주들이 가사 노동자보다 학력이 낮았는데, 일부 사례의 경우 고용주들은 자신들이 상사임을 과시하고자, 또는 가사 노동자들이 절대 고용주의 집을 장악할 수 없다는 것을 증명이라도 하듯 학대를 자행했다. 고용주는 '유능한 가사 노동자'를 원했지만 고용인이 고용주의 힘과 권력을 넘는 것을 원하지는 않았다.

이주노동자의 선택 기준은 변화한다. 예를 들어 홍콩의 고용주들은 인도네시아 가사 노동자를 많이 고용하는데 이는 인도네시아 가사 노동자의 임금이 덜 비싸고 필리핀인보다 더 유순하며 복종적이라고 여기기 때문이다. 상대적으로 필리핀 가사 노동자들은 거침없고 공격적이라고 인식되고 있다. 이는 부분적으로 1980년부터 필리핀 가사 노동자들이 노동조합과 NGO를 설립하고 홍콩 내에서 필리핀과 다른 아시아 가사 노동자의 권리를 보호하기 위한 캠페인을 조직하여 집회를 여는 등의 활동을 벌여왔기 때문이다.[121]

아랍에미리트와 사우디아라비아의 경제 침체로 인해 스리랑카와 인도네시아 가사 노동자 수가 증가하고 있다. 아랍에미리트의 외교 소식통에 따르면 중하층 계급의 아랍 가정은 스리랑카와 인도네시아에서 온 저임금 가사 노동자를 고용하여 지출을 줄이고자 하고, 중산층 혹은 중산층 이상 계급의 가정은 여전히 필리핀인을 선호한다고 한다.

결론

목적국의 경제 성장과 정부 정책은 아시아 여성이주의 양상을 결정한다. 그러나 외국인 여성 노동에 대한 수요는 각 지역에 따라 다른 방식으로 나타난다. 동남아시아에서 급속한 수출위주산업화는 미혼과 기혼 여성이 가사에서 공적 영역의 노동시장으로 진입하도록 만들었다. 빠른 경제 성장의 결과로 노동시장이 팽창하자 이 국가들은 현지 여성이 노동시장에 진입할 수 있도록 그들을 '자유롭게' 만들어 줄 필리핀, 인도네시아, 스리랑카 외국인 가사 노동자에게 이주의 문을 열었다.

　반면 일본은 외국인 미숙련 노동자에게 엄격한 이민정책을 유지했다. 정부는 심각한 노동력 부족에도 외국인 가사 노동자 유입을 허가하지 않는다. 이는 아내는 가족을 돌보고 가사를 해야 한다는 사회적 인식 때문이다. 일본에서 여성 이주노동자의 직종은 주로 현지 여성들의 교육 수준이 높아지면서 인원이 줄어든 섹스 산업을 포함한 엔터테이너 산업에 제한되었다. 돌봄 노동자에 대한 새로운 이민정책 역시 지금 상황을 보면 그 영향이 제한적일 것이다.

　서아시아의 산유국에서는 현지 여성의 노동시장 참여율이 계속 낮았는데, 이는 외국인 가사 노동자 수요가 노동 부족에서 기인한 것이 아님을 보여준다. 오히려, 그 지역 사람들의 사회적 지위에 대한 인식이 증가하고, 과시적 소비를 증가시켰던 석유 기반 사업의 급격한 성장이 그 이유였다. 최근에는 많은 현지 여성들이 노동시장에 참여하기 시작하면서 외국인 가사 노동자의 수요가 증가하였다. 그러나 전반적으로 여전히 과시적 목적의 외국인 가사 노동자 고용이 많은 비율을 차지하고 있다.

　아시아 전반에서 각국들은 특정한 이주 노동 송출국을 선호한다. 이러한 선호는 과거 식민지적 관계와 문화적 연결에서 파생하였지만, 최근에는 특히 경제 협정 중심의 정치적 관계를 반영하고 있다. 이러한 정치적 선택 요인들이 일련의 송출국 목록을 결정한다.

　반면에, 개별적인 고용주의 경우 기존의 인종적, 민족적 고정관념이라는 사회적 요인에 의해 이주노동자에 대한 선호가 결정된다. 필리핀인들은 서구화와 고등 교육 이수자라는 긍정적인 이미지 때문에, 종종 다른 국적 출신에 비해 더 나은 대우를 받는다. 홍콩과 싱가포르처럼 이주노동자 유입에 정치적인 영향이 별로 없는 국가들에서는 사회적 선택이 주요한 시장의 결정 요인으로 작동하여 각국의 이주여성의 수요와 임금 수준에 영향을 미친다.

여러 차이에도 불구하고 모든 국가 정책은 기존의 성별에 따른 노동 분업을 유지시킨다는 한 가지 목표를 공유한다. 개발도상국과 걸프국 중 어느 국가도 대안적 접근, 예를 들어 남성과 여성으로 하여금 가사 노동의 책임을 동등하게 나누도록 장려하는 접근을 고려하지 않았다. 마찬가지로 보육과 노인 돌봄의 국가 복지서비스의 확장도 고려되지 않았다. 일본은 훨씬 더 뒤쳐져 있다. 일본 정부는 외국인 가사 노동자를 받아들이는 방식으로 일본 여성의 노동을 장려하려는 노력조차 하지 않는다. 일본 정부의 젠더 이데올로기에 따라 여전히 여성의 위치는 가정에 국한되어 있다.

이주 목적국들은 자국의 정치적이고 사회적인 요인에 따라 다르게 형성된 이민정책을 통해 국제 여성이주 흐름에 주요한 역할을 하고 있다. 이 장에서는 국제 여성이주를 발생시키는 원인에 초점을 두면서 노동 수요와 이민정책의 젠더적 차원을 살펴보았다. 그러나 유입 요인만으로는 국제 여성이주의 양상을 설명할 수 없다. 국가와 고용주는 국제 노동시장에 나와 있는 인력층에서만 노동자를 선택할 수 있다. 그들은 스스로 이 인력층을 통제할 수는 없다. 그렇다면 왜, 어떤 국가의 여성은 이주를 하는 반면, 다른 국가의 여성들은 이주를 하지 않는가? 국제 여성이주의 전반적 양상을 이해하려면, 송출국의 공급 측면의 상황을 검토하는 것이 중요하다. 다음 두 장에서는 송출정책과 국제 여성이주에 대한 영향을 분석할 것이다.

women

in

3. 가치 중심 송출정책
−송출국의 역할 −

motion

3장
가치 중심 송출정책
―송출국의 역할―

'지구화'라고 하면 보통 국가의 역할이 쇠퇴하고, 자유 시장에 대한 의존이 확대될 것이라 여긴다. 오늘날 자본과 상품은 과거에 비해 훨씬 손쉽게 전 세계를 이동한다. 경제적 자유화로 인해 국가의 역할은 덜 중요해지고 있다. 그러나 사람의 이동에 있어서는 이동의 자유화 과정이 거의 일어나지 않았다. 오히려 국가는 이주정책과 국경 통제를 통해 지속적으로 사람들의 국제이주에 중요한 역할을 담당하고 있다. 게다가 미등록이주와 인신매매가 증가하면서 이주 통제를 포기하기는커녕 이를 위해 계속 노력 중이다. 실제로 각 국가는 사회경제적인 이유와 안보 문제를 이유로 잃어버렸던 국가 통제력을 다시 획득하고자 시도하고 있다.[1] 특히 개발도상국 시민을 대상으로 이민 통제가 더 거세지고 있다.

이주에 대한 통제가 오로지 산업국들의 전유물은 아니다. 선진국들이 이민정책을 통해 사람들의 유입을 통제하는 것과 마찬가지로, 많은 개발도상국가들 역시 자국 시민들의 유출을 관리하기 위해 송출정책을 펼친다. 특히 아시아의 송출국가들이 그러한데, 아시아의 송출정책에서 가장 두드러지는 점은 여성과 남성에 대한 송출정책에 차이가 있다는 점이다.[2] 아시아 여러 국가에서 남성은 대부분 자유롭게 국경을 넘나들 수 있는 반면, 여성은 이동이 제한된다. 국제 노동시장에서 이주여성에 대한 수요가 높지만, 일부 국가들은 여전히 여성의 이주를 막거나 제한을 둔다. 이주 제한의 강도는 국가마다 다르며, 일부 국가는 남성에게도 국가 간 이동을 제한한다.

이번 3장에서는 송출정책의 젠더 차원에 초점을 두고 국제 여성 이주에서 송출국이 차지하는 역할을 탐색해 볼 것이다. 첫째로 국가가 일반적으로 국제 노동이주에 관여하는 이유를 간략하게 설명하고, 이주가 가지는 경제적 영향을 탐구할 것이다. 둘째로 아시아의 여러 나라에서 성별로 다르게 적용되는 송출정책을 개괄할 것이다. 특히 여성이주를 제한하는 전반적인 정책 환경에 대해 살펴본다. 셋째로 필리핀, 스리랑카, 방글라데시 세 나라의 송출정책을 역사적으로 짚어 보고 각국에서 어떻게 '가치 중심적' 정책이 발전해 왔는지를 살펴볼 것이다. 앞서 설명했듯이 이들 세 국가는 국제 여성이주에 대해서 성별로 다른 정책적 특성을 보인다는 점에서 선택했다. 필리핀은 국가가 적극적으로 국제이주 정책을 펴 왔다. 초기에 필리핀 정부는 언론 홍보나 기관 설립 등을 통해 적극적으로 이주를 장려했다. 여성이주에 대한 필리핀의 정책은 일시적 금지조치를 제외하고는 전반적으로 개방적이었다. 필리핀 정부의 정책이 실제로 얼마나 효과적이었는지는 차치하더라도 이주정책의 정교함 면에서는 어디에도 뒤지지 않는다. 이와 대조적으로 또 다른 주요 송출국인 스리랑카는 최근까지도 여성이주에 대해 자유방임적 접근을 취해 왔다. 적어도 공식적으로 스리랑카 정부는 여성이주를 적극적으로 장려하지도 억제하지도 않았다. 방글라데시는 이 두 나라와는 또 다르다. 방글라데시는 해외로 이주하는 여성 인구가 매우 적은데, 이는 국가가 적극적으로 이주를 억제하는 정책을 채택하고 최근에는 전면적으로 금지하여 여성이 해외에서 일하는 것을 막았기 때문이다.

어떻게 성별로 다른 송출정책이 발전되어 왔는가? 이번 장에서는 이에 대한 구체적 대답을 제시하고 위에 언급한 세 나라 간의 차이와 공통점을 강조하고자 한다. 세 나라가 이와 같은 정책을 입안하게 된 결정 요인에 대해서는 4장에서 분석할 것이다.

국제이주에서 국가의 역할

많은 개발도상국가들이 왜 국제이주에 대해 호의적인가? 두뇌 유출을 염려하면서도 개발도상국가들은 전반적으로 국제 노동이주가 경제적으로 순이익을 가져온다고 본다. 이주노동이 국내 실업률을 감소시킬 뿐 아니라 이주노동자가 보내는 송금이 저소득 국가 경제에 기여하기 때문이다.[3] 송금된 돈은 대다수 개발도상국가에게 있어 외화 벌이의 중요한 원천이자 국제 수지 균형에 기여하는 수단이다.

이주자들이 벌어들인 송금은 세계 경제에도 지대한 영향을 미친다. 1970년에서 2002년 사이, 송금의 연간유동액은 전 세계적으로 20억 달러에서 1,110억 달러로 증가했다.[4] 무역 가치로 보면 송금이 전 세계에서 가장 큰 비율을 차지한다. 송금액은 원유 및 커피의 국제 무역액을 넘어선다. <표 3.1>은 송금이 개발도상국가 경제에 중요 부분임을 보여준다. 게다가 인도네시아를 제외한 모든 국가에서 송금액이 공적개발원조액ODA, Offical Development Assistance을 넘어선다. 필리핀에서는 이주자의 송금이 순 정부개발원조의 10배가 넘는다. 인도에서는 5배가 넘고, 스리랑카에서는 두 배가 넘는다. 인도네시아는 총국민소득 대비 송금 비율이 다소 적은데, 이는 부분적으로 인도네시아 국가 차원에서 송금을 관리하려는 노력을 충분히 기울이지 않았기 때문이다. 한편으로 다수의 미등록 인도네시아 이주 노동자들이 비공식적 수단을 통해 본국에 송금하기 때문이기도 하다.[5]

많은 국가들이 경제적 이익을 기대하며 국제 노동이주를 장려해 왔고 그 이익을 극대화하기 위한 전략을 취해 왔다. 1990년대 인도네시아는 자국의 해외 이주노동자 수를 2000년까지 2백만 명으로 증가시킬 목적으로 직업학교를 개선하기 위한 눈에 띄는 노력을 해 왔다. 예를 들면 1995년 기준 120만 명의 인도네시아 이주노동자들이 해외에 있었다. 이를 통해 연간 송금액이 120억 달러로 크게 증가하리라고 예상했다.[6] 이 같은 목표가 달성되지는 않았지만 인도네시아 정부는 계속해서 노동이주를 자국의 경제 정책 전략의 하나로 채택했다.

표 3.1 ▌2001년 주요 송출국별 송금액

국가	이주 송금액 (미화 백만 달러)	순 정부개발원조[a] (미화 백만 달러)	총수출 중 이주 송금액 비율 (%)	국민총소득[b] 중 이주 송금액 비율 (%)
필리핀	6,155	577.7	14.7	7.5
스리랑카	1,169	276.3	18.0	7.1
인도네시아	1,046	1,731.0	1.8	0.7
방글라데시	2,104	1,171.5	31.9	4.3
인도	8,245	1,487.2	12.9	1.7
파키스탄	1,461	702.8	14.8	2.4

주: a＝2000년 자료. b＝국민총소득(GNI). 국민총소득은 국민이 생산한 부가가치의 총합으로 국내총생산(GDP)에 국외순수취요소소득을 합산하여 산출한다.
출처: IMF(2003), UNDP(2002), World Bank(2001).

아시아 여성이주를 향한 각기 다른 태도들

국제이주가 경제적 혜택을 가져다주기 때문에 개발도상국가들은 국제이주를 증진하기 위한 경제적 장려 정책을 펼친다. 이처럼 국가들은 여러 정책을 통해 국제이주에 중요한 역할을 담당한다. 다음으로는 각 국가가 자신들의 국가적 이익을 달성하고자 어떻게 여성과 남성 이주자를 다르게 대우하는지를 살펴본다. 결론부터 말하자면 각 국가는 일반적으로 남성의 이주보다 여성의 이주에 더 많이 개입한

표 3.2 ┃ 2000년경 아시아 여성 해외이주에 따른 제약들

국가	제약들
방글라데시	가사 노동자 여성 모집 금지. 엔터테인먼트는 금지인 반면 간호사, 의사, 기술자 직종에서는 여성 모집 허용.
인도	서아시아와 북아프리카에서 가사 노동자로 일할 여성은 최소 30세 이상이어야 하며, 사례별로 예외를 둔다. 쿠웨이트행 여성 가사 노동자 모집 금지
인도네시아	여성은 최소 22세 이상이어야 한다. 가사 노동자의 목적국 제한조치와 합법적인 직업 소개인이 모집하는 남성/여성 비율은 특정 조건들에 따라 폐지 가능. 중동 행 가사 노동자 모집의 경우 일시적인 금지.
네팔	여성은 최소 18세 이상이어야 한다. 목적국에 따라 선택적으로 취업 금지.
미얀마	전문직을 제외한 여성 노동자 모집 금지.
파키스탄	가사 노동자로 해외에서 일하려면 여성은 최소 35세 이상이어야 한다. 간호사 모집 금지.
필리핀	– 가사 노동자: 여성은 최소 21세 이상이어야 한다(몇 나라에 대해서는 모집 연령이 높고 몇 나라는 모집 연령이 어리며 최소 18세 이상이어야 한다). – 엔터테인먼트: 여성은 최소 18세 이상이어야 하고 목적국에 따라 선택적인 금지. 직업적인 교육과 기능 테스트를 받고 예능회원증을 소지하고 출발 전 시연을 해야 한다. – 간호사: 여성은 최소 23세 이상이어야 하며 간호 학위와 필리핀에서 1년 이상 경력이 있어야 한다.
스리랑카	여성이 가사노동자로 일하려면 최소 20세 이상이어야 한다. 엔터테이너 모집 금지.
태국	일부 목적국을 제외하고 여성 모집 금지. 엔터테이너는 예술학교졸업장과 자격증을 소지하여야 하고 나이트클럽에서 공연하면 안 된다.

출처: Abella(1995); Lim and Oishi(1996); IOM(1999); 저자의 1999년 현장 조사.

다. 남성의 이주에는 제한이 거의 가해지지 않는 반면, 여성이주는 <표 3.2>에서 볼 수 있듯이 많은 형식적인 제약 속에 놓인다.

아시아 각 지역에 따라 여성이주에 가해지는 제약들이 다르다. 인도, 방글라데시, 파키스탄은 여성의 해외 고용에 상당한 제약을 가한다. 방글라데시는 여성이 가사 노동자로 해외이주하는 것을 수차례 공식적으로 금지했다. 가장 최근에 제정된 여성의 해외이주 금지법은 폐지되었지만, 방글라데시 정부가 매우 철저하게 감시하고 있기 때문에 여전히 방글라데시 여성들에게 이주 과정은 어렵고 복잡하다. 인도

는 1990년대 후반 가사 노동자가 쿠웨이트로 이주하는 것을 금지했다. 이 법은 몇 년 후에 폐지되었지만, 여전히 가사 노동자로 해외에 이주할 수 있는 여성의 최저 나이 제한 규정30세이 남아 있다.7) 파키스탄은 1980년대에 여성이주를 금지했다가 현재는 폐지했다. 그러나 여성이 이주할 수 있는 최저 연령은 여전히 35세로, 아시아 내에서 가장 높은 나이 규정이다.8) 이러한 조치는 여성이주를 막기 위해 도입되었는데, 여성들이 결혼하고 아이 양육을 하고 나면 보통 30~35세 정도의 나이가 되기 때문이다.

다른 나라들은 여성이주의 제한 규정을 줄이고 이주 가능 나이를 낮추는 등 여성의 송출정책에 보다 개방된 정책을 펼치고 있다.9) 인도네시아 수하르토Suharto 정부는 여성이주를 개발 정책의 일환으로 사실상 장려했다. 인도네시아는 제4차 5개년 계획1983~1988을 통해 22만 5,000명의 여성을 해외로 이주시키겠다는 목표를 세웠다. 이후 1989~1994년 계획에서는 이 목표 수치가 50만 명으로 증가했다.10) 비록 그 목표치에는 도달하지 못했지만 1983년~1993년 사이에 인도네시아 이주여성의 수는 약 10배 이상 증가하여 1만 2,000명에서 13만 명이 되었다.11) 다른 국가들의 경우 인도네시아만큼 여성이주 증진에 노골적이지는 않았지만 많은 국가가 남성과 여성 이주자들이 해외에서 직업을 찾는 것을 장려했다. 필리핀과 스라랑카의 국가기관과 대사관은 자국민을 고용할 수 있는 가능한 틈새시장을 찾기 위해 정기적으로 국제 노동시장에 관한 연구를 수행했고, 자국민의 고용 계약을 따내기 위해 개발국으로 "채용 임무 수행원"을 보냈다. 이들 국가는 구체적으로 여성 이주자를 대상으로 하지 않았지만 여성이주를 실질적으로 장려했다. 왜냐하면 여성 노동자에 대한 국제적 수요 특히 가사 노동 영역과 제조업 영역에서의 수요가 점차 쇠퇴하고 있는 건설업계에서 남성 노동자를 찾는 수요보다 훨씬 높았기 때문이다.

그러나 중요한 점은 대부분의 아시아 국가가 남성이주는 허용한 반면 여성이주에는 어떻게든 제약을 가했다는 점이다. 모든 이주자에 대한 최소 연령 제한이 있었지만 남성의 경우에는 해외이주 가능 연령과 자국의 최소 노동 가능 연령이 같았다. 따라서 남성들은 해외이주를 위한 나이 제한이 사실상 없었던 것이다. 유일하게 남성에게 가해진 제약은 전쟁이나 내전 시기에 특정 목적국으로 이주하지 못하는 것이었다. 다시 말하면 남성은 기본적으로 어디든 자유롭게 갈 수 있었다. 이와 반대로 여성 이주자에게는 보다 많은 제약이 가해졌다. 여성의 경우 해외 고용이 가능한 최저 연령이 국내 여성 고용 최저 연령보다 대부분 높았다. 송출국 국가 공무원들은 이러한 연령 제한을 두는 이유를 여성들이 해외에서 일할 때 학대나 괴롭힘으로부터 스스로를 보호하려면 여성이 '성숙해야' 하기 때문이라고 설명하곤 했다. 그러나 남성의 경우에는 이런 이유가 따라오지 않았다. 일부 국가는 직업 유형, 자격요건, 이주 목적국가 등을 이유로 여성의 이주를 제한한다.

외부 정책 환경

여성이주에 대한 이러한 제약은 송출국의 영향력이 유입국에 비해 취약하고, 이주자를 보호하기 위한 효과적인 초국적 체제가 부재하다는 외부 정치적 현실을 반영한다. 국제 노동시장은 기본적으로 구매자 중심의 시장이기 때문에 저개발 국가는 정치적으로 힘을 발휘할 수 없다. 저숙련 노동자에 대한 수요 또한 한정되어 있어 각 개발도상 국가들은 자국의 저숙련 노동자들이 일할 기회를 차지할 수 있도록 서로 경쟁해야 한다.

노동시장에서의 이 같은 불균형은 필연적으로 송출국과 유입국 간의 불평등한 정치적 조건을 초래한다. 첫째로, 송출국가가 자국민이 유입국에서 겪는 어려움에 대해 말하기는 거의 불가능하다. 심지어 폭력이나 학대, 임금 체불 등의 상황이 벌어져도 그에 대한 조사를 요청하고 자국의 노동자를 학대한 고용주를 처벌할 것을 요구하기는커녕 송출국가가 그 문제에 대해 직접적으로 유입국가에게 제기하는 것조차 어렵다. 왜냐하면 이주 노동시장 내 틈새시장을 찾으려는 다른 개발도상국들이 이미 많이 존재하기 때문에 유입국에 대한 송출국의 문제 제기는 이후 이주 가능 쿼터 삭감 등을 통해 고용 기회를 다른 개발도상국에게 뺏기는 것을 의미했다.

그렇다고 해서 송출국가들이 아무런 조치도 취하지 않는다는 것은 아니다. 가능한 한 송출국들은 대규모 이주 할당을 보장하고, 자국 이주노동자들을 학대로부터 보호하기 위해 유입국가와 양자협약을 체결하려 한다. 물론 이는 쉽지 않은 과제이다. 이러한 공식적 협약 체결은 송출국가들이 유입국가를 상대로 문제를 제기하는 것을 가능하게 할 것이기 때문이다. 따지고 보면 유입국가에게는 단지 사소한 시빗거리에 불과할 수 있는 문제임에도 유입국가들은 애초에 곤란한 상황에 놓이지 않으려 한다. 게다가 많은 국가 공무원들은 이 같은 협약이 "이빨 빠진" 조치에 불과하다고 말한다. 목적국들이 자국에서 받아들인 이주노동자를 보호하기가 매우 어렵다는 것이다. 홍콩의 한 공무원은 자국 정부에게 있어 이주자는 차치하고 자국 태생의 노동자에 대한 보호조차 할 자원과 시간이 부족하다고 말한 바 있다. 따라서 비록 양자협약이 체결되더라도 그 협약이 반드시 이주자들을 보호하는 것은 아니다. 노동자에 대한 보호를 보장하는 것이 얼마나 어려운지를 고려할 때 유입국은 노동자 보호에 대한 어떤 합의도 하기를 꺼린다. 목적국은 때로 일종의 타협점으로서 어떠한 법적 책임을 수반하지 않는 양해각서나 외교문서의 형태로 협약을 맺는다. 이런 기초적인 합의틀은 적어도 문제가 발생했을 때 각 당사자가 살펴볼 수 있는 준거틀은 제공하지만, 이 자체가 이주노동자의 보호를 반드시 보장하는 것은 아니다. 게다가 7장에서 살펴볼 것처럼 기존의 국제 협약은 이주자들을 보호하는 데 그다지 효과적이지 않은데, 이는 사실상 많은 목적국들이 비준을 하고 있지 않기 때문이다. 이 모든 조건들이 이주 송출국가들을 좌절시켜 온 원인이다.

이 같은 정치적 제약들과 4장에서 살펴볼 다른 국내적 요인들로 인해 아시아의 많은 개발도상국가들은 '여성을 보호'한다는 명목 아래 여성이주를 통제해 왔다. 더 나아가 이 같은 이주정책들은 여성의 역할을 규정하는 특정한 사회적 인식을 반영하고 있다. 남성 송출정책은 순전히 경제적 요인에 따라 추진된 반면, 여성 송출정책은 복잡하게도 경제적 필요성과 여성에 대한 사회적 가치 간의 미묘한 균형을 맞추려는 노력 속에서 결정되었다. 여성이주의 경우에 사회적 가치가 때때로 경제적 필요보다 더 중요하게 여겨진다. 이 같은 '가치 중심적 이주정책'은 아시아 여성이주 양상에 큰 영향을 미친다. 다음에서는 필리핀, 스리랑카, 방글라데시의 송출정책을 개괄하고 그 정책들이 가진 젠더적 함의를 드러낼 것이다.

가치 중심적 송출정책: 역사적 개괄

필리핀

필리핀인들의 국제이주는 20세기 초로 거슬러 올라간다. 필리핀은 스페인과 미국에 대항해 벌어졌던 두 번의 독립 전쟁에 패배하면서 황폐화되었다. 특히나 국내 소비보다는 수출용 농산품 생산에 주력한 미국 식민 정책하에서 농촌의 자급 경제는 어려움에 처했다. 1930년대에 필리핀 농민들은 가난에서 벗어나기 위해 하와이와 캘리포니아의 플랜테이션으로 이주를 시작했다.[12] 대다수가 남성이었던 농민 중 많은 수가 미국 영주권자나 시민권자가 되었다. 심지어 1946년에 독립을 한 이후에도 필리핀인들은 미국과 캐나다로 영구 이민을 계속했다.

1950년대에 필리핀 정부가 해외 고용 프로그램을 실시하면서 필리핀으로부터 단기 노동이주 흐름이 시작됐다.13) 그러나 당시에는 두뇌 유출에 대한 우려 때문에 이주에 대한 국가의 개입이 미약했다. 페르디난드 마르코스Ferdinand Marcos 대통령이 취임하고 나서야 필리핀 정부는 직접적으로 노동이주에 깊게 개입하기 시작했다. 이후 1974년 마르코스 정부는 필리핀 노동자를 해외로 내보내기 위한 해외 고용 프로그램을 실시했다. 이 프로그램은 필리핀 정부의 재정 적자 증가와 높은 실업률 등과 같은 국내 경제 문제를 해결하는 데 도움이 될 것으로 기대되었다. 마르코스의 강력한 정책추진은 사실상 전체 송출 과정을 제도화하는 역할을 했다. 마르코스의 목적은 이주자의 수를 체계적으로 증가시키고 공식적인 통로로 송금하도록 제도화하여 그 송금액이 공식적으로 기록되어 국제 수지를 증진하는 것이었다. 마르코스는 자국 노동 프로그램의 목표를 다음과 같이 강조했다.

> 필리핀에게 해외 고용은 두 가지 중요한 임무를 지닌다. 바로 실업과 국제 수지의 안정이 그것이다. 이주 계약 체결로 이러한 문제가 해소되거나 또는 적어도 부분적으로 해결될 수 있다면 우리는 국민 저축의 증가와 투자 수준 상승을 기대할 수 있다.14)

마르코스는 1974년에 대통령령 442로도 알려진 노동법을 발표했다. 이 법은 해외 고용에 관한 제도적 틀을 마련했다. 이 노동법에 따라 해외 고용개발위원회Oversease Employment Development Board, 국가선원위원회National Sease Board, 고용지원국Bureau of Employment Services과 같은 행정 부서들이 신설되었다. 이런 기구들은 노동자를 모집, 홍보, 배치하는 일과 더불어 국가고용사무소를 운영하고 사설 고용업체들을 규제하는 역할을 담당했다.15) 이 노동법은 또한 노동자를 직접 고용하는 것을 금지했다. 마르코스 정부는 필리핀 정부가 해외 고용을 위한 고용 알선 산업을 독점해 경제적 이익을 극대화하기를 원했기 때문이다.16)

필리핀 노동법은 그 자체로 특정한 성별 구분을 하지는 않았고, 마르코스 역시 구체적으로 남성 또는 여성이주를 장려하지는 않았다. 이는 부분적으로는 정책 입안자들이 이주자 대다수가 남성이라고 가정했기 때문으로 보인다. 당시에는 석유붐의 여파로 중동 지역에서 남성 건설 노동자를 필요로 하는 수요가 압도적이었다. 해외 고용에 관한 국가 정책은 주로 남성 노동자에 해당되는 것이자 남성 국제 노동이주를 적극적으로 증진하기 위한 것으로 여겼다.

필리핀 이주노동자에 대한 수요는 빠르게 증가했다. 이주노동자 수는 1974년에서 1984년[17] 사이에 10배 이상 증가했고, 그 이후에도 증가세를 보였다. 이에 발맞추어 마르코스는 노동이주에 대한 관리를 강화하고 체계화하기 위해 기존의 두 개의 조직을 통합해 필리핀해외고용청POEA, Philippines Overseas Employment Administration을 세웠다. 이와 같은 제도적 지원으로 선원을 포함한[18] 필리핀 이주노동자 수는 상당히 증가했다. 2003년에 192개 국가와 영토에서 780만 명의 필리핀인이 일하고 있는 것으로 추정되었다.[19] 처음에는 대다수 필리핀 이주자가 서아시아 산유국에서 일을 했다. 하지만 지난 삼십 년 동안 이들은 다른 많은 국가에서 일자리를 찾았다. <표 3.3>이 보여주는 것처럼 필리핀인들은 동남아시아, 동아시아, 그리고 다른 많은 국가들에

표 3.3 ▮ 2003년 필리핀 이주노동자의 주요 목적국

국가	명
사우디아라비아	169,011
홍콩	84,633
일본	62,539
태국	45,186
아랍에미리트연합	49,164
싱가포르	24,737
쿠웨이트	26,225

출처: POEA(2004).

서 일하고 있다.

이주의 성별 간 다른 특징은 코라존 아키노가 마르코스 다음으로 대통령에 당선된 1986년 이후부터 뚜렷해졌다. 기본적으로 아키노 대통령은 마르코스의 방식을 따라 해외 고용 전체를 증진했다. 덧붙여 남성, 여성 이주노동자를 영웅으로 추대하고, 1988년에는 이주노동자의 중요한 공헌을 인정하는 차원에서 12월을 '해외 거주하는 필리핀인의 달'로 지정했다.[20] 그러나 여성 이주자 숫자가 증가하면서 이주자의 보호 특히 여성 이주자를 위한 보호는 곧 아키노 정부의 중요한 과제가 되었다. 1980년에서 1987년 사이에 이주노동자 중 여성의 비율은 18%에서 36.3%로 2배 증가했다.[21] 그만큼 학대와 착취 역시 증가했고, 이는 미디어에서 폭넓게 보도되었다. 1980년대 후반까지는 '복지 사례_{학대와 괴롭힘 사례에 대한 완곡한 표현}'를 다룬 공식적인 자료가 거의 없었지만 필자가 연구과정에서 지역 신문들을 조사한 바로는 이주자 현황을 보도한 기사가 1985년 이후 급격하게 증가한 것으로 나타났다. 이주여성이 처한 어려움에 대한 관심이 전국적으로 증가했는데 1986년 아키노가 취임할 때 여성주의자들과 사회운동가들은 필리핀 정부가 이 문제를 제기하도록 압력을 가했다.[22] 이에 대응해 1987년 아키노 대통령은 자국의 노동부 및 고용부에 지시하여 홍콩, 싱가포르, 말레이시아, 중동에서 관련 사실을 확인하도록 했다.[23] 1988년 파키스탄 정부는 여성 가사 노동자의 이주 자체를 중단시키기로 결정했다. 아키노 정부도 같은 해 전 세계적으로 필리핀 가사 노동자의 송출을 금지하는 조치를 취했다. 아키노 정부는 이를 통해 이주 목적국들이 필리핀 정부와 필리핀 이주여성의 상황을 개선하기 위한 협상에 임하도록 압력을 행사하고자 했다.[24]

이 같은 광범위한 금지조치는 나름 긍정적인 결과를 낳았다. 많은 국가들이 즉시 자국에 대한 예외를 요구하며 동시에 필리핀 가사 노동자의 삶을 개선하기 위한 지원을 하겠다고 밝혔다. 금지조치 이후 6개월 만에 미국, 캐나다, 홍콩, 싱가포르 및 주요 유럽 국가들을 포함한 16개 국가가 이주여성의 노동 조건과 특정한 보호 조치를 구체화한 양자 간 협정에 서명했다. 그러나 이러한 국가들은 이미 상대적으로 괜찮은 노동 조건을 제공하고 있던 나라들이었다. 정작 필리핀 정부가 조약을 체결하기를 원했던 국가들은 협상에 나서지 않았다. 심지어 일부 국가는 일자리를 찾는 모든 필리핀인의 비자 처리를 지체시키는 방식으로 보복을 하기도 했다. 이는 수많은 전문직 필리핀인들과 숙련 노동자들에게 영향을 미쳤고, 결국 아키노 정부는 자국 정책을 다시 고려해야만 했다.[25]

역설적이게도 필리핀 여성운동 진영이 '동료' 필리핀 해외 이주여성을 보호하기 위해 추진한 이 같은 금지조치는 당사자 이주여성들의 저항을 가져왔다. 주로 필리핀 가사 노동자를 대표하는 홍콩의 이주여성 단체들은 필리핀 정부가 자국 여성들이 해외에서 일자리를 찾을 권리를 빼앗고 있다고 주장하며 흥분을 감추지 못했다. 22개의 이주 단체들이 '이주 노동 금지에 반대하는 필리핀인 연합United Filipinos Against the Ban'을 결성하고, 아키노 정부가 정책을 폐지하도록 압력을 가했다.[26] 필리핀 정부는 마침내 이 같은 요구를 받아들여, 필리핀 가사 노동자들이 인정한 "양호한 과거 기록"을 근거로 조건 없이 홍콩을 금지국에서 제외했다.[27] 싱가포르에서 가사 노동을 금지했을 때도 유사한 항의가 잇따랐다. 필리핀 내 여성운동 진영은 가사 노동 금지를 통해 동료 필리핀 여성들을 '보호'하고자 했지만 정작 이주여성 당사자들은 이들의 이러한 노력을 원하지 않았다. 그들의 일차적인 관심사는 자신들의 일자리를 지켜 필리핀에 있는 가족들을 보살피는 일이었기 때문이다. 다른 장에서 다루겠지만 계급 간의 차이는 이주여성의 재통합 과정뿐 아니라 송출정책에도 영향을 미치는 중요한 사안이다.

필리핀 정부가 이주 금지조치를 내린 또 다른 사건으로는 일본에서 엔터테이너로 일하던 필리핀 여성 몇 명이 의심스러운 상황에서 사망한 사건이다. 사실이 보도된 후에 필리핀 내 여론이 들끓자 피델 라모스Fidel Romos 대통령은 1991년 11월, 23세 미만의 여성들이 엔터테이너 신분으로 일본에 가는 것을 금지했다. 양국 모두에 심각한 영향을 끼치면서 금지조치 2년 만에 필리핀인 엔터테이너 수는 5만 9,000명에서 1만 명으로 감소했다. 당시 일본의 유흥 산업은 외국인 엔터테이너의 88.9%를 차지하는 필리핀인 엔터테이너에 상당히 의존하고 있었다.[28] 게다가 필리핀인 엔터테이너의 약 90%가 일본으로 가고 있던 상황에서 금지조치란 이들의 일자리를 빼앗는 것과 다름없었다. 유흥 산업에서 엄청난 이익을 얻던 이주 구인 업체들은 사업을 접었다. 결국 양측 모두가 필리핀 정부로 하여금 즉시 이주 금지정책을 철회하도록 압력을 가하기 시작했다. 일본의 구인 업체들은 교착 상태를 벗어나고자 일본 정부를 로비할 자금을 모집했다. 얼마 지나지 않아 일본 정치인들이 필리핀 정부를 압박하기 위해 필리핀을 방문했다. 이 같은 대내외적 압력으로 이주 금지조치가 철회되었다. 그러나 필리핀 대중의 분노를 고려해 필리핀 정부는 최소 연령 제한 조항을 신설했다. 전前 국회의원은 그때의 일을 다음과 같이 회상했다.

엔터테이너들의 해외이주 금지는 정치적으로 용인될 수 있었다. … 대중들이 그것을 원했다. 그러나 금지조치가 철회되면서 대중이 분노했으며 따라서 필리핀 정부는 나이, 직업 등에 제한을 두는 등 더 많은 조건을 만들어야 했다. 언제, 어느 지점에서 대중을 고려해야 하는지는 어려운 질문이다.

필리핀 사회를 떠들썩하게 만들고 필리핀 정부가 강력한 조치를 취하도록 만든 가장 극적인 사건은 싱가포르에서 한 필리핀 가사 노동자가 처형된 사건이었다. 네 자녀의 어머니이기도 했던 플로르 콘템플라시온은 두 명을 살해한 혐의로 기소되었고, 1995년 싱가포르에서 교수형을 당했다. 그녀의 목숨을 살려 달라는 라모스 대통령의 직접적인 호소도, 관용을 호소한 플로르의 간청도 소용없었다. 플로르가 사형 당하자 필리핀 여론은 분노로 뒤덮였다. 필리핀인 대다수가 플로르의 재판이 공정하지 못했고 플로르가 거짓 증언을 하도록 압력을 받았다고 믿고 있었다. 그뿐 아니라 사형이 집행되기 전에 두 명의 목격자가 나서서 플로르는 죄가 없다고 증언했다. 라모스 정부, 외무부, 노동고용부 모두 플로르 사건에 제대로 대처하지 못했다고 강하게 비판받았다. 이로 인해 두 정부 부처의 고위급 공무원이 사임했다. 이 사건은 싱가포르와 필리핀 사이의 외교적 관계를 악화시켰다. 라모스 대통령은 싱가포르의 필리핀 대사관을 영사관으로 강등시키고 대사를 소환했다. 싱가포르 정부 역시 즉각적으로 필리핀에 있는 자국의 대사를 소환함으로써 대응했다.[29]

콘템플라시온 사례는 필리핀 정부 정책에 강력한 영향력을 미쳤다. 이 사건을 보다 심도 있게 조사하고자 대통령 직속 위원을 지명한 것은 물론이고 일시적으로 필리핀 가사 노동자들이 싱가포르로 이주하는 것을 금지했다. 이후 필리핀 정부는 해외에 있는 이주노동자를 보호하는 데 보다 세심한 주의를 기울이기 시작했다. 주목할 만한 것은 1995년에 새롭게 만든 이주노동자와 해외 거주 필리핀인에 관한 법Migrant Workers and Other Overseas Filipinos Act, 이하 '공화국 법령 8042'이 통과되었다는 것이다. '이주노동자의 대헌장Magna Carta'으로 지칭되는 이 법은 여성을 보호하기 위한 수많은 적극적인 조치들을 포함하고 있다. 한 예로 이 법에 따라 이주노동자 및 다른 해외 거주 필리핀인 자원센터 건립이 외교 업무에 포함되었다.[30] 또한 이 법을 통해 다양한 국가 기관, NGO들, 구인 기관들이 공동으로 협력하여 이주문제를 해결하는 하나의 '국가팀으로서 이주문제에 접근'하고자 했다. 이들 모두 이주노동자를 보호하려는 공동의 목표를 가지고 적극적으로 협력하고자 했다. 이 법령은 또한 등록 이주자뿐 아니라 미등록 이주자에 대한 외교적 지원을 확대했다. 즉 공화국 법령 8042는 필리핀 정부가 자국의 시민들에게 해외에 거주하는 자국 시민을 보호하려는 의지가 결연하다는 것을 보여주고자 제정되었다.

라모스 정부는 세간의 이목을 끈 이 모든 이주여성 관련 사건들로 인해 강력한 정치적 행동을 취해야 했다. 1995년 콘템플라시온 사건 직후 또다시 떠오른 사라 바라바간 사건은 필리핀 사회를 다시 한 번 분노케 했다. 아랍에미리트 공화국에서 일하던 16세의 필리핀 가사노동자 사라 바라바간은 고용주를 칼로 찔러 살해한 혐의로 구속되었으나 자신이 고용주에게 성폭력을 당했다고 주장했다. 첫 재판에서 사라는 7년 형을 선고받았다. 하지만 이후 이슬람 법정은 사형을 선고했다. 라모스 대통령을 비롯한 국제 사회의 여러 단체가 사라 사건에 대하여 청원을 넣으면서 아랍에미리트공화국 대통령이 개입, 그녀의 형은 징역 1년에 태형 100대로 감면되었다. 그뿐만 아니라 그녀는 죽은 남성의 가족에게 보상금으로 4만 1,000달러를 지불해야 했는데 어느 부유한 필리핀 사업가가 보상금을 대신 지불했고, 사라가 필리핀으로 돌아왔을 때 그녀는 국가적 영웅으로 환영받았다.[31]

라모스 정부는 1992년에 시작한 '패러다임 전환'을 지속하기로 결정했다. 국제이주가 필리핀 국민에게 생활방식의 일부로 자리하면서 필리핀 송출정책이 이를 전제로 다시 구성될 필요가 있다고 보았다. 과거 필리핀 정부는 국제이주를 당시의 경제적 압박을 덜기 위한 일시적인 조치로 받아들였다. 그러나 라모스 대통령하에서 필리핀 정부가 공식적으로 이주문제를 '통제'가 아닌 '관리'적 차원의 문제로 인식하기 시작했다.[32] 과거 내각 관료에 따르면 라모스 정부가 남성 및 여성 노동이주를 장려하지는 않지만 필리핀 이주자들을 학대로부터 보호하고자 노력하는 과정에서 이주 과정을 용이하게 해주겠다는 공식적 입장을 채택했다고 한다. 라모스 정부가 채택한 최소 연령 제한은 이 같은 정책에 잘 들어맞았다. 이러한 정책들은 다음 정부들에서도 이어졌다. 보다 공개적으로 이주를 장려하기 시작한 때는 글로리아 마카파갈 아로요 대통령이 들어선 이후이다. 아로요 대통령은 텔레비전을 통해 방송된 전화 연결에서 필리핀 이주자들이 해외에 머무를 것을 독려했다.

> 필리핀에서는 직업을 찾는 것이 어렵습니다. 우리는 해외에서 일하는 사람들에게 의존하고 있습니다. 여러분이 해외에서 일자리를 찾을 수 있다면, 그래서 필리핀에 있는 여러분의 친척들에게 돈을 보낼 수 있다면 해외에 머무르는 것이 좋겠습니다.[33]

또한 아로요 대통령은 이주자들로 하여금 자국 경제에 기여할 것을 강조하며 이주자들을 "해외 필리핀 투자자"라고 지칭했다.[34]

대다수 국가 공무원, NGO, 학자들은 이주를 금지하는 것이 이주여성을 보호하는 효과적인 방식이 아니라는 데 동의한다. 이주 금지조치는 사람들의 이주를 막지 못할 뿐 아니라 학대와 착취에 더 취약한 불법적 통로를 찾도록 만든다. 게다가 이주 금지조치와 그것이 초래할 '불법적' 이주는 필리핀과 이주 목적국 간의 외교적 관계를 악화시킨다. 필리핀 정부는 수십 년간 이주정책을 시행해 온 경험을 통해 이주를 '통제'하는 것보다는 이주를 '관리'하는 것이 중요하다는 것을 깨달았다. 따라서 연령 제한을 두는 방식으로, 외교적 임무를 띠고 자국 시민의 보호를 위해 노력하는 것으로 여성이주를 관리하고자 했다.

스리랑카

영국 식민 지배하에서 당시 실론이라 불리던 스리랑카는 스리랑카로 유입한 외부인의 이민 역사가 외부로 향하는 자국민의 이주 역사보다 더 길다. 영국은 1948년 스리랑카가 독립하기 직전까지 인도에서 타밀족을 데리고 와 중부 실론에 위치한 플랜테이션 농장에서 일하게 했다. 스리랑카의 이주 역사는 1950년대 후반부터 서서히 시작됐다. 스리랑카 정부가 공식 언어를 신할라로 지정하고, 영어를 공교육 언어에서 배제하자 유럽이나 영국에서 교육받은 엘리트 계층 스리랑카인들은 스리랑카를 떠나기 시작했다.35)

실제적인 대규모 이주는 스리랑카 경제 문제가 극심해진 1960년대에 시작됐다. 정치적 상황 역시 좋지 않았다. 1956~1977년 사이에 들어섰던 스리랑카 사회주의 정부는 폐쇄적인 경제 정책을 수립하면서 수입을 대체할 수 있는 산업화 전략을 채택했다. 그러나 스리랑카의 수입 대체 전략은 다른 개발도상국들에 비해 성공적이지 못했다. 오히려 이 전략은 사실상 스리랑카 경제를 망가뜨렸고, 그로 인해 매년 수천 명의 전문직 종사자와 숙련직 노동자들이 유럽과 북미 지역으로 떠났다. 이러한 두뇌 유출은 자국의 경제 발전을 저해했고, 정부 안에서 심각한 문제로 대두되었다. 내각 회의 끝에 스리랑카 정부는 공적 기관에서 훈련된 의사와 엔지니어들이 자국에서 의무적으로 일을 하도록 하는 법을 제정했다.36) 그뿐만 아니라 1971년에는 공적 영역에 고용된 전문직 종사자에 한하여 외국에 갈 일이 있는 경우 누구든지 수상에게 출국 허가를 받도록 하는 여권 및 출국 허용 법Passport and Exit Permit Act을 통과시켰다.37)

1970년대 중반에 접어들고 나서야 송출정책을 비롯한 전반적인 경제 정책을 완화시켰지만 국민연합당UNP, United National Party이 1977년 선거에서 승리하면서 스리랑카 경제에 근본적인 자유화가 본격적으로 진행되었고 '출입금지조치'는 폐지되었다. 새롭게 들어선 정부는 곧바로 중동 지역의 경제 호황을 엿보아 이익을 노리고 준숙련과 저숙련 노동자들을 중동 지역으로 보낼 가능성을 타진했다. 스리랑카 정부는 자국 노동자들이 다른 개발도상국의 이주노동자들과 경쟁하려면 해외 고용이 증진되어야 하며 여기에는 국가 수준의 체계적인 노력이 필요하다는 사실을 깨달았다. 스리랑카 노동부는 이전 정부가 경제 자유화를 위한 첫 단추를 끼우던 1976년에 이미 송출 기관의 기능을 하고 있었다. 1977년 국민연합당이 집권하여 철저하게 경제 자유화를 추진한 이후 노동부는 노동 인력 구인 기관의 역할까지 맡았다. 더 나아가 스리랑카 정부는 송출 과정을 제도화하고 대규모 해외고용을 추진했으며 이듬해인 1978년에는 노동부에 해외고용국이 설립되었다. 해외 고용을 위한 법적틀은 1981년 해외 고용 기관에 관한 법Foreign Employment Agencies Act of 1981과 1985년에 제정된 스리랑카 해외고용국에 관한 법Sri Lanka bureau of Foreign Employment Act of 1985을 통해 마련되었다. 1981년 법은 부분적으로 미등록 인력 송출 기관의 증가와 이들의 수상쩍은 활동에 대응함으로써 이러한 인력 송출 기관을 감시하고 노동자들을 보호하기 위해 제정되었다. 또한 1985년의 법은 스리랑카 해외고용국SLBFE, Sri Lankan Bureau of Foreign Emplyment을 노동부로부터 독립시켜 기관으로서의 자율성을 부여함으로써 스리랑카 해외고용국의 역할을 강화하기 위하여 제정되었다.

스리랑카 정부는 해외 고용을 확대시키는 데 상당한 성공을 거두었고 이주노동자의 수는 급격히 늘어났다. 1978년, 8,082명의 스리랑카 노동자가 중동으로 떠났으며 그 이듬해에는 2만 980명이 떠났다.38) 오늘날 스리랑카는 공식적 통로를 통해 매년 20만 명 이상의 노동자를 해외로 내보내는데, 약 97만 명의 스리랑카 노동자들이 40여 개 국가에서 일하고 있는 것으로 추산된다.39)

스리랑카 남성이주 초기에는 남성 이주자 수가 그리 높지 않았다. 1983년까지 20만 명의 스리랑카 남성들이 중동에서 일했다. 그 이후 스리랑카 남성 이주자 수가 매우 빠르게 증가한 것으로 간주된다. 그러나 실제 수 그 자체만 보면 인도나 파키스탄에서 중동으로 가는 노동자가 월등히 더 많았는데 인도 노동자 93만 명과 파키스탄 노동자 80만 명이 중동에서 일하고 있었다.40) 스리랑카 인구가 적고 따라서 노동자 수도 적다는 것만으로는 이 상황을 전부 설명할 수 없었다. 스리랑카 남성들은 중동의 건설업에서 일자리를 찾는 데 어려움을 겪었는데 이는 대체로 시기의 문제였다. 스리랑카가 중동 지역의 노동 시장에 진입할 때쯤에는 이미 인도, 파키스탄, 방글라데시, 심지어 한국까지도 이미 자신들만의 틈새시장을 개척해 지역 고용주나 인력 업체와의 네트워크를 형성한 상태였다.

그런데 뜻밖에도 이 지역에는 여전히 가사 노동자 이주여성에 대한 수요가 있었다. 그러나 인도, 파키스탄, 방글라데시는 여성의 해외 이주를 금지하거나 여성이주에 대한 제한 조치들을 취했다. 다시 말해 스리랑카가 방향을 전환하여 가사 노동 분야에 진출하여 노동을 제공한다면 경쟁국들을 대상으로 충분히 승산이 있다는 것을 의미했다. 스리랑카 인력 송출 업체들은 이 틈새시장을 공략할 여성들을 모집하기 시작했다. 1970년대 후반 이후 수많은 스리랑카 여성들이 가사 노동자로서 중동 지역으로 떠났다. 1982년 중동 지역의 건설 프로젝트가 잦아들자 저숙련 남성 노동자에 대한 수요는 감소했다. 반면 이주여성에 대한 수요는 계속 증가했다.

스리랑카 이주노동자 중 여성 비율은 지난 20여 년간 크게 증가했다. 1978년 통계는 성별 차이에 관한 자료를 제공하지 않지만, 가사 노동자를 조사한 부분을 보면 명확하게 파악할 수 있다. 일년 사이에 여성이 절대 다수를 차지하는 가사 노동자 비율이 전체 스리랑카 이주노동자의 17%에서 43.6%로 증가했다. 게다가 1980년에는 여성 이주자 수가 남성 이주자 수를 추월했다. 1994년에는 79%까지 오르면서 여성 이주자의 우세가 정점에 달했고, 현재도 전체 이주노동자의 65.3%를 차지하며 여전히 다수를 차지하고 있다.[41] <표 3.4>는 스리랑카 이주노동자들의 주요 목적국이 어디인지를 보여준다.

스리랑카 정부는 상대적으로 여성이주에 호의적이었다. 다른 이주 송출국가와 달리 스리랑카 정부는 여성의 해외이주를 금지하지 않

표 3.4 ▌2002년 스리랑카 이주노동자의 주요 목적국

국가		명
중동	사우디아라비아	325,000
	아랍에미리트연합	138,000
	쿠웨이트	165,000
	레바논	80,000
유럽	이탈리아	60,000
	키프로스	15,000
동아시아 및 동남아시아	한국	4,000
	홍콩	2,500
	미얀마	2,000
그 외 아시아권	몰디브	14,000

출처: SLBFE(2003).

았다. 스리랑카는 가사 노동자 연령 제한을 18세로 두었는데 주변 송출국에 비하면 최저 연령이었다. 엔터테이너로서 이주는 금지했으나 그것이 여성이주 흐름에 심각한 영향을 미치지는 않았다. 스리랑카 이주여성들은 '엔터테이너'에 대한 강력한 사회적 편견 때문에 오히려 가사 노동을 선호했다. 일부 여성들이 여행객으로 목적국에 도착하여 불법적으로 가수나 무희로 일하기도 했지만 고위 공무원의 말에 따르면 그 수는 그다지 많지 않았다. 그 어떤 측면에서 보더라도 스리랑카의 여성 송출정책은 다른 아시아 이주 송출국에 비해 상당히 개방적이었다.

스리랑카 송출정책이 여성이주에 호의적이었다고 해서 스리랑카 이주여성들에게 문제가 없었던 것은 아니었다. 2002년 기준으로 괴롭힘, 학대, 임금 체불과 관련해 이주여성이 신고한 사건이 무려 6,545건에 달했다.[42] 많은 여성들이 이 같은 사건 신고를 부담스러워하고 불편해하는 것을 고려하면 실제 사건 빈도수는 더 높았으리라 추정된다. 스리랑카 정부는 여성이주가 증가하기 시작한 1980년대 이후 해

외에서 일하는 스리랑카 여성들의 복지에 대해 신경을 써 왔다. 스리랑카해외고용국 전 소장이자 현재 이주지원센터 대표인 데이비드 소이사에 따르면 스리랑카 정부는 1989년, 저숙련 여성 노동자들이 레바논, 쿠웨이트로 이주하는 것을 막고자 해당 국가를 이주 금지국으로 지정하려는 시도를 했었다고 한다.[43] 레바논의 경우 내전을 이유로 남성과 여성 모두에게 금지되었고 내전이 끝나자 철회되었다. 쿠웨이트의 경우 쿠웨이트 정부가 가사 노동자와 관련한 수많은 학대와 복지 관련 사건에 제대로 대처를 하지 않자 스리랑카 정부는 자국민이 가사 노동자로서 쿠웨이트로 이주하는 것을 금지했다. 그러나 이 법이 시행된 직후 걸프전이 발발하여 쿠웨이트에 있던 스리랑카 노동자들이 전쟁 발발을 이유로 모두 추방되는 바람에 이 법이 효력을 발휘할 틈이 없었다.

두 가지 이유에서 걸프전은 스리랑카에게 호재였다. 첫째는 스리랑카 정부가 쿠웨이트로의 이주 금지조치를 실행할 필요가 없었기 때문에 쿠웨이트와의 외교 관계가 긴장 상태에 놓이지 않아도 되었다. 둘째로 스리랑카는 자국 노동자를 쿠웨이트에 보내 전후 재건 과정을 지원하겠다는 제안을 했다. 이 같은 조치는 성공적이었는데 쿠웨이트 정부는 감사의 의미로 과거에 비해 더 많은 스리랑카 남성 노동자를 받아들였다. 쿠웨이트 정부는 스리랑카인들에게 보다 나은 노동 조건을 제공하기 위한 노력을 다하겠다고 약속을 하기도 했다. 물론 이 약속이 오래 지속되지는 않았지만 말이다.

많은 학자들과 NGO들은 스리랑카 이주노동자들이 처한 어려움에 주목했다. 이주지원센터에 따르면 이주노동자의 90% 가까이가 학대, 괴롭힘, 또는 임금 체불 등 특정한 문제에 직면하는 것으로 드러났다. 그럼에도 스리랑카 정부는 여성이주를 중단시키려 하지 않았다. 전 노동부 장관인 존 세네비라트네는 재임 당시 다음과 같이 말했다.

일부 스리랑카 여성들이 중동이나 다른 나라에 가서 여러 문제들, 때로 성적 괴롭힘 같은 문제에 직면하는 것을 알고 있습니다. 그러나 그런 여성은 5% 정도에 불과하다는 점을 말씀드리고 싶습니다. 95%의 다른 여성들은 평화롭고 행복한 삶을 살고 있습니다. 스리랑카에 돌아와서 자신들이 번 돈으로 새로운 집을 사고 자녀들을 교육시키며 자영업을 하는 등 생산적인 투자를 하는 데 사용합니다. 그렇기 때문에 학대당하는 여성들이 존재하기는 하지만 단지 5% 정도에 불과하여 전체를 대표하지는 않는다는 것을 말씀드리고 싶습니다. 그런데 단지 이 5%의 여성들 때문에 중동이나 다른 나라를 대상으로 한 여성 이주 노동 전체를 중단해야 합니까?[44]

여성이주에 호의적인 스리랑카 정책은 국제이주가 현재 스리랑카 경제에 없어서는 안 되는 현실을 잘 반영한다. 2002년 이주 송금액이 12억 달러였는데[45] 이는 스리랑카 외환 보유액의 약 3분의 1을 차지하는 금액이다. 송금은 국제 수지 및 국가 경제 전체에 큰 기여를 하고 있다. 스리랑카로 들어오는 송금액의 60%가 해외에서 일하는 이주여성들이 보낸 것이다.[46] 일부 연구자들은 스리랑카 전체 인구 1,900만 명 중 250~300만 명이 해외에서 일하는 가족 구성원이 보내는 송금으로 살고 있다고 추정한다.[47] 이주자들을 이 수에 포함하면 거의 4백만 명에 육박한다. 이는 스리랑카인의 5분의 1이 재정적으로 노동이주에 의존하고 있다는 것을 의미한다. 이러한 의존이 더욱 심화되면서 스리랑카 정부가 여성의 해외 고용을 전면적으로 금지하는 것이 매우 어려워졌다. 이러한 상황은 유입국을 향한 스리랑카 정부의 협상력을 약화시켰다. 전前 국가 공무원은 이러한 상황을 개탄했다.

필리핀 정부는 결코 우리처럼 구걸하지 않아요. 필리핀 정부는 훌륭한 협상가이고, 자신들이 무언가를 받아들일 수 없을 때는 분명하게 목적국에 의견을 말하죠. 스리랑카 정부는 그렇지 못해요. 정말 힘이 약해요.

이주여성들의 복지에 대한 우려가 증가하자 1997년 대통령 직속으로 이주여성에 관한 사항을 다루는 테스크 포스팀이 설립되었다. 이 팀의 주요 목적은 스리랑카 여성의 이주 현황을 조사하고 이들이 미칠 영향을 살피는 것이었다. 스리랑카 국내 학자들에 따르면 이러한 대통령 직속팀 설치가 이주여성 보호를 강화할 목적이었는지는 분명하지 않다. 일부는 이 팀이 신설된 실제 이유가 대중을 달래기 위한 정부의 대중 홍보용이라고 주장했다. 사실이라면 이는 여성이주를 계속 확대하려는 실제 동기를 감추는 것에 불과했다. 이 테스크 포스팀의 한 구성원은 여성이주에 따른 영향을 살펴보고자 실시한 세 차례의 집중 조사 이후에 권고사항이 제안되었으나 사실상 실행하려는 정부의 의지가 제도적으로 부족하여 거의 실현되지 않았음을 인정했다.

스리랑카 정부는 여성이주에 대한 분명한 정책적 방침을 발표하지 않았다. 1999년, 노동부 장관 존 세네비라트네가 여성들의 해외이주를 막기 위한 정책은 존재하지 않는다고 밝혔을 뿐이다.[48] 스리랑카 해외고용국의 전 고위급 간부에 따르면 스리랑카 정부의 기본적 입장은 다음과 같이 정리될 수 있다: "우리는 여성들을 독려하지도 막지도 않는다. 이주하고자 하는 여성은 언제든지 가게 할 것이고, 도움이나 보호를 받을 수 있게 할 것이다."

그러나 이와는 대조적으로 스리랑카 정부는 최근 몇 년 사이에 남성이주를 적극적으로 장려했다. 최근 한 노동부 장관은 스리랑카 정부가 더 많은 남성들이 해외로 일하러 가는 것을 선호한다고 발언했다. 2000년 4월 스리랑카 노동부 장관은 싱가포르와 한국을 방문하면서 구체적으로 남성 노동자를 위한 일자리 기회를 찾으려 했다. 실제로 싱가포르 노동부 장관과의 면담은 스리랑카 남성 건설 노동자의 고용을 보장한다는 약속을 가져왔는데 이를 위해 스리랑카 정부는 스리랑카 건설 노동자들이 싱가포르에 가기 전 교육을 받을 수 있게 하기 위한 관련 훈련 기관을 세우는 데 합의했다.[49] 후임 노동부 장관 역시 2003년에 비슷한 시도를 했고, 말레이시아 정부와도 양해 각서를 체결했다. 이 계약으로 대다수가 건설 노동자인 스리랑카 남성들에게 최소 5만 개의 직업 제공을 할 수 있게 되었다.[50]

이 같은 변화는 스리랑카 사회에서 전통적인 성별 이데올로기가 다시 등장하고 있음을 암시한다. 이혼율, 알코올 중독, 자퇴율 증가와 같은 사회적 문제가 대두되자 이주여성들은 희생양이 되었고 가족 해체의 책임을 뒤집어썼다. 실제 이런 문제들 대부분이 남편들의 혼외관계, 심한 음주, 도박과 자녀 유기의 결과였다.[51] 그럼에도 불구하고 남성들의 잘못된 행동을 문제 삼기보다는 이주여성들에게 가족을 버린 책임을 물었다. 여성부 장관 헤마 라트나야크는 여성이 "어린 자녀를 두고 떠나기 전에 두 번, 아니 세 번 생각해야 한다"고 발언을 하기도 했다. 헤마 장관은 또한 여성들이 "해외이주가 가족을 붕괴시킬 우려가 있고, 다른 문제를 일으킬 수 있을 때에는 자녀를 두고 일하러 떠나지 말 것"을 촉구했다.[52] 심지어 여성운동 지역 활동가들도 해외로 미숙련 노동을 찾아나서는 여성들 때문에 이러한 "사회악들"이 생겨났다고 주장했다.[53]

이런 사회적 영향을 이유로 스리랑카 정부는 남성 이주노동을 보다 장려하기 시작했다. 하지만 남성이주를 장려하면서도 여성이주를 감소하려는 분명한 정책을 펼치지는 않았다. 오히려 일반적인 해외 고용을 증진하겠다고 하면서 결과적으로는 중동과 동남아시아에서 높은 미숙련 여성 노동자에 대한 수요 속에서 자국의 여성이주를 지속시키고 심지어 촉진하는 결과를 가져왔다. 노동부 장관은 거의 매년 이주 유입국을 방문하여 유입국 정부가 더 많은 스리랑카 노동자를 받아들이도록 요청했다. 이러한 점에서 스리랑카의 여성이주에 대한 정책 부재는 오히려 전략적인 결정으로 이해될 수 있다. 보다 높은 경제 발전을 위해 송금액을 늘리고 싶어 하는 스리랑카 정부가 현재 미숙련 노동에 대한 국제 수요가 남성보다 여성에게 높다는 점을 인식하고 있기 때문이다. 다만 여성이주에 대한 대중의 우려 때문에 국가차원에서 여성의 해외이주를 공공연하게 주장하지 못했을 뿐이다. 여성이주에 대한 분명한 정책을 세우지 않는 것은 현재 상황을 지속시켜 시장이 감당하는 한 많은 이주자를 내보내기 위한 손쉬운 접근법인 것이다.

방글라데시

방글라데시는 영토에 비해 인구가 많은 국가로 아시아의 주요 이주 송출국 역할을 하고 있다. 이주자의 수가 급격하게 늘어나기 시작한 것은 1950년대에 들면서부터였다.[54] 1950년대 이전에는 이주하는 벵골인이 매우 소수였으나, 1950년대 이후 매해 몇 천 명의 벵골인들이 방글라데시를 떠났다. 이들 중 다수가 영국으로 향했다.[55] 초기 이민자들은 주로 영국이민법에 따라 영국에서 일하는 것이 허용된 전문직이나 숙련 노동자들이었다. 1970년대 초반에 이르러 영국이민법이 더 엄격해지면서 이 같은 흐름은 사실상 중단되었다. 그때부터 방글라데시 이주자들이 향하는 목적지는 유럽이 아닌, 노동력 수요가 증가하고 있던 중동으로 바뀌었다. 그러나 1960년대 후반부터 해외 노동시장에 진입하기 시작한 인도인이나 파키스탄인, 필리핀인들과 달리 방글라데시 노동자들은 1976년까지 중동 지역으로 이주할 수 없었다. 왜냐하면 방글라데시는 당시 파키스탄으로부터 독립 투쟁을 벌이고 있었기 때문이다. 1971년에 비로소 독립을 했지만, 대다수 아랍 국가들은 방글라데시를 새로운 국가로 즉각 받아들이지 않았다. 방글라데시의 독립이 무슬림으로서의 정체성을 부인하는 것으로 받아들여

졌기 때문이다.56)

1974년, 방글라데시 정부의 활발한 외교적 노력 끝에 방글라데
시는 마침내 이슬람국가연합으로부터 한 국가로서 정치적 인정을 받
았다. 이로써 방글라데시 정부는 중동 국가로 이주노동자를 파견하려
는 계획을 실현할 수 있었다. 1976년에는 '국내외 고용 촉진뿐 아니
라 기술 훈련을 관리하고 감시'하는 역할을 담당한 방글라데시 인력
고용훈련사무소BMET, Bangladesh Bureau of Manpower, Employment and Training
가 노동부 안에 설립되었다.57)

1982년에는 1922년에 만들어진 이민법을 대체하고자 이민조례
가 제정됨에 따라 방글라데시의 노동이주에 관한 법적틀이 마련되었
다. 이민조례는 방글라데시 정부가 필요시에만 이주 흐름을 통제하고
규제하는 방식으로 자국민의 해외 고용을 촉진할 것이라고 선언했다.

필리핀이나 인도네시아와 마찬가지로 방글라데시도 해외 고용을
자국의 개발 계획의 일환으로 접근했다. 방글라데시의 모든 5개년 계
획은 이주노동을 장려했다.58) 2차 5개년 계획1980~1985은 보다 분명하
게 "이 계획의 목표는 연 이주노동자의 수를 실질적으로 늘리는 것"
이라고 명시했다. 3차 5개년 계획1985~1990에서 역시 같은 입장을 고
수하고 심지어 송금의 중요성과 함께 제도적인 지원이 필요함을 강조
했다.59) 또한 3차 5개년 계획에서는 매년 이주자 6만 명을 해외로 내
보내겠다는 계획을 세웠다. 이러한 국가의 강력한 지원과 이주노동에
대한 수요 증가로 이 같은 목표치에 쉽게 도달하여 이주노동자의 수
는 1998년 26만 8,000명에 이를 때까지 매년 증가했다. 1976년에서
2000년 사이에 방글라데시 전체 이주노동자의 수는 9,000명에서 190만
명으로 증가했다.60) 이들의 주요 목적지는 사우디아라비아, 아랍에미
리트연합, 쿠웨이트 등 중동 지역이었다. 그러나 점점 더 많은 방글라
데시 노동자들이 싱가포르나 말레이시아 같은 동남아시아 국가에서도
일하고 있다.

표 3.5 ▮ 방글라데시 출신 이주여성 규모

연도	총 이주노동자	여성 이수자	여성 이수자 비율 (%)
1991~1998*	1,814,090	13,039	0.72
1996	211,714	1,567	0.74
1997	381,077	1,389	0.36
1998	267,667	775	0.29

주(*): 1991년부터 1995년까지는 총계 자료만 남아 있다.
출처: BMET.

표 3.6 ▮ 1999년 방글라데시 이주여성의 주요 목적국들*

국가	명
아랍에미리트연합	3,923
말레이시아	845
바레인	625
쿠웨이트	199
사우디아라비아	198

주(*): 직업 소개소를 통한 사람들.
출처: INSTRAW and IOM(2000, 15).

스리랑카와 필리핀과는 상반되게 방글라데시의 이주자는 대체로 남성들이다. 노동부에 따르면 1999년 기준 약 1만 2,000명의 여성들이 해외에서 합법적으로 일하고 있다. 이 수는 전체 방글라데시 이주노동자의 0.8%를 차지할 뿐이다. <표 3.5>가 보여주는 것처럼 1991년에서 1998년 사이에 단지 1만 3,049명의 여성들이 해외로 이주한 반면, 남성은 181만 4,090명이 이주했다.[61] 1997~1998년 사이에 감소한 이유는 두 가지인데 여성 간호사와 가사 노동자에 대한 이주 금지조치, 그리고 아시아 금융 위기 때문이었다. 1999년에는 약 70%의 방글라데시 이주여성이 아랍에미리트연합에서 일했고, 나머지는 말레이시아, 바레인, 쿠웨이트, 사우디아라비아에서 주로 일했다 <표 3.6> 참조.[62]

이 같은 공식적 수치가 여성이주 전체를 설명하지는 못한다. 예를 들어 미등록 방글라데시 여성 3만 2,000명이 2000년에 중동 지역에서 일하고 있던 것으로 추산되는데 그중 대다수가 가사 노동자일 것으로 예상된다.[63] 그러나 이들의 비율은 총 33만 명의 방글라데시 미등록 이주자 수를 기준으로 할 때 아주 작은 비율에 불과하다.[64]

대다수 방글라데시 이주여성은 미숙련 또는 준숙련 노동자이다. 아주 일부만이 전문직인데 주로 간호사이다. 방글라데시 정부가 여성의 가사 노동 이주를 금했던 기간에도 전문직 종사자가 외국에 거주하는 해외 방글라데시인을 위해 일하는 것은 합법이었는데, 일부는 그와 같은 방식으로 이민을 떠났다.[65] 반면 미숙련 여성 노동자들은 비공식 통로를 통해 가사 노동자로 이주했다.

여성이주는 방글라데시에서 항상 관심을 받지 못했다. 그러나 그 원인이 정부가 여성이주를 금지했기 때문만은 아니었다. 초기에 정부가 여성이주를 늘리기 위해 제한적인 시도를 했으나 그다지 성공적이지 못했다. 방글라데시 인력고용훈련사무소 전前 대표에 따르면 1976년 방글라데시 정부는 실험 삼아 50여 명의 여성 가사 노동자를 이라크로 파견했었다고 한다. 그러나 불과 7개월 후 방글라데시 인력고용훈련사무소는 이러한 시도를 중단할 수밖에 없었는데 그 주된 이유는 해당 여성들이 엄청나게 많은 항의를 했기 때문이었다. 전 대표는 당시 이주 상황을 다음과 같이 회상했다.

우리가 거기에 갔을 때, 여성들이 떠난 지 3개월 후 저는 혼자 그들을 방문했어요. 당시 방글라데시 소녀들은 이라크에서 일할 마음의 준비가 안 된 상태였어요. 필리핀 여성들과 달리 방글라데시 여성들은 영어도 모르고 … 둘째는 현대적 가전제품을 사용할 수 있는 방글라데시 여성이 많지 않았다는 거예요. 불평은 일이 많다는 것이 대부분이었고 때때로 성적인 괴롭힘이나 입에 맞지 않는 음식에 관한 것이었어요. 우리는 그들에게 방글라데시로 돌아갈 선택권을 주었습니다. 그때 우리는 여성들을 가사 노동자로 보낼 준비가 되어 있지 않다는 것을 느꼈어요.

이 시도 이후 미숙련 여성이주는 금지되었다.[66] 전문직 및 숙련 노동자인 여성은 여전히 해외로 이주하는 것이 허용되었지만 이들은 전체 이주자의 1%가 될까 말까 한 수치였다.

미숙련 여성들의 이주를 금지한 조치는 1991년 노동부 장관이 폐지했다. 당시 노동부 장관은 어떻게 금지조치가 해제되었는지를 다음과 같이 회상했다.

나는 1991년에 "남녀평등을 이루고 싶다면 여성들이 해외로 나가 일하는 것을 허용해야 합니다. 여성들을 위한 일자리가 해외에 있습니다"라고 말하면서 지아우르Ziaur 수상을 설득했습니다. 수상은 제 의견을 받아들였지요. 이 과정이 쉽지만은 않았는데, 이미 사설 업체들이 구인 기회를 통제하고 있었기 때문입니다. 쿠웨이트나 아랍에미리트연합 같이 힌디어를 사용하는 나라를 제외하고는 언어 장벽 문제도 여전했습니다. 그러나 저는 "인도인과 네팔인이 해외에서 일하고 있습니다. 방글라데시 여성들이 일을 잘할 수 있다면 왜 막아야 합니까?"라고 말하며 수상을 설득했습니다.

금지조치가 해제되자 몇몇 신문들은 방글라데시 수상이 자국 여성들을 취약한 상황으로 몰아넣고 있다고 비판했다. 그러나 이런 비판이 강력하지는 않았고, 다른 정부 관료들도 이에 대해 문제를 더 이상 제기하지 않았다. 그렇게 여성이주 금지조치는 해제되었다.

전前 노동부 장관은 자신의 시도가 순전히 평등주의적 관점에서 나온 것이라고 주장했지만 일각에서는 그렇게 보지 않았다. 한 NGO 보고서는 1991년 걸프전 이후 재건 지원이 절실했던 쿠웨이트 정부의 필요에 따라 여성이주가 개방되었다고 주장한다.[67] 이 주장도 일리가 있지만 가장 근본적인 이유는 1990년대에 있었던 방글라데시 경제 침체로 추정된다. 걸프 전쟁이 발발했을 때 노동자 6만 2,000명이 쿠웨이트와 이라크에서 돌아왔다. 이주자의 송금이 방글라데시 전체 수출액의 70%를 차지했기 때문에 이주노동자의 귀환은 방글라데시 경제를 뒤흔들어 놓았다. 이 같은 역이주 현상은 방글라데시 정부에게 적어도 1억 650만 달러의 송금액 손실을 가져온 것으로 추정된다.[68] 걸프 전쟁이 방글라데시에 미친 총 손실은 긴급 귀환 비용, 석유 가격 상승, 쿠웨이트와 이라크에 대한 수출 손실을 모두 합치면 전체적으로 4억 달러 이상에 이를 것으로 추정된다.[69]

일부 정부 관료들은 미숙련 여성이주 금지조치를 해제한 중요한 이유 중 하나가 남성이주 귀환으로 발생한 경제적 손실을 만회하고자 했던 것이라고 말했다. 지아우르 정부는 이주여성들이 해외에서 벌어들이는 송금으로 방글라데시의 국제 수지 문제가 해결될 수 있기를 희망했다. 더 나아가 상당히 많은 미등록 이주여성들이 해외에서 일하고 있던 상황을 알게 된 방글라데시 정부는 여성이주를 합법화하여 이들의 송금이 공식적 통로로 들어오기를 희망했다.

1991년 여성이주 금지가 해제된 후에도 여성들의 이주에는 여러 한계들이 있었다. 그중 하나가 최소 연령 제한이었다. 남성들은 18세 이상만 되면 취득한 기술 수준과 관계없이 자유롭게 해외로 이주할 수 있었다. 반면 여성들은 기술 수준에 따른 연령제한이 달랐다. 전문 직종 종사자나 숙련 여성 노동자의 경우 21세 이상이면 해외에서 일할 수 있었던 반면 미숙련 여성 노동자는 35세 이상이어야 했다. 정부 관료는 인터뷰에서 최소 연령 기준에 성별 간 차이를 두는 것은 엘리트 정부 관료 눈에 비친 노동자의 성별 간 '성숙도' 차이를 보여주는 것이라고 말했다. 다시 말해 여성에게만 나이 제한을 두는 것은 여성이 남성에 비해 덜 성숙하다는 기존의 편견을 분명하게 보여주는 것이다. 심지어 교육 수준이 더 높은 여성들조차 교육을 받지 못한 남성보다 '덜 성숙하다고' 여겨진다. 정부 관료들은 대다수 미숙련 여성 노동자들이 학대와 착취에 상대적으로 취약한 가사 노동에 종사하고 있다는 이유로 미숙련 여성 노동자들의 보호를 위해 국가가 특별히 더 많은 통제를 해야 한다고 믿는다.

해외 가사 노동을 하고자 하는 방글라데시 여성들은 남편이나 아버지, 심지어 아들 등과 같은 남성 보호자로부터 동의를 받아야 했다. 반면 남성들은 보호자 동의를 받을 필요가 없었다. 이 역시 성별 간에 차이를 둔 송출정책이다. 다음 장에서 살펴보겠지만, 이런 요구 조항은 여성이 남성에게 '속한다'는 전통적 젠더 이데올로기를 상징적으로 보여준다. 이러한 제약에도 불구하고 방글라데시 여성 1만 3,039명이 1991년에서 1998년 사이에 합법적으로 해외이주를 떠났다. 이들 중 55.8%가 중동 지역에서 간호사로, 청소부로, 가사 노동자로, 의류 노동자로 일하고 있으며, 41.3%가 말레이시아 공장에서 일했다.[70]

몇 년간의 여성이주 합법화 이후, 1998년 여성이주는 다시 금지되었다. 같은 해 7월 21일, 중동 지역에서 발생한 학대와 착취 사례가 여러 번 보도된 후, 방글라데시 국민고용·내각위원회Cabinet Committee on Employment of Bangladesh Nationals가 여성들이 가사 노동자와 간호사로 이주하는 것을 금지하기로 결정했다.[71] 이 조치에 시민사회가 반발했다. 전국간호사등록협회와 다양한 여성NGO, 인권NGO, 고용알선업체들이 이런 금지조치에 반대했다. 전국간호사등록협회는 방글라데시 간호사들이 많은 나라에서 일하고 있고, 매우 잘하고 있다고 주장했다. 아인-오-살리쉬 켄드라ASK, Ain-O-Salish Kendra, 난민이주운동연구단체RMMRU, Refugee and Migratory Movements Research Unit, 방글라데시 개발을 위한 기독교위원회CCDB, Christian Commission for Development of Bangladesh, 방글라데시 귀환 노동자 복지 연합WARBE, Welfare Association of Repatriated Bangladeshi Employees 등이 속한 연대 조직이 노동부 장관 과 고위 정부 관료들에게 공동 서한을 보내고 심지어 우려를 전달하고자 방문을 했다. 또한 국제고용업체 방글라데시협회 의장은 정부가 금지 조치를 해제할 것을 청원하는 장문의 편지를 주요 신문에 실었다. 의 장은 방글라데시 수상과 외무부, 노동부, 재무부, 내무부 장관을 만나 여성들이 해외로 이주하는 것을 금지하는 것은 비인간적인 처사이며 해외이주는 기본적인 인권이라고 주장했다.

이 같은 항의, 특히 고용 업체들의 항의에 따라 1998년, 간호사 에 대한 이주 금지는 철회되었다. 그러나 가사 노동자에 대한 이주 금 지는 더 오래 지속되었다. 일부 NGO는 항의를 계속했지만 많은 여성 및 인권NGO들은 적어도 초기에는 그러지 않았다. 얼마 지나지 않아 미혼 전문직 여성 및 여성 숙련 노동자들의 이주에 대한 규제가 이루 어졌고, 이는 과거 규제보다 오히려 더 엄격해졌다. 이런 규제의 요지 는 외국 고용주가 가사 노동자를 암암리에 고용하는 것을 막고자 함 이었다. 모든 미혼 여성들은 방글라데시를 떠나기 전에 자신의 고용 상황과 보호자의 동의 서한을 문서 증거로 제출해야 했다. 방글라데 시 간호사의 경우에는 이들이 일하게 될 클리닉이나 병원에 대한 확 인이 이루어진 이후에야 출국 허가가 났다.72)

2003년 9월, 가사 노동자 이주 금지가 마침내 해제되었다. 한 방 글라데시 학자에 따르면 이 같은 변화는 사우디 국왕이 이주 금지 해 제를 직접적으로 요구한 이후 일어났다고 한다. 사우디 국왕은 더 많 은 무슬림 가정부들이 사우디에 오기를 원했다. 그러나 가사 노동 관 련 정책은 여전히 제한적인 조건들이 많아서 방글라데시 가사 노동자, 고용주, 고용 기관이 제시한 제각각의 수많은 기준과 조건을 충족해야 했다. 예를 들어 이주여성은 35세 이상의 기혼이면서 남편을 동반하되 월급은 반드시 400리얄 이상이 보장될 때 이주할 수 있었다.73) 이 정책이 강력하게 집행되었다면 이주여성의 수가 획기적으로 늘어나지는 않았을 것이다. 왜냐하면 35세 이상의 기혼 여성 중 해외이주를 희망하는 사람은 매우 적기 때문이다5장과 6장 참조. 남편이 반드시 동행해야 한다는 조항은 방글라데시 남성의 고용을 증가시킬 뿐 아니라 고용주의 여성학대를 방지할 수 있다는 점에서 그럴듯해 보였지만 실제로는 비현실적이었다. 인도네시아 정부가 그와 비슷한 시도를 했지만 이주여성의 남편들 대다수가 해외 고용주들이 원하는 정원 관리나 운전 등의 기술을 가지지 못했기 때문에 실패할 수밖에 없었다.

다른 나라의 송출정책

다른 아시아 국가들도 단기 이주자들을 많이 내보낸다. 파키스탄은 1990년대에 들어서면서 13만 8,000명의 이주노동자를 매해 내보내74) 1990년대 말에 이르러 파키스탄 노동자 120만 명 이상이 해외에 거주하게 되었다.75) 인도는 또 다른 주요 이주 송출국 중 하나였다. 거의 매해 노동자 40만 명이 일자리를 찾아 해외로 이주했고, 오늘날 1,500만 명의 인도인이 해외에서 일하고 있다.76) 두 나라 모두 전체 이주노동자 중 여성 비율이 매우 낮다.

두 나라 모두 가치 중심적 송출정책을 채택했다. 파키스탄의 여성이주는 1980년대 후반에서 1990년대 초반까지 금지됐다. 오늘날 이 금지조치는 해제되었지만, 여성들이 스스로 해외에 이주하는 것은 여전히 어렵다. 해외이주고용사무소BEOE, Bureau of Emigration and Overseas Emplyment의 고위 간부는 파키스탄의 송출정책이 실업 문제를 해결하고 외화를 벌어들일 목적으로 노동이주를 장려하고, 단기 및 장기 가릴 것 없이 "가능한 많은 노동자를 내보내는 것"을 목표로 하고 있다고 밝혔다. 그러나 여성이주를 결코 장려하지 않는다고 못 박았다. 송출정책은 나이와 직업에 따라 성별로 다른 규제를 하고 있다. 이에 덧붙여 파키스탄 정부는 여성이주를 막기 위한 내부 지침들을 마련했다.

파키스탄 정부는 또한 남편과 함께 이주하는 기혼여성들을 선발한다. 여성의 경우 해외이주를 위해서는 반드시 국가 송출 부서에서 진행하는 사전 인터뷰를 해야 한다.[77]

인도 역시 여성이주에 대해 비슷한 입장을 취했다. 인도 정부 송출 부서의 대표에 따르면 인도의 국가 정책은 '여성이주에 반대하지도 장려하지도 않는 정책'이다. 그러나 실제로는 여성이주를 상당히 제약한다. 40세 이하의 여성은 '보증 서약서' 없이는 해외로 여행을 갈 수도 없다. 또한 1999~2001년 사이 쿠웨이트에서 일하던 인도 가사 노동자들이 자국 대사관에 자신들이 받은 부당한 대우와 학대에 대해 문제 제기한 이후에는 쿠웨이트로의 가사 노동이주가 금지되었다. 이 같은 금지조치는 쿠웨이트 정부가 인도 가사 노동자들의 상황을 개선하도록 압력을 가하고자 마련된 것이었다.

인도 정부의 한 고위 간부는 인도 여성들을 학대에서 보호하기 위해서는 애초에 여성들이 이주하지 못하도록 막는 것이 최선의 방법이라고 주장했다. 이 간부는 여성들을 보호하기 위해 이주 금지법이 만들어졌다고 했다. 그는 "여성 노동자들을 희생하면서 여성이주를 장려하지는 않을 겁니다"라고 말했다. 쿠웨이트로의 이주가 금지되었던 시기에 여성들은 아래의 세 가지 조건을 충족시키면 다른 나라에서 가사 노동자로 일하는 것이 허용되었다. 첫째는 상대국 내 주재 인도 대사관이 지역 고용주의 자격을 확인한 후 고용 계약을 증명하도록 하는 것이다. 둘째는 여성이 미혼인 경우에 판사 앞에서 부모가 서명한 '동의서'를 제출하게 하는 것이다. 셋째는 미숙련인 경우 여성은 귀환이 요구되는 경우를 대비해 보호관에게 귀국 항공비를 보증금으로 내도록 하는 것이다. 남성에게는 이러한 조건이 적용되지 않았다. 인도의 송출정책은 방글라데시와 파키스탄과 마찬가지로 성별 간에 큰 차이를 두고 있었다.

동남아시아에서는 베트남이 상당 기간 여성 가사 노동자의 이주를 금지했다. 베를린 장벽이 무너지기 전에 베트남 여성들은 동부 유럽 지역에서 일하는 것만이 허용되었다. 이는 당시 전 세계 사회주의 정권 간의 유대를 보여준다. 그 당시 수천 명의 베트남 여성들이 주로 동부유럽의 공장에서 일했다. 베트남이 자국 경제 정책의 자유화를 추진하기 시작하면서 해외 고용에 대한 제약이 약화되었다. 비록 일할 수 있는 나라가 제한되긴 했지만 여성이주에 대한 금지는 1999년에 철회되었다. 이후 수많은 베트남 여성들이 해외로 이주하기 시작했다. 2001년 베트남은 대만과 여성 가사 노동자 이주에 관한 계약을 체결했다. 그 결과 대만 내 베트남 가사 노동자 수는 1999년 33명에서 2003년 4만 397명으로 증가했다.[78] 이 모든 상황을 종합해 볼 때 베트남 사례에서도 드러나는 것처럼 국가정책은 국제 여성이주에 중요한 역할을 해 왔다.

결론

국제이주는 국내에 상당한 경제적 혜택을 제공했다. 국제이주는 국내 실업률을 낮추고 송금을 통해 외화를 벌어들이고, 각국의 국제수지 증진에 기여했다. 이런 이유로 많은 개발도상국가들이 최소한 남성의 이주라도 늘리고자 했다. 반면 여성이주는 일반적으로 더 많은 제약에 놓이고 때로 공개적으로 금지되거나 저지되어 왔다. 여성들은 송출 과정에서 더 많은 통제를 받았다. 남성이주에는 경제적 동기가 작동한 반면, 여성이주는 각국이 가진 가치에 따라 크게 달라졌다. 가치 중심적 송출정책은 여성의 사회적, 경제적 지위를 반영하고 있다. 실제 여성이주에 대한 통제가 실질적인 효과가 있었는지는 논쟁적이지만 여기서 강조하려는 것은 가치 중심적 이주정책이 국제 여성이주의 눈에 띄는 특징이라는 점이다.

이번 장에서는 어떻게 가치 중심적 송출정책이 아시아 내에서 발전해 왔는지를 설명했다. 또한 국제이주 과정에서 여성이 어떠한 대우를 받아 왔는지에 대해 개발도상국 간의 공통점을 부각하고자 했다. 더불어 차이도 드러났는데 일부 국가는 여성이주를 금지하거나 통제한 반면 다른 국가에서는 여성에게 이주의 문을 열었다. 이런 상황은 우리에게 질문을 던진다. "국제 노동시장에서 필요로 하는 이주여성 수요에 대응해 왜 각 국가들은 서로 다른 정책들을 펼치는가?" 다음 장에서는 가치 중심적 송출정책의 결정 요인과 이런 결정 요인들이 어떻게 국민 정체성과 연결되어 있는지를 분석할 것이다.

women in motion

4. 왜 젠더 정치학인가?
− 국가, 사회 그리고 상징적 젠더 정치학 −

4장
왜 젠더 정치학인가?
— 국가, 사회 그리고 상징적 젠더 정치학 —

정치학자 및 정치 사회학자들에게는 정책 입안 과정을 살펴보는 것이 중요한 목표이다. 학자들은 수십 년 동안 국가와 사회관계의 측면에서 정책입안 과정을 분석해 왔다. 일부 학자들은 국가를 다양한 공적 갈등이 작동하는 곳으로 바라보고, 사회적 행위자들이 가진 권력 자원 및 이러한 행위자들이 정책 형성에 미치는 영향에 대해 연구해 왔다. 또 다른 학자들은 국가를 사회적 이해관계가 반영되지 않는 독립적 행위자로 인식했다.[1] 다시 말해 '강한 국가'는 그 자체로 자율성을 가지고, 국가 자체의 이해 관계에 따라 행동할 권한을 부여받았다고 보는 것이다. 최근 몇 년 사이 이러한 두 가지 입장을 통합해 '국가─사회 상승효과'라는 개념이 부상하고 있다. 국가는 여전히 '강하지만', 이것 역시 사회관계 속에서 작용한다는 것이다. 이 같은 새로운 '제도'적인 접근은 더 나아가 제도적인 구조와 행정관리적 능력을 설명 요인으로 강조한다.[2] 이들의 접근법에 따르면, 국가 구조와 정책적 유산이 각 계급들이 가진 이해 및, 정치적 행동 가능성, 그리고 능력 형성에 중요한 역할을 담당한다고 본다.

'국가─사회 상승효과' 접근과 새로운 제도주의적 접근은 정책 형성과정에 많은 시사점을 제공한다. 그러나 이주정책을 결정하는 데는 이외에도 다른 차원들이 존재한다. 예를 들면, 윌리엄 브루베이커는 이민정책을 발전시키는 데 있어 민족성과 민족 스스로의 자기 이해가 중요하다고 지적했다. 브루베이커에 따르면 국가가 스스로를 어떻게 정의하는 지의 차이가 유럽 내 서로 다른 두 가지 정책 결과를 형성했다고 한다. 프랑스는 '국가 중심 동화주의' 이민정책을 선택하였으며, 독일은 '민족 중심 선별주의' 정책을 따랐다.[3] 이 두 유형의 정책은 최근에 점진적으로 수렴되는 모습을 보이지만 근본적인 정책 차이는 여전히 존재한다.

아시아 여성이주의 정책결정 과정도 이와 비슷한 면이 있기 때문에 나는 이 같은 브루베이커의 주장을 여성이주 송출정책 분석에 적용하려고 한다. 아시아 이주 송출정책에 있어서 국민을 어떻게 이해하느냐는 문제는 여성 고용에 관한 사회문화적인 가치를 형성하는 데 큰 영향을 미친다. 사회와 국가는 여성의 순결을 보호할 책임이 있다고 생각하고, 이 같은 태도는 외국인 고용주의 성적 희롱이나 학대에 노출될 여성들을 위한 해외 이주정책에 영향을 미친다. 따라서 나는 여성 이주정책 형성 과정을 넓은 의미에서 '상징적인 젠더정치학the symbolic gender politics' 과정이라 일컫는다.

성별로 다르게 적용되는 송출정책들이 결정되는 요소를 이해하기 위해서 먼저 정책유산, 제도적 구조, 시민사회 등과 같은 정치적, 제도적인 요인들을 논의할 것이다. 이 모든 요소들이 여성의 송출정책에 영향을 미쳤다고 본다. 그리고 민족 정체성의 역할로 되돌아가서 민족의 자기 이해와 민족 이미지가 정책 입안 과정에 어떻게 반영하고 있는지 설명할 것이다. 다음으로 국가의 송출정책에서 성별로 다르게 작용하는 정책 결과를 산출해 내는 국가, 젠더 그리고 이주 사이의 복합적인 연계관계를 설명해 내기 위해 정책과 젠더 관련 문헌들을 통합적으로 살펴볼 것이다.

정책적 유산들과 국가 구조

과거의 국가 경제개발 정책은 현재의 국제이주를 위한 정책에 많은 영향을 끼쳐 왔다. 이주정책은 경제개발계획의 구도 속에서 자주 공식화되어 왔다. 스리랑카에서는 산업화된 세계에 대항하려는 노력의 일환으로 수입대체 산업화 전략을 취했는데 이는 단순하게 말하면 폐쇄경제라 할 수 있다. 무역, 환율 그리고 인구이동에 이르기까지 국가가 강력하게 통제하는 것을 말한다. 두뇌 유출을 막기 위한 국가적 노력의 결과, 스리랑카 노동자 중 극히 일부만이 1971년부터 1975년 사이에 해외로 나갔다. 국가연합당UNP이 1977년에 정권을 잡자 즉각적으로 경제정책을 자유화하였고, 송출규제를 완화하였다. 1976년에는 이미 악화일로에 있던 스리랑카 경제를 회생시키려고 노동이주를 장려하기 시작하였다. 결과적으로 그때부터 이주노동자 수는 극적으로 증가하였다.

송출을 적극적으로 장려한 국가는 존슨이 말한 '개발국가'들이었다. 개발국가는 경제개발에 강한 주도권을 가지고 민간 부문과 협력하여 수출 위주 전략을 추구했다.[4] 아시아의 많은 개발국가들은 송출 과정을 제도화하여 자국민들이 해외에서 일하도록 장려하였다. 앞에서 언급하였듯이, 필리핀의 페르난도 마르코스 대통령은 국가 개발계획 내에 인력수출 프로그램을 넣어 국가의 송출능력을 강화하였다. 마르코스 대통령은 해외 취업이 국가 경제개발의 중요한 부분이 될 것이라는 입장을 표명하였다. 마르코스에 이어 대통령이 된 코라손 아키노는 단기 여성이주를 금지하였지만, 전반적인 해외 취업을 감소하려고 하지는 않았다. 피델 라모스 대통령 역시 강력한 경제 개혁을 추진하였지만, 그 역시 필리핀 경제에 이주노동의 중요성을 인식하고 있었다. 라모스 대통령은 1992년 11월 16일 연설에서 다음과 같이 선언하였다.

해외 고용은 우리 정부의 전략적인 개발 프로그램으로 존재할 것이다. '개발' 프로그램이라고 지칭하는 이유는 해외 취업 프로그램이 국가 개발의 주요한 기둥이기 때문이다. 그것은 우리나라의 고용 상황을 완화시킬 뿐 아니라 개발 프로젝트들과 전략 프로그램들에 필요한 귀중한 외화창출에 도움이 된다.

또 다른 개발 국가인 인도네시아도 마찬가지로 국제 노동 송출을 적극적으로 촉진하는 접근을 취했다. 필리핀처럼 인도네시아 역시 노동 송출을 외화 벌이이자 국제 수지 개선의 요인으로 바라보았다.

적극적인 송출정책은 중앙집권화된 국가 구조 속에서도 살펴볼 수 있다. 필리핀 내 전체 해외 취업 프로그램은 마르코스 독재 치하에서 전개되었다. 마르코스는 해외 취업과 관련하여 훈령 11개와 행정명령 8개를 발효하였다. 아키노 역시 행정명령을 내렸지만 3개에 그쳤으며 내용 면에서도 별로 중요하지 않았다.[5] 마르코스의 하향식 지배는 민주주의와 거리는 멀었지만, 대규모의 노동 송출을 촉진하기 위하여 제도적인 구축망을 형성하였다.

강력한 국가 주도 정책은 여성이주에 중대한 영향을 미쳤다. 이러한 정책이 특별하게 여성을 목표로 하지는 않았지만, 이 같은 정책은 해외이주에 대한 공식적 승인을 가져왔고, 그리하여 해외 취업 자체를 정당화하였다. 필리핀의 방송 매체와 국가 홍보물은 이주노동자들을 국가 개발에 본질적으로 기여하는 영웅으로 자주 그렸다. 크리스마스 기간에는 이주민들이 귀환하기도 하였는데, 이때 공항에 레드 카펫이 깔렸고 대통령이 직접 이들을 맞았다. 필리핀 사회에서 국제 이주는 남성과 여성 모두 격려와 칭송을 받았다.

송출정책을 이해하는 데 있어 개발정책도 중요하지만 다른 사회 정책들 역시 살펴볼 필요가 있다. 국가가 국민들에게 해외 취업을 강조한다고 하더라도 자동적으로 노동이주로 이어지는 것은 아니다. 해외에서 직업을 찾기 전에 노동자들은 반드시 국제 노동시장에서 요구하는 일정한 자격과 기술을 보유해야 한다. 국가는 이런 측면에서 중요한 역할을 담당한다. 필리핀 내 주둔해 있던 미국 식민지 당국은 자유주의 교육정책을 전개하였는데 이것이 필리핀인들로 하여금 식민지로부터 독립하여 보편적으로 누구나 평등하게 누릴 수 있는 학교 제도를 설립할 수 있도록 하였다.6) 독립 이후 수십 년 동안 필리핀의 교육정책은 아주 보편적으로 전개되어 남녀 모두에게 중등학교까지 의무교육을 제공해 왔다. 이에 더하여 교육의 주요 언어로 영어를 고수한 국가적 결정은 필리핀 사람들이 다른 아시아인들보다는 해외 취업을 하고자 할 때에 유리하게 작용하였다. 교과과정 역시 중요한데 많은 공·사립 학교들이 해외 노동시장에서 필요로 하는 업종의 수요에 맞추어 간호사와 돌보미 등의 직업 교육을 마련하였다. 이와 같이 해외 노동시장의 요구에 맞추어 전략적으로 수립한 평등주의 교육정책이 필리핀의 노동이주 증가를 촉진하였다. 같은 시기 동안, 인도네시아의 교육정책은 대조적으로 진전이 없었다. 1988년, 미국에 5만 명 이상의 간호사를 보내려던 수하르토 정권의 시도는 실패하였는데, 이는 인도네시아 여성들이 언어 능력뿐만 아니라 직업 요구 조건에도 미달되었기 때문이다.7)

국가정책이 미친 영향은 송출정책 결과를 보면 명백하게 드러난다. 노동이주에 대해 자유방임적 접근을 한 나라들이나 또는 해외 취업을 특별히 추진하지 않은 나라들의 해외이주 수준은 아주 높지 않다. 예를 들면 인도는 공식적으로 결코 해외이주를 추진하지 않았으므로 결과적으로 인도 이주노동자 비율이 전체 노동력에서 상대적으로 규모가 작다. 하지만 이주민의 절대적인 수는 큰 편이며 기술정보 분야의 이주민들은 종종 언론의 주목을 받기도 한다. 독립 노동자로서 이주하는 인도 여성은 특히 보기 드물다. 인도 이주여성이 주로 정착하는 케랄라 주에서조차 여성들은 해외 이주자의 9.3%밖에 되지

않는다.[8]

국가 구조 역시 어느 정도는 이주 흐름에 영향을 끼친다. 필리핀 해외고용관리소, 방글라데시 인력고용훈련사무소와 같은 해외 취업에 책임이 있는 기관이 주요 행위자이다. 이 기관들은 노동자들의 해외 이주, 권리보호, 노동조건 감독 등을 돕기 위하여 설립되었다. 오늘날 이들은 자국 노동자를 마케팅으로 활용해 해외 고용을 촉진하고 다양한 영역에서 해외 취업 기회를 탐색한다. 이 기관들의 성과는 그들이 진행한 취업 계약의 건수로 측정된다. 즉 해외이주가 줄어든다면, 그 기관들은 일을 소홀히 했다고 간주되어 공적인 비판의 대상이 된다. 이러할 경우 정부 내에서 부처의 순위하락으로 이어질 수도 있다. 이 기관들은 다른 정부 부처와 비교해 보면 한정된 자원을 가진 노동부의 보조금을 받는다. 그 때문에 예산확보와 증가를 위하여 그들은 가능한 한 외국에 이주노동자들을 많이 보내려고 한다. 이 국가 기관들은 한 번 설립되면, 해외이주 수준을 최대화하려고 한다.

국가와 사회의 관계: 시민사회의 역할

국가와 시민사회의 관계는 정책이 만들어지는 과정에 영향을 미친다. 스콕폴은 "국가가 특정 문제들에 대처하는 데 사용할 수 있는 가용 자원들과 도구를 살펴보는 것 이외에도 특정 이해와 자원을 가진 행위자들에 따라 형성되는 사회경제적이고 정치적인 환경을 조사하는 일 또한 중요하다"고 말했다.[9] 예를 들면 경제정책의 발전을 분석할 때 사업체들과 노동조합을 포함한 사회적 행위자들과 국가와의 네트워크를 통해서 경제정책이 발전되어 왔다는 사실을 알 수 있다.[10] 실제로 이들 이익 집단의 세력과 활동이 해외 송출정책의 주요 결정 요소이다. 그러나 그 세력의 크기와 활동은 역사적인 요인들에 따라 다르다.

국가와 사회의 관계는 해외 취업을 위한 정책결정 과정에 아주 중요하다. 해외 송출정책들은 이익 집단들에 의해서만 영향을 받는 것이 아니다. 정부가 최초로 해외 취업을 촉진하기 시작하면서 오히려 이익 집단들이 만들어졌다. 많은 정부들은 민간영역에서 고용 서비스를 하도록 장려하였다. 그 결과 많은 고용기관들이 생겨났으며 미등록 기관들도 급격하게 증가하였다. 1978년 스리랑카에는 125개의 기관만 있었지만, 2년 뒤에는 525개소로 증가되었다. 민간 기관들은 채용, 훈련, 비자절차를 취급하면서 강력한 로비 집단이자 대규모 '이주산업'을 구성하게 되었다.

NGO[11] 역시 이주정책 형성에 중요한 역할을 한다. 그들은 다양한 그룹으로 구성되어 있다. 어떤 NGO들은 이주 당사자들 또는 귀환 이주자들이 설립하였다. 그들은 스스로를 지원하고, 자신들의 권리를 지키고, 자신들의 상황에 반하는 정책 입안을 막는 일에 주력한다. 어떤 NGO들은 지역 활동가들이 설립한 경우인데 이주문제에도 관여한다. 나는 이와 같은 조직들을 '이주NGO'라 일컫는다. 이와 같은 그룹들 이외에도 인권, 노동, 여성문제를 전문으로 한 NGO들이 있다. 그들도 이주NGO와 공통의 입장을 공유하면서 이주문제에 대한 옹호활동과 정책 논쟁에 관계한다. 이러한 NGO들은 해외의 자국민 보호에 실패한 부패한 국가기관을 고발한다. 이들은 엄청난 비용을 요구하면서 해외 이주노동자들에게 충분한 지원 서비스를 제공하지 않는 고용대행사에 대해서도 역시 비판한다.

NGO는 송출국과 유입국 모두에서 활동한다. NGO 활동이 심하게 제한적인 중동을 제외하고 대다수 목적국들에서 NGO들이 활동하고 있다. 출발국에서 활동하는 NGO 역시 이주를 희망하는 사람이나 귀환자들의 구체적인 문제를 제기하는 데 적극적이다. 다음에서 각 국가별 송출정책과 관련한 NGO 역할을 살펴볼 것이다.

필리핀

필리핀은 이주NGO 활동이 가장 활발한 나라이다. 필리핀은 아시아에서 가장 활기 넘치는 시민사회가 형성된 나라라는 측면에서 볼 때 놀랄 만한 일이 아니다. 1995년에 이미 나라 전체에서 활동하는 NGO가 6만 5,000개에 달했고, 사회의 전반적인 '어조'가 시민 단체 활동에 호의적이다. 1986년, 민중혁명으로 마르코스를 축출하고 민주적 체제를 도입한 이후, 국가·사회의 관계는 다른 아시아 국가들보다 더 강하게 결속되었다. 1991년에는 지방정치 규약을 통해 지방정부가 지방경제 정책12)을 구축하는 적극적인 동반자로서 NGO의 설립과 운영을 촉진하도록 규정하였다. 이에 더하여 모든 국가 기관은 프로그램을 실행하기 전에 관련된 NGO나 다른 집단으로부터 자문을 받도록 하였다.

이주NGO의 발달은 필리핀 국민 780만 명이 해외에서 일하고 있을 뿐만 아니라 귀환자13)들도 많은 현실을 볼 때 자연스러운 결과이기도 하다. 이들은 통합된 목소리를 내기 위하여 스스로 조직해 왔다. 필리핀에는 최소 41개의 이주NGO가 있다.14) 이 조직들은 옹호 활동에 참가할 뿐 아니라 다양한 서비스를 제공한다. 몇몇 조직은 출국을 기다리는 이주자들에게 출국 및 취업에 관한 사전교육을 제공하고, 다른 조직들은 다양한 NGO 네트워크를 통해서 현장 이주민들을 지지한다.

목적국에도 필리핀 이주민들을 지원하는 이주NGO들이 형성되어 있다. 그들 중에서 많은 조직들은 가톨릭 교회 등의 지원을 받아 운영하지만 이주자들이 직접 모금하여 운영하기도 한다. 이주단체들은 공통의 이슈를 처리하는 데 연대할 목적으로 다른 국적 출신의 이주자들과 함께 행동하기도 한다. 홍콩의 아시아가사노동자조합Asian Domestic Workers Union이 전형적인 예로, 처음에는 필리핀 가사 노동자들이 설립하였지만, 이후 인도네시아, 태국, 스리랑카 가사 노동자를 대변하는 다인종 조직으로 발전했다. 더 나아가 필리핀 이주자들은 이주NGO의 지역적 네트워크를 형성했다. 홍콩에 있는 아시아이주민센터Asian Migrant Centre 와 필리핀에 있는 아시아이주포럼Migration Forum in Asia은 이주자 권리를 위한 지역적 옹호활동의 거점 역할을 하고 있다.

NGO는 1986년 민중혁명 이후 눈에 띄게 이주정책 형성에 개입했다. 그러나 마크로스 통치하에서도 전적으로 무기력하지는 않았다. 마르코스가 국가은행제도[15)]를 통해 필리핀 이주자로 하여금 월급에서 많은 몫을 송금하도록 강제하는 행정 명령 제857호를 발표하였을 때, 이주노동자들은 유럽과 미국, 홍콩, 필리핀에서 아주 강력하게 저항하였다.[16)] 이러한 저항은 국제단체의 주목을 끌면서 그들의 비판을 불러일으켰고 마르코스는 송환금을 강제하는 시행법령 857의 대다수 처벌 조항을 삭제했다.

최근 들어 필리핀 이주NGO들은 과거에 비해 더욱 적극적으로 정책결정 분야에 개입하고 있다. 필리핀해외고용관리소는 이주NGO들과 정기적인 접촉을 하고 있으며 정책결정 시 대표들을 초청한다. 주요한 정책변화를 고려할 때는, 이주NGO의 관점과 항상 일치하지는 않지만 그 과정에 언제나 포함시킨다. 1995년 이주노동자와 해외 필리핀인에 관한 공화국 법령 제8042장은 정책 결정에 관한 NGO의 역할을 승인하고, 꾸준한 참여를 장려하였다. 이주자들의 부재자 투표를 가능하게 했던 최근의 법률 제정에서 보는 바와 같이, 이주NGO는 필리핀과 국제적으로 효과적인 로비활동을 하여 국가정책에 강한 영향을 미쳐 왔다. 이 정도의 시민행동은 다른 아시아 개발도상국에서는 훨씬 제한적으로 일어났다.

스리랑카

스리랑카의 이주NGO는 필리핀에 비하여 훨씬 덜 발달되어 있다. 1990년대 중반 무렵[17)] NGO가 4만 개 이상에 달했지만 최근까지 이주문제를 다루는 NGO는 매우 드물었다. 귀환한 이주자의 관점에서 보기에 이주문제에 헌신하는 NGO는 단 한 곳에 그칠 뿐이다. 스리랑카의 국민 NGO 협회는 시민사회를 향한 정부의 태도가 '규제적'이며, 스리랑카의 역사를 통틀어 시민 참여의 기회로 주어진 경우는 정부 행사에 참여하거나 정당 모임에 박수 부대로 동원된 경우를 제외하고는 전혀 없었다고 주장한다.18)

그러나 무엇보다 스리랑카에 이주NGO가 부재하는 주된 원인은 이주자 본인이 이주문제에 많은 관심을 갖지 않았기 때문이다. 예비 이주자와 귀환자를 포함한 스리랑카 이주노동자들은 필리핀 이주자에 비해 권리를 주장하고 정책결정 과정에 참여하는 데 훨씬 소극적이다. 이는 아마도 대부분의 귀환 이주자들이 과거 풀뿌리 운동에 거의 노출된 적이 없는 주부들이라는 사실에 기반을 두기 때문이라고 본다. 게다가 대부분 어린 자식들이 있는 데다, 귀환한 직후 먹고살기 위해 고군분투하는 경우가 많은 까닭도 있다. 따라서 귀환 이주여성들은 소액대출 프로그램에 참여하는 것을 제외하고는 자신들의 권리를 옹호하거나 주장을 펴는 데 큰 비중을 두지 않았다. 이로 인해 스리랑카 상황은 필리핀과 방글라데시의 귀환 이주자들과 다른 양상을 띠게 되었다. 필리핀과 방글라데시의 이주NGO들은 교육 수준이 높으며, 시민 운동에 적극적으로 개입한 적이 있는 화이트 컬러 배경을 가진 귀환 이주자들에 의해 설립되었다.

이러한 점이 스리랑카 유일의 이주NGO인 이주서비스센터MSC, Migrant Service Centre가 귀환 이주자에 의해서 설립되지 않았다는 사실을 설명할 수 있는 이유가 되기도 한다. 이주서비스센터는 스리랑카 해외고용국SLBFE 전 사무총장인 데이비드 소이사David Soysa가 노동조합인 전국 노동자회의의 후원을 받아 설립하였다. 이주서비스센터는 이주여성들을 위해서 두 가지 프로그램을 제공해 왔다. 하나는 이주 대기자인 여성들을 위한 사전교육 과정이다. 이주서비스센터는 정부의 재정적인 지원을 받아 여성들에게 필요한 기술인 요리, 기본 아랍어, 가전기구여성들 대부분이 가정에 소유하고 있지 않은 진공청소기, 전기오븐, TV와 비디오기기 등 작동법을 가르쳐 주었다. 이 사전교육은 외국 고용주들의 노동현실을 포함하여 해외 생활에 필요한 일반적인 정보를 제공한다. 몇몇 참가자들은 해외 고용이 무엇을 의미하는지를 알게된 후에 해외이주를 포기하는 결정을 하기도 한다. 그러나 대부분은 교육에 참가할 즈음 이미 이주비용을 지불하였기 때문에 철회를 결정하기 어렵다.

이주서비스센터가 제공하는 두 번째 중요 프로그램으로 이주 귀환자들이 경제적으로 더 나아지도록 스스로의 힘으로도 충분히 자립할 수 있도록 지원하는 프로그램이 있다. 이주서비스센터는 이주노동자협회MWAs, Migrant Workers Association19)를 설립하도록 지원하였으며 이 협회를 통하여 귀환 이주여성들이 소액대출 프로그램을 운영하도록 하였다. 소이사는 이 프로그램의 목적이 귀환한 이주여성들로 하여금 재정적인 안정을 구축하여 다시는 가족을 떠나지 않도록 지원하는 데에 있다고 말했다. 이 프로그램들과 그 밖의 활동을 통하여, 이주서비스센터는 귀환한 이주여성들의 지도력을 양성하고자 노력하였다. 이를 통해 이 여성들이 정보를 획득하고, 국가를 향하여 자신들의 요구를 표현할 수 있게 하기 위함이었다.

이주여성들을 위해 특별하게 기획된 이러한 프로그램 이외에도, 이주서비스센터는 일반적인 이주노동자 옹호활동에도 참여하였다. 이주자들을 위한 더 나은 보호정책뿐만 아니라 국제협약의 비준을 위한 캠페인을 하였다. 최근에는 해외에서 일하고 있는 스리랑카 이주자들에게도 선거권을 확대하도록 정부에 압력을 넣는 등 참정권 문제에까지 개입하고 있다.

이주자 지원을 위한 다른 지역 운동은 주로 노동조합과 여성단체들에 의해 시작되었다. 노동NGO로서 미국이 기금을 지원하는 미국 국제노동연대센터ACILS, American Center for Internationl Labor Solidarity는 스리랑카 이주여성들이 겪는 문제들을 제기하는 데 아주 적극적이었으며 해외 이주노동자 보호를 위한 워크숍과 회의를 다수 개최해 왔다. 스리랑카 여성연구센터CENWOR, Center for Women's Research in Sri Lanka는 여성이주에 대하여 다양한 연구를 해 왔다. 최근에는 교육과 훈련 같은 다양한 영역에서 더 많은 NGO들이 이주노동자 프로그램을 운영하고 있다. 2000년에는 23개 지역 단체들이 이주문제를 사회, 국가 그리고 언론 차원에서 협력하기 위하여 이주노동자행동네트워크ACTFORM, Action Network for Migrant Workers를 설립하였다. 이 그룹들은 여성폭력 문제의 사회적 인식 개선, 작업장의 성적 희롱이나 학대에 대처할 수 있게 하는 훈련 프로그램, AIDS에 대한 정보 확산에 주력하였다.[20] 이 프로그램들 전부가 이주여성들을 위한 것은 아니며, 일부는 모든 여성 노동자를 대상으로 하였다. 대부분의 단체들은 해외 이주자들을 보호해야할 필요성뿐만 아니라 이주자의 권리 보호에 대해서도 적극적으로 제기하였다. 이러한 단체 중 어느 곳에서도 1980년대 필리핀 여성NGO들이 여성들을 보호한다는 이유로 주장했던 여성이주 금지를 요구하지 않았다.

관련 NGO의 증가와 이주노동자행동네트워크의 출현은 스리랑카 이주노동자들 사이에 시민사회에 대한 인식이 뿌리내리기 시작했다는 것을 암시한다. 그러나 여전히 많은 도전들이 이러한 노력 앞에 놓여져 있다. 스리랑카 국가 기관들과 국제 NGO들은 인신매매를 제외한 다른 여성이주 프로젝트를 지원하는 데 많은 관심을 보이지 않았다. 결과적으로 대다수 NGO들은 이주문제를 우선적으로 다루기에는 여전히 자원이 부족하다. 필리핀과 비교해 정책결정 과정 역시 NGO의 참여 범위가 극도로 제한적이다.

눈앞에 놓인 가장 큰 도전은 더 많은 이주여성들이 스스로를 조직화하도록 격려하는 것이다. 앞에서 언급하였듯이, 대부분의 스리랑카 이주NGO들은 이주 경험이 없는 사람들에 의해 설립되었다. 이주 서비스센터의 활동으로 많은 여성들이 재정적인 도움도 받고, 자신의 관심사를 표출하고자 이주노동자협회에 가입하기 시작하였으나 이 여성들이 즉각적으로 지도력을 발휘하지는 못했다. 사실상, 몇몇 단체들은 설립 이후에도 이주 경험이 없는 지역 공동체 지도자들이 운영했다. 그럼에도 이런 단체의 활동은 이주여성들이 프로그램의 계획과 실행과정에 참여하게 됨으로써 이후 단체 조직 기술 및 지도력을 계발하는 데 도움이 될 것이다. 그러한 지도력 계발과 추후의 재정적 지원은 미래에 스리랑카의 이주정책결정 과정에서 시민사회의 역할을 향상시키는 데 필수적인 요소가 될 것이다.

방글라데시

방글라데시 역시 이주 NGO가 잘 발달하지 않았다. 방글라데시가 시민사회가 잘 형성된 나라로 알려진 점에 비추어 볼 때 다소 이상한 일이다. 빈번한 자연재해로 악화된 방글라데시의 경제문제를 해결하고자 수십 년에 걸쳐 많은 국제NGO들이 들어왔고, 사회경제적인 지원을 제공했다. 일본, 미국, 캐나다 및 유럽 여러 나라에서 많은 경제적인 지원을 하면서, 방글라데시 내 국제NGO와 지역NGO가 급격히 증가했다. 1995년 무렵 약 1만 5,000개의 NGO가 있었는데 이 중에서 국제NGO는 950개에 달했다.[21] 그 때문에 정부는 시민사회의 역할을 인식하고 있으며 최근에는 더 호의적이다. 방글라데시 국가기관들은 면역 조치나 삼림 프로그램 등과 같은 다양한 프로젝트를 통해 NGO들과 협력하고 있다.[22]

그렇다면 해외에 대규모 이주인구가 존재함에도 왜 유독 이주 NGO는 잘 발달하지 못했을까? 이에 대한 해답은 방글라데시의 독특한 시민사회 구조와 관련되어 있다. 방글라데시에는 비정부, 비영리 단체가 아주 잘 발달되어 있지만, 단체의 권한이나 우선적 역할은 서구 기부자들의 관심사에 영향을 받는다. 단체 유지에 필요한 기금을 받기 위하여 대체로 지역NGO들은 산업 국가의 기부자들이 관심을 가지는 문제로 활동하기 마련이다. 대부분의 기부자들은 건강, 교육, 농업 발달, 여성문제에 관심을 가지고 있지만 이주문제에는 그렇지 않다. 기부 기관들은 최근 들어 여성과 아동 인신매매에는 관심을 기울이면서도 여전히 노동이주는 중요하게 고려하지 않는다. 이것은 이주가 정치적으로 민감한 이슈이기 때문일 수도 있다. 게다가, 직업을 찾아서 해외로 갈 수 있는 사람들은 이주비용조차 지불할 수 없는 극빈자들에 비해서 운 좋은 사람들로 간주되는 까닭도 있다.

NGO 활동가들과 농촌의 가난한 여성들 간의 계급차이는 또 다른 장애가 된다. 많은 여성과 인권NGO들은 간호사에 대한 이주 금지를 해제하는 데는 격렬히 반응하지만, 가사 노동자 이주 금지에 대해서는 그다지 관심을 기울이지 않는다. 방글라데시여성법률가협회BNWLA, Bangladesh National Women Lawyers' Association와 나리포코Maripokkho라 불리는 여성단체만 예외적으로 여성이주 금지는 여성의 기본 권리를 침해한다고 주장한다.

여성NGO 대부분이 이주에 대한 여성의 권리문제를 제기하지 않는 이유는 대체로 교육받은 엘리트인 NGO 직원들이 해외이주밖에는 길이 없는 가난한 여성들과 자신을 동일시하기 어렵기 때문이다. 이러한 점 때문에 해외이주를 원하는 여성들의 입장을 대변하기가 어렵다. 그렇다고 엘리트 여성들이 가난하고 교육받지 못한 여성에 관심이 없다는 점을 시사하는 것은 아니다. 물론 엘리트 여성들 중 많은 이들이 사회경제적으로 약자인 여성들을 보호하는 것을 자신의 임무로 여기고 행동한다. 그러나 필리핀의 여성NGO들이 여성이주 금지를 처음 제안했던 때처럼, 방글라데시의 많은 엘리트 여성들도 가난하고 교육받지 못한 방글라데시 여성들이 외국 고용주들로부터 잔인한 학대와 착취를 받지 않도록 보호 차원에서 금지를 해야 한다고 주장한다.

이러한 관점은 정부 공무원뿐만 아니라 방글라데시 사회의 엘리트인 주요 NGO들 사이에서도 지배적이다. 지역NGO 중 규모가 큰 편에 속하는 어느 NGO의 대표는 가난한 미숙련 여성들을 남성과는 다르게 취급해야 한다고 말한다. 그는 여성의 해외이주 금지는 여성들을 위해서 필요하다고 주장한다.

많은 면에서 여성은 어린이다. 그들은 매우 가난한 데다 글도 읽지 못한다. … 한 사회에서 우리는 때로 여러 조치를 취해야 하고, 여성들이 [해외로] 진출하기에 적합한 때인지 여부를 판단해야 한다.

이 같은 태도는 방글라데시 엘리트층 사이에서 흔하게 볼 수 있다. 한 학자는 친구가 자신에게 다음과 같이 말하며 방글라데시 여성의 해외이주를 중지하는 캠페인에 참여하라는 요청을 했었다고 회상하였다.

그들은 여자다. [해외에서] 스스로 처신할 수 없다. 결국 매춘부가 될 것이다.[23]

엘리트층은 자신들이 가난한 사람들에게 무엇이 최선인지를 안다고 여긴다. 많은 NGO 활동가, 교수, 공무원 모두 가난하고 배우지 못한 여성을 지칭할 때 "우리 여성들"이라는 용어를 자주 사용한다. 이 같은 가부장적인 태도는 다른 나라들에서도 여전히 존재한다. 사실 가부장제는 남성 외에도 여성 엘리트층에서 비롯되기도 한다. 엘리트 여성들이 가지는 보호의식은 남성들과 아주 유사하다. 많이 교육받고 힘 있는 사람들이 가난하고 배우지 못한 여성들을 '보호'하는 것이 의무라고 여긴다. 엘리트 여성들은 이처럼 호의를 가지고 있다. 그러나 이들이 가난한 여성들의 실제 욕구를 완전히 이해한 것은 결코 아니며 그들과 일반적인 관심사를 공유한 것도 아니다.

방글라데시 이주NGO들은 중동에서 귀환한 이주노동자들 일부가 해외에 거주하는 방글라데시 이주노동자들의 요구를 대변하기 위해 스스로 조직하면서 최근 등장했다. 최초의 이주NGO인 방글라데시 귀환자복지협회WARBE, Welfare Association of Repatriated Bangladeshi Employees는 지역 풀뿌리 NGO 두 곳의 도움을 받아 1997년 10월에 설립되었다. 방글라데시 귀환자복지협회는 방글라데시에서 최초로 이주자들이 주도한 단체로서 다카 지역에 9개의 타나thana[24]위원회를 둔 데 이어 나라 전체로 확대되어 갔다. 2,000명 이상의 회원이 있으며 대부분 남성인데, 이는 방글라데시에서 해외로 이주한 여성이 거의 없다는 사실을 반증한다. 귀환자복지협회는 귀환 이주자를 위한 모임과 활동을 조직하는 것 외에도 인식 개선 프로그램, 정보 안내 캠페인을 열고 예비 이주노동자들에게 사전교육을 실시한다. 또한 다른 NGO와 함께 협력하여 이주노동자의 권리 옹호와 여성이주 금지조치 반대에 목소리를 낸다. 1998년에는 한국에서 귀환한 방글라데시 이주자들이 방글라데시이주민센터BMC, Bangladesh Migrant Center를 설립하였으며 현재는 한국과 방글라데시 양국에서 활동한다. 이 센터는 한국의 방글라데시 노동자 처우문제와 노동법이 어떻게 적용되는지를 감시한다. 그러나 전체적으로 귀환자복지센터보다는 규모가 작다.

이 NGO들은 이주여성을 대상으로 프로그램을 전혀 제공하지 않는다. 이런 상황은 다른 NGO들도 비슷하다. 몇몇 NGO들은 프로그램 기금을 받을 경우에만 한시적으로 이주노동자와 함께 활동하였지만, 주된 활동 대상으로 이주여성들을 설정하지도, 이주여성의 권리 옹호를 위한 활동도 하지 않았다.

방글라데시에서는 이주노동자 채용기관이 가장 영향력이 있다.

이 기관들은 사업적인 이유로 이주금지를 반대하였다. 중동에서 이슬람교 가사 노동자에 대한 수요가 매우 많았으므로 이 기관들은 황금 같은 사업기회를 놓칠 수 없었다. 방글라데시 국제채용협회 회장은, 이주는 인권의 일부이므로 여성들이 문맹이거나 기술이 없더라도 정부가 이들의 해외 진출을 금지할 권리는 없다고 말하며 정부가 여성을 어린이와 같이 취급한다고 주장했다.

> 열여덟 살은 성인이다. 선거권도 있으며, 당신들[정치인들]은 바로 이 여성들의 투표로 선출된다. … [여성에게 해외 취업을 허용하지 않는다면] 누가 절망적인 이들에게 음식과 잠자리를 제공할 것인가?

소수의 NGO들과 채용 기관들을 제외하고는 방글라데시의 시민사회 단체 대부분은 여성이주 금지에 대해서 침묵하였다. 그들은 인신매매 문제가 아닌 이상 여전히 이주문제와 여성이주에 관심이 없었다. 방글라데시 시민사회는 아직도 이주정책과 관련해서는 초기 단계에 있다. 느리기는 하지만, 약간의 긍정적인 변화들이 조금씩 생기고 있다. 예를 들면, 다카 대학의 난민·이주운동연구소에서는 이주문제에 대한 목소리를 다방면에 내고 있으며, NGO들의 정책적 제언과 옹호활동에 더 많이 관여하기 시작했다. 이들은 각종 회의와 자문회의에서 여성이주 문제에 대해 제기했다. 2003년에는 정부가 여성이주 금지를 철폐하는 데 중요한 역할을 하였다. 이러한 주도적인 활동에 따라 가까운 미래에 NGO가 이주정책 형성에 관여하는 능력이 향상되고, 더 많은 목소리를 낼 것으로 보인다.

국민 정체성과 해외 이주정책들

　해외 이주정책을 결정하는 또 다른 중요한 결정 요소는 바로 국민 정체성이다. 최근에 학자들은 이민정책을 단지 국내 노동수요에 따른 국가의 반응 정도로 보아서는 안 되며 국민이 스스로를 인식하는 방식으로서, 국민 정체성의 산물로 보아야 한다고 말했다. 산업 국가들은 어떤 집단을 받아들이는 데 있어 그 여부를 주의 깊게 탐색하는데, 이는 국가가 가진 자기이해 방식과 국민 정체성을 규정하는 틀 속에서 특정 집단을 어떻게 바라보는지에 따라 결정된다. 예컨대 로저스 브루베이커는,[25] 역사적으로 프랑스에서는 관대한 이민정책을 취했는데, 이는 국가 형성 과정이 특정 인종 집단에 치우친 민족주의에 기반을 두지 않고 자유와 해방을 위한 투쟁에 기인했기 때문이라고 보았다. "자유, 평등, 박애"라는 프랑스의 국가 설립 가치는 프랑스인뿐만 아니라 비프랑스인에게도 적용된다. 이런 의미에서 프랑스의 국민 정체성은 특정한 집단의 정체성보다는 정치적 가치에 기반을 둔다고 할 수 있다.[26]

　국민 정체성에 대한 브루베이커의 주장은 아시아의 주요한 목적국에서 보이는 전혀 다른 사고방식에도 적용된다. 일본에서는 그것이 실재라기보다는 신화에 근거하지만, 인종적 순수성과 문화적 동질성에 대한 믿음들이 국민 정체성을 형성한다. 이러한 국민 정체성은 일본이 '일본인비록 일본인성(Japanese-ness)이 무엇인지는 논쟁해야겠지만'을 위해 존재한다는 일반적인 인식을 낳았다. 또한 일본인 해외 이주자의 후손들인 니케이진Nikkeijin에게 일본 귀국을 허용하는 이민정책을 가져왔다. 니케이진들은 대부분 브라질과 페루 이민자 3~4세들로, 일본어를 할 수 없으며 같은 문화를 향유하지도 않는다. 그러나 그들의 태생이 일본이라는 사실만으로 정부가 니케이진에게 특별한 이민 신분을 부여하기에 충분하였다. 같은 방식으로 독일의 이민정책도 오랜 기간

흩어져 있던 '독일계 이민자Aussiedlers'들이 구소련과 동유럽에서 고국으로 귀국할 수 있도록 허용하였는데, 이는 국가가 동일한 인종적 태생을 공유한 사람들을 수용해야 한다는 비슷한 관념에 근거한다.27) 인종적 정체성에 근거한 국가의 자기이해는 이민정책에 중요한 영향을 미친다.

이러한 원리가 이민정책에만 국한된 것은 아니다. 자국민의 해외 이주정책에도 비슷하게 적용된다. 많은 국가들이 자국 시민들의 해외 이주를 조절하는데, 이러한 정책은 부분적으로는 국민 정체성에 근거한다. 예를 들면, 냉전 기간 동안에 공산주의와 사회주의 국가들은 자본주의로부터 자국 시민을 "보호"하고, 공산주의 또는 사회주의 이념을 유지하기 위하여 자국 시민들의 해외이주를 엄격하게 통제하였다. 다음 부분에서 언급하겠지만, 국민 정체성은 개발도상국의 해외 이주 정책에도 당연히 영향을 미쳤다.

해외 이주정책에 있어서, 국민 정체성은 주로 민주주의, 인권, 성별과 큰 연관이 있다. 앞에서 언급하였듯이, 아시아의 여러 국가들은 여성보다는 남성에게 더 폭넓은 이동의 자유를 허용한다. 남성에 대한 해외 이주정책은 여성들과 다른데, 이는 여성들의 해외 이주정책은 경제 중심적인 차원뿐만 아니라 '가치 중심적'으로 결정되기 때문이다. 이 가치는 국가가 가진 정치적 철학에 부분적으로 영향을 받지만 국민 정체성의 토대를 형성하는 사회규범에 깊이 뿌리를 내리고 있다.

필리핀과 스리랑카는 민주주의 국가로서 스스로를 규정하고 인권을 중요하게 생각한다. 어떤 국가도 이주에 대한 포괄적인 금지를 합법적인 선택으로 여기지 않는다. 두 나라의 교육받은 엘리트층은 인권 차원에서 해외로 이주할 권리를 바라본다. 내가 인터뷰한 많은 NGO 활동가들과 국가 공무원들은 이동의 자유는 남성과 여성 모두에게 헌법상 명시된 국민의 권리이며, 정부가 해외 취업을 금지할 수는 없다고 하였다. 스리랑카 노동부 소속 고위 공무원에게 국가가 왜 여성이주를 금지하면 안 되냐고 묻자 "여성은 일할 권리와 이주할 권리가 있기 때문에 정부가 그것을 금지할 수 없으며 만일 금지한다면 민주주의에 반하는 것이다"라고 말하였다.

필리핀 공무원들은 금지 정책이 원하는 효과를 가져오지 않는다는 사실을 경험을 통해 배웠다. 아키노 정권이 1988년에 고용주들의 빈번한 학대 때문에 쿠웨이트와 사우디아라비아로 가는 가사 노동자의 이주를 금지하자 일부 여성들은 바레인, 오만 그리고 다른 나라들을 통하여 쿠웨이트로 입국하였다. 금지를 철폐할 1997년 당시에 이미 1만 4,000명으로 추정되는 필리핀 가사 노동자들이 쿠웨이트에서 일하고 있었다.[28]

방글라데시는 이와 대조적으로 국가 헌법에서 모든 시민의 권리로서 이동의 자유를 인정하지만 미숙련 여성들의 해외이주 금지는 약자인 여성을 보호하는 수단으로 수용되었다. 국가 경제상황이 어려운 점을 고려할 때, 이러한 국가정책은 주목할 만하다. 방글라데시는 2002년 국민 1인당 국민총생산이 1,700달러스리랑카의 절반에 못 미침였으며 국가 총 부채는 110조 달러스리랑카의 77조 달러보다 많음로 가난한 국가 에 속했다.[29] 이주노동정책이 순수하게 경제적인 측면에서 운영된다면, 방글라데시는 많은 송금액이 발생하도록 여성이주를 대규모로 추진했어야 했다. 중동 지역에서 이슬람 가사 노동자에 대한 강력한 수요가 있으므로 방글라데시 여성들의 이주가 국가 경제에 확실하게 많은 기여를 할 것이 분명했다. 그러나 이미 국가는 여성이 해외에 가사 노동자로 취업하는 것을 금지하는, 예상과 반대된 정책을 펼쳤다. 금지 정책은 2003년에 폐기되었지만, 현 정권은 여전히 여성이주를 통제하려 들며 여성 가사 노동자의 해외이주에 대한 많은 제한을 가하고 있다.

방글라데시의 여성 해외 이주정책을 이해하기 위해서는 '여성보호'가 방글라데시의 국민 정체성을 규정할 만한 중요한 사회적 함의를 가지고 있다는 사실을 이해해야 한다. 방글라데시의 국민 정체성은 다양한 차원을 가지고 있으며 그중 하나는 종교적 가치와 관련되어 있다. 정책 입안자들은 남성이 여성을 보호해야 한다는 이슬람의 가르침을 인용하였는데, 입안에 인용된 코란 4장 34절에는 다음과 같이 명시되어 있다. "남성은 여성의 보호자이며, 여성을 보살펴야 한다. 왜냐하면 신은 남성에게 여성보다 많은 힘을 부여하였고, 남성은 모든 수단을 동원하여 여성들을 보호해야 하기 때문이다."30)

여성이 보호받아야 한다는 생각은 방글라데시 사회에 널리 퍼져 있으며 여성은 "보호자"인 남성 없이는 집을 떠나서는 안 된다는 기준이 생겨났다. 노동부에서 근무하는 한 남성 공무원에 따르면,31) 독실한 무슬림 남성은 "내 아내는 태양을 결코 보지 않는다"라고 말하는 것을 제일 이상적으로 여긴다고 한다. 물론 현실은 다르다. 현대에 들어서면서 집 밖에서 일하는 여성들이 더 많아졌기 때문에 그러한 생각을 유지하기는 어렵다. 특히 가난한 집에서는 여성이 집에만 있을 여유가 없다. 그렇기는 하지만 정부 엘리트나 영향력 있는 단체들은 여전히 여성이 마음대로 하게 두어서는 안 된다는 입장을 고수하였다. 방글라데시 인력고용훈련사무소의 선임이사는 여성의 해외이주 금지에 대해서 다음과 같이 주장하였다.

종교적 입장으로 보면, 여성에게는 밖에서 일하는 것이 허용되지 않는다. 여성은 푸르다32)에 머물러야 한다. 그러나 이것이, 여성이 [해외에서] 일할 수 없다는 것을 의미하지는 않는다. 안전이 보장된다면, 여성은 일할 수 있다[안전이 보장되지 않기에 여성들은 해외에서 일할 수 없다]. 그러나 남성 노동자들이 매년 14조 달러7,000 crore taka33)를 송금해 오기 때문에 여성이 노동자로서 [해외로] 가는 것은 필요하지 않다.

더욱 주목할 것은 남성이 여성을 보호해야만 한다는 생각이 애초에 코란에서 정의하는 가족 맥락을 초월해 있다는 점이다. 그것은 국가 역할로까지 확대되었다. 원칙적으로 모든 국가는 남성과 여성을 구별 않고 모든 시민을 보호해야 할 책임을 가지고 있지만, 방글라데시에서는 여성 보호에 대한 요구가 특히나 강하다. 대부분의 공무원들은 코란의 가르침을 의식적으로든 무의식적으로든 내면화하는지 여부와 상관없이 국가가 여성에게 최고의 '보호자'라는 점을 믿는다. 방글라데시 내각의 경우 해외 이주여성들을 효과적으로 보호하는 데 어려움이 따르자 외국 고용주의 학대와 착취로부터 여성들을 보호하는 효과적인 방법으로 아예 해외이주 자체를 금지하였다.

　　물론 방글라데시 정부도 여성이주의 경제적인 측면을 전적으로 무시하지 않는다. 지오르Ziaur 정권은 1991년 이주여성의 송금이 경제적으로 이득이 되리라는 희망으로 여성이주 금지를 폐지하였다. 그러나 이 같은 경제적 이익은 여성 이주정책에 관한 우선권을 정하는 과정에서 뒤로 밀려났다. 여성 이주정책은 남성이주보다는 훨씬 더 가치 중심적이었다. 방글라데시 정부는 이주여성들이 송금액과 필요한 외화를 많이 가져올 수 있다는 점을 잘 알았지만, 2003년까지도 여성이주 금지는 여전히 존재했고, 많은 규제가 가해졌다. 노동부 장관은 "해외에서 우리 여성들이 불명예라는 대가를 감수한 채 외화를 버는 것을 용납할 수 없다"[34]라고 말하였다.

　　방글라데시의 국가 채용 기관인 해외고용서비스의 선임이사는 방글라데시에서 여성이주를 제한하는 이유로, 경제적 이득보다는 방글라데시의 사회적 가치를 우위에 두기 때문이라고 강조하였다.

　　돈이 전부는 아니다. 우리는 가난하다는 것을 안다. 그러나 돈 때문에 여성을 팔지 않는다는 사회적 가치가 존재한다. … 그들[다른 노동력 수출 국가들]은 그들[여성들]을 생산물처럼 수출하고 있다. ··· 우리는 매우 종교적이다. 다른 나라 여성들이 이주할 수 있다고 해서 우리 여성들이 할 수 있는 것은 아니다. 사회제도가 다르다. 우리에게는 여성을 존중하는 사회적 가치가 존재한다.

국가 공무원의 말에 따르면 여성이주를 금지하는 정책은 방글라데시 여성을 존중하는 의미가 있다. 그들은 다른 아시아 국가들이 여성을 외국 고용주의 학대와 차별에 노출시키면서 여성이 벌어 오는 송금액으로 이득을 보는 사실을 비판하며 여성을 전혀 존중하지 않는 처사라고 가혹하게 비판한다. 많은 정책 입안자들은 여성이주를 장려하는 것은 여성을 상품으로 수출하는 것과 다를 바 없다고 본다. 실제로 공무원과 NGO 활동가들은 사회적 가치 면에서 태국과 필리핀 같이 노동력을 수출하는 나라들과 방글라데시가 다르다고 여기면서 방글라데시 사회가 다른 나라들보다 훨씬 도덕적이라고 자랑스럽게 말한다. 방글라데시 정책 입안자들과 지식인층에게는 '다른 나라와 같지 않다는 점'이 강한 자신감을 불러일으키고, 방글라데시 국가 정체성과 존엄성을 재확인시킨다. 한 공무원의 진술이 이런 점을 분명하게 반영하였다.

[여성이주를] 금지한다면, 국가에 존엄성과 가치를 가져다줄 것이다. 돈은 존엄성을 주지 못한다. ··· 인간의 가치, 존엄성, 지위를 팔면서 얻게 되는 돈[여성 이주자가 보내는 송금]이 필요하지는 않다. ··· 남성과 사회가 존엄성과 지위를 잃게 된다면, 돈으로 무엇을 할 수 있겠는가?

그의 발언은 전형적인 방글라데시 정책 입안자가 가지는 가부장적인 태도를 입증하고 있다. '남성'과 '사회'는 동의어로 간주되며, 남성은 사회에서 제1의 행위자로 간주된다는 사실을 나타낸다. '그들'에게 속한 여성의 안전이 위협받게 된다면, '남성'과 '사회' 양쪽 모두가 존엄성과 지위를 잃어버리게 된다. 존엄성과 지위는 국가 정체성의 중요한 요소로 포함된다. 국가는 '여성의 보호자' 역할을 맡고, 공적으로도 그러한 이미지를 심는다. 이와 같은 태도는 여성 정책 입안자들에게도 역시 동일하게 존재한다. 여성 고위 공무원은 국가에게 가난한 여성들을 보호할 의무가 있다고 주장하면서 여성이주 금지를 지지하였다. "도덕적 가치를 바로 잡아주는 것"이 방글라데시 공무원에게는 중요하였다. 여성의 이주 금지가 불법 이주를 증가시키고 여성을 더욱 취약하게 만든다고 해도, 여성이주를 금지하는 것은 여전히 가치있는 일로 여겨진다. 이러한 이주 금지조치는 국가가 사회를 위해 바람직하다고 여기는 가치를 보다 분명히 드러낸다. 이주 금지를 통해 방글라데시는 국가 이미지를 '여성 보호자'이자 '도덕 가치의 담지자'로 만드는 데 성공했다.

모든 정책은 다양한 차원을 가지고 있지만 특히 여성이주 금지는 여러 목적을 이루었다. 첫째, 여성이주 금지는 국가가 여성 이주자들을 충분히 보호하지 않는다는 여론의 비판을 피하도록 도와주었다. 언론에서 해외에 있는 방글라데시 이주여성이 학대받는 사례를 보도할 때 정부는 이 여성들이 규칙을 어겼기 때문에 스스로에게 책임이 있다고 편리하게 주장할 수 있다. 정치인들과 공무원들은 비난받지 않을 수 있고 어떤 정치적 위험 부담에도 노출되지 않을 수 있다. 둘째, 방글라데시 이주여성의 수를 현격하게 줄이면 외무부는 목적국 정부와 정치적 긴장을 피할 수도 있었다. 현지 학자에 따르면 여성이주 금지를 제안한 부처는 다름 아닌 외무부의 공무원이라고 노동부 관계자가 말했다고 한다. 동일한 정보원은 이에 더하여 외무부가 목적국 정부와 방글라데시 여성의 보호문제를 협상하는 데 어려움을 겪는다고 언급하였다. 이들은 여성문제를 다루는 것을 꺼리는데, 이는 대부분의 목적국들이 방글라데시의 중요한 무역 파트너들이기 때문이다. 정부의 진정한 의도가 무엇이건, 미숙련 여성의 해외이주 금지는 다양한 목적에 기여하였다.

해외 이주정책에 포함된 가치 문제는 반드시 종교적인 가치만을 대표하지는 않는다. 이슬람교가 종교로서 항상 여성이주를 제한하는 정책에 영향을 미친 것은 아니다. 앞에서 지적하였듯이, 이슬람 국가인 인도네시아는 여성이주 노동력의 주요한 원천이다. 해외 이주정책에서 가장 중요한 점은 경제발전에 있어서 여성들의 역할을 바라보는 정책입안자들과 엘리트들의 인식이다. 인도네시아의 경우 수하르토 통치시기에는 수출 위주의 산업화를 강력하게 추진하였으며 나라 안팎의 수출자유지역에 있는 공장에 여성 노동력의 참여를 증대했다. 인도네시아 경제를 세계화하려는 시작 지점에서 수하르토는 송금을 늘리고 그를 통해 외화보유를 늘리고자 남성과 여성 모두의 해외이주를 장려해야만 했다. 해외이주 증대에 대한 수하르토의 결정은 1989~1994년 공식 발전계획에 반영되어 해외로 50만 명의 인도네시아 여성노동자를 '수출'한다는 목표를 세웠다.

인도네시아는 무슬림 국가임에도 수하르토 정권은 '이슬람 국가'가 아닌 세계적인 자본주의 체제 내에서 경제적 발전을 이루는 데 강력한 지도력을 발휘해야 한다는 '개발도상국가'로서의 정체성을 택했다. 수하르토가 퇴임하고 민주주의체제가 세워지면서 인도네시아의 국가 정체성은 민주주의와 인권을 강조하는 방향으로 이동하기 시작하였다. 메가와티Megawati 정권은 남성과 여성 모두의 해외이주를 촉진한 수하르토의 발자국을 따랐지만 인도네시아 이주여성들이 겪는 어려움에 대해 더 많은 관심을 기울였다. 사실상 일시적인 방법이었기는 하지만 1998년에는 중동 지역의 추가적인 인도네시아 이주여성 신규채용을 금지하였다.[35] 일시적으로 여성이주를 금지한 목적은 목적국의 인력채용 기관들이 모든 계약을 인도네시아 대사관에 확실하게 등록시키는 데 있었다. 이런 방법으로 정부는 노동이주의 통제를 강화하였고 이주여성들을 더 효과적으로 보호할 수 있었다.

해외 이주정책은 국민 정체성과 사회적 가치들을 반영한다. 국민 정체성은 경제적 세계화에 압도된 개발도상국의 정부에게 특히 중요하다. 이 나라들은 경제를 개방할지 여부에 대한 선택권이 없이 수출위주의 산업화를 추진해 왔다. 이로 인해 이들 국가는 '서구'적 가치와 문화의 강력한 영향력에 노출되었다. 이런 맥락에서 여성이주에 대한 정부의 공공연한 금지 또는 규제는 경제적 세계화와 이로 인한 '도덕적 타락'에 대한 저항의 형태로 해석될 수 있다. 방글라데시 정책 입안자들은 "가치를 바로 잡음으로써" 세계화 과정에서 국민 정체성과 존엄성을 유지하려고 애썼다. 이러한 과정에서 여성들의 이동 권리를 제한하는 것을 포함하였다. 여성을 보호한다는 명목은 실제 여성에게 부정적 영향을 가져왔음에도 불구하고, 국가 정책의 핵심적인 가치로 작동했다.

상징적인 젠더 정치학

여성이주에 대한 정책입안 과정에는 필자가 "상징적인 젠더 정치학"이라 지칭하는 과정이 개입된다. 나는 국가 이익에 기여하기 위해 여성들을 상징적인 도구로 이용하는 정치적 실천들을 상징적 젠더 정치학이라 정의하고자 한다. 맥클린톤이 민족주의 담론에서 언급하였듯이 여성들은 민족의 상징적 전달자이자 민족이라는 집단의 생물학적 재생산자로 여겨진다.[36] 그런 까닭에 외국인이 자국 여성을 성적으로 학대하고 희롱하면 이는 희생자 여성에 대한 모독일 뿐 아니라 국가와 민족의 굴욕이 된다. 이는 성적인 학대와 강간이 여성의 존엄성에 대한 침해라기보다는 남성 소유물에 대한 범죄의 의미로 법률화되어 있다는 사실에 부분적으로 기반을 둔다.[37] 이와 같은 맥락에서, 해외의 이주여성들이 당하는 학대, 강간, 희롱 등은 남성 소유물에 대한 침해이자 **국가의 상징적 소유물**에 대한 침해를 의미한다.

　이 점은 전쟁이나 갈등 기간 동안에 여성에게 성적인 범죄와 폭력이 발생하는 이유를 설명하는 데 크게 기여한다. 여성은 정통적 권위와 국가 및 민족 정체성의 상징이다.[38] 따라서 전쟁이 발발하면, 남성 집단들은 적들을 지배하거나 능력을 과시하기 위한 수단으로 강간을 이용한다. 전형적인 예는 보스니아 전쟁이다. 수년 동안의 '인종청소' 기간에, 셀 수 없이 많은 이슬람 여성들이 세르비아 기독교인들에게 조직적으로 강간당하였다. 이슬람 여성들은 가부장적인 이슬람 조국의 내적인 성소라고 여겨졌다. 세르비아인들에게 집단 강간은 상징적으로 이슬람 소유물에 대한 장악과 파괴와 같은 것이었다.[39] 또한 '민족의 어머니들'이 '순수 혈통'의 이슬람 민족을 재생산하는 것을 막고자 함이었는데, 이는 여성이 이슬람 종교의 순수성과 민족적 혈통의 전달자로 여겨졌기 때문이다.[40] 비슷한 경우들이 세계의 다른 나라들에서도 많이 발생한다. 서파키스탄_{현 파키스탄}과 동파키스탄_{현 방글라데시} 사이의 전쟁 기간 동안에도 방글라데시 여성 3만 명을 조직적으로 강간하는 사건이 있었다.[41] 시디끼에 따르면 강간은 동파키스탄의 영토와 명예를 침해한 것을 의미하며 국가가 영토와 여성을 보호하지 못했음을 알리는 행위라고 말했다.[42] 여성은 외국의 적들에게 있어 민족적 공간이자 영토이기 때문에 여성들은 민족주의의 상징적 토대를 이루고 있다.

　여성이 가진 이 같은 상징적 특성은 많은 개발도상국의 해외 이주정책에 영향을 미친다. 여성들은 가치 중립적 노동력이라기보다는 국가의 존엄성을 상징하고 국민 정체성의 토대를 구성한다. 여론은 남성의 학대와 착취보다는 여성의 경우일 때 더욱 민감하게 반응한다. 필리핀의 콘템플라시온 사례는 바로 이런 경우이다. 홍콩 당국이 필리핀 가사 노동자인 플로어 콘템플라시온을 처형하자 필리핀인들이 엄청나게 격분하여 고향으로 돌아갔다.[43] 곤잘레스는 그녀의 죽음이 마치 '이주 화산'이 폭발하도록 방아쇠를 당긴 격이라고 논평하였다. 피델 라모스 대통령 또한 필리핀인들이 베니그노 아키노 상원의원[44] 이 암살당한 1983년 이후로 이토록 분노하는 모습은 본 적이 없다고 말하였다. 라모스 내각의 일원은 그 당시를 다음과 같이 설명하였다.

'여성'은 감정을 자극하는 주제였다. 플로어 콘템플라시온이 처형당하자 필리핀 남성들은 자신의 아내 또는 딸에게도 이와 같은 일이 벌어질 수 있다고 생각하였다. 알다시피 필리핀 남성 문화는 남자다움을 과시하며 여성이 상처를 입게 되면 아주 감정적이 된다.

콘템플라시온 사례는 무고했을지 모를 여성의 죽음 그 이상의 의미를 가지고 있다. 그녀는 '타자' 입장에서 보면 정당한 재판을 허용하지 않은 외국인들에게 처형당했다. 이것이 필리핀 시민들에게 특히 필리핀 남성들에게 문제가 되었다.

성적 학대와 희롱은 필리핀 내에서도 드물지 않다. 사실상 성희롱과 강간에 대한 숱한 사건들이 현지 신문에 보도된다. 그러나 해외의 외국 남성들에게 자신들의 여성인 자국 여성들이 학대받거나 희롱당한 사건은 국내 사건과는 다르게 간주된다. 외국인에 의한 여성 학대는 크나큰 분노와 민족주의를 불러일으키는데 이는 여성에 대한 범죄가 곧 국가의 상징적 소유물에 대한 범죄이기 때문이다. 여론이 커지자, 국가는 '여성 보호자' 역할을 강조하기 위하여 여성이주 금지 또는 제한 정책을 신속하게 취하였다. 방글라데시 경우에서 보듯이, 국가가 여성들을 위한 제한적인 해외 이주정책들을 취할 때 여론이 반드시 필수적인 조건은 아니다. 그럼에도 방글라데시 정부처럼 정책 입안자들은 이주여성들이 경험하는 학대가 국가 존엄을 위협한다고 받아들였다. 방글라데시 공무원들에게는 여성 노동자들을 보호하는 것 뿐 아니라 민족의 존엄성과 자긍심을 지키기 위해서 외국 고용주로부터 이주여성들의 성적인 순결을 지키는 것이 중요하였다.

이에 더하여, 여성 해외 이주정책은 국가가 여성이주에 제한된 집행 능력을 가지고 있다는 점에서 특히 더 가치적 측면을 담고 있다. 어떻게 보면 이 정책들은 각 국가가 국가의 관점과 젠더 가치를 사회에 주입하는 상징적 수단이다. 이러한 정책들은 국가가 여성의 보호자라는 이미지를 가질 수 있게 도와준다. 미숙련 여성들에 대한 해외 이주 금지조치는 분명 그러한 대표적인 사례이다.

1999년 필리핀에서 라모스 행정부가 여성이주를 단계적으로 폐지하는 정책을 승인하였을 때에도 상징적인 젠더 정치학이 작동했다. 이 정책은 플로어 콘템플라시온이 싱가포르에서 처형된 직후 설립된 대통령 위원회의 권고로 만들어졌다. 그럼에도 실제적으로 어떤 효과적 조치도 취해지지 않았고 오히려 1999년 그 해에 필리핀을 떠난 여성들의 수치가 최고조에 달했다. '점진적 폐지 계획'은 정부가 결코 여성이주를 장려하지 않으며 이를 만류하는 입장이라는 점을 대중에게 알릴 상징적 정치학의 표현이었다. 이는 콘템플라시온의 처형에 대처하기 위한 매우 중요한 전략이었다. 대중은 마르코스 통치 시절부터 국가가 해외 취업의 추진자이자 이용자혹은 착취자라는 사실을 알고 있었기 때문이다. 아마도 정책 입안자들은 점진적인 폐지가 불가능하다는 사실을 알고 있었겠지만, 이와 같은 정책을 통해서 대중에게 자신들의 의도를 분명하게 알리는 것이 중요하다고 보았기 때문에 밀어붙인 것이다. 그 정책을 통해 국가는 자신들을 이주여성의 착취자가 아닌 보호자 이미지로 바꾸려 했다. 결국 점진적인 폐지는 발생하지 않았지만, 이는 국가의 입장과 가치를 상징하는 유용한 전략적 도구였다. 정부가 UN 이주노동자 협약을 비준하고, 공화국 법률안 8042를 서둘러 제정한 것은 해외 시민들을 보호하기 위하여 최선을 다하고 있다는 점을 보여주려는 의도도 있었다.

결론

여성 해외 이주정책은 사회적 가치가 중심이 되어 형성되는데 여성은 단순 노동력 이상의 의미를 가지고 있었기 때문이다. 여성은 한 국가의 가치를 대표할 뿐만 아니라 민족적인 자긍심과 존엄성을 담지한 존재이다. 이런 의미에서 이주여성에 대한 성적 폭력은 국가와 사회에 대한 잔혹행위로 받아들여진다. 여성에 대한 보호는 국가의 책임으로 여겨지기 때문에 외국인에 의한 성적 학대와 희롱에 노출되는 이주여성에 대한 정책결정은 중요하다. 여성에 대한 제한적인 해외 이주정책은 상징적인 젠더 정치학의 산물이다. 여성 해외 이주정책들을 통해서 국가는 여성의 보호자로서의 자신의 입장과 이미지를 만들고 국가가 사회 속에 주입하고자 하는 여성에 대한 특정한 사회적 가치를 형성해 간다.

다른 정책들처럼 해외 이주정책 역시 다양한 제도적, 정치적 요인에 따른 결과물이다. 예를 들면, 이주정책은 일정하게 경로의존적인 요인들을 가지고 있는데 이주정책의 경우 경제 개발과 관련된 과거 정책 유산의 영향을 받는다. 강력한 수출지향정책 및 과거 남성노동자의 해외이주 취업을 추진한 자유주의적 경제 정책들은 여성이주에 대해서는 관대한 입장을 보이는 경향이 있다. 여성 해외 이주정책에서 특이한 점은 이 같은 경로의존적인 특징이 비교적 약하며 불안정하다는 것이다. 여성 이주정책의 경우, 여성 노동자에 대한 착취와 학대를 다룬 언론 및 재외공관의 보고서가 나올 때마다 쉽게 위태로워졌다. 이러한 보고서들은 국가의 자존심을 손상시키기 때문에, 국가는 여성들을 보호한다는 명목으로 여성의 해외이주에 대한 제한을 강화하는 정책을 펴는 경향이 있다.

시민사회가 잘 발달되어 있는 필리핀에서는 국가가 여성이주에 가하는 엄격한 제한 정책과 강력한 통제가 장기적인 해결책이 될 수 없는데 이주 관련 NGO들과 취업 대행사들이 즉각적으로 입장을 표명하면서 저항하기 때문이다. 필리핀에서는 일부 힘 있는 정치인들이 취업 대행사를 소유하거나 혹은 밀접한 유대관계를 가지면서 사업적 이익을 보호하고자 해외이주 문호를 개방한다고 전해지고 있다. 이주 관련 NGO 역시 일정한 영향력을 행사하고 있다. 아키노 행정부의 여성이주 금지정책은 NGO와 기업들이 여성의 이동할 권리와 일할 자유를 주장하며 저항하자 곧 폐지되었다. 아시아의 여러 나라들은 필리핀과 대조적으로 이주NGO가 발달하지 않아서 여성이 가질 이동의 자유와 해외에서 일할 권리를 보장하는 데 영향을 미치지 않았다. 이주NGO가 상대적으로 충분히 발달하지 않은 방글라데시에서는 일부 NGO들도 여성이주에 대한 금지를 지지하였다. 그들은 외국인 고용주에게 '자신들의' 여성이 착취당하고 학대받는 현실로부터 보호한다는 방글라데시 정부의 입장을 지지하였다. 그러나 최근 몇 년 사이에 일부 NGO가 끊임없이 노력한 결과, 2003년부터 여성이주 금지정책을 폐지하였다.

여성의 해외 이주정책은 상충하는 갈등들을 정치적으로 협상하는 과정에서 나온 단순한 결과물이 아니며 단순한 경제적 타산에 의한 결과물도 아니다. 그것은 국민 정체성과 상징적인 젠더 정치학 간의 복합적인 상호작용에 따른 결과물이다. 사실상 여성 해외 이주정책은 종종 국회 토론이나 청문회를 거치지 않고 정치적 사슬의 윗선에서 결정된다.

여성 이주정책은 국가에게 있어 자신의 도덕적 입장을 사회에 알리는 가치 진술을 의미한다. 그러므로 이 정책들은 소수의 고위 공무원들에 의해서 대통령이나 장관 포고령의 형태로 작성되며 정부기관들이 실행하도록 한다. 특히 공공부문 지출을 위한 예산이 많지 않은 개발도상국의 경우 이러한 정책들이 전반적으로 아니면 적당한 수준으로도 실행되기 어려울 수 있다. 결과적으로 이 정책들은 실제적으로 확실한 성과를 이루기 위함이라기보다는 국민 정체성이나 젠더 가치를 표현하는 상징적인 현수막 기능을 한다.

국가정책들은 항상 가치를 담은 채로 '공적 얼굴'로서의 역할을 한다. 특히 여성 이주정책에 그러한데, 여성이 구현하는 가치와 상징적 의미 때문에 더욱 그렇다. 따라서 여성 해외 이주정책은 여성이주를 제한함으로써 가치를 '바로' 세우는 방식으로 진행되었다. 정책들이 원래 의도대로 기능하지 못한다 해도, 상황이 어떠해야 한다는 국가의 입장을 드러내기 위해 존재한다.

가치 중심의 해외 이주정책들이 완벽하게 시행되지는 않았지만 여성이주의 전체 수준에 영향을 끼쳤다. 1장에서 보았듯이, 여성 송출의 주요 국가들은 상대적으로 개방적인 여성 해외 이주정책을 채택하였지만 대부분의 '비송출국'에서는 제한적이거나 폐쇄적인 정책을 채택하였다. 방글라데시의 제한적인 해외 이주정책들은 여성들의 대규모 이주를 막았다. 송출정책에 있어 여성이주 합법화 여부는 이주 정책의 전체적 틀을 구성하는 데 중요한 요소로 작동했다.

그럼에도 불구하고, 이주정책이 분명 여성이주를 결정하는 유일한 요인은 아니다. 정책을 준수하지 않는 여성들은 항상 존재하였으며, 불복종의 수준은 국가들마다 다양하다. 한 예로 필리핀에서 쿠웨이트행 가사 노동자 이주를 금지했을 때, 금지조치는 무력화되었다. 많은 여성들이 비공식적인 경로를 통해서 이주했고, 실제 총 1만 4,000명의 여성이 걸프전 당시 쿠웨이트에서 일하고 있었다. 이와 대조적으로 자국의 가사 노동자에 대한 포괄적인 금지 정책에 반대하면서 해외로 나간 방글라데시 여성의 수는 상대적으로 적었다. 현지 학지들은 너무 높게 잡은 수치라 주장하는데 NGO 추정으로는 전 중동 지역에 4만 명의 가사 노동자들이 있다고 본다.[45] 이 수치는 방글라데시인들에게 합법적으로 고용된 가사 노동자를 합한 수치이다. 방글라데시 여성 노동력이 필리핀의 약 2배에 이르는 것을 고려할 때, 방글라데시 여성들이 훨씬 더 적게 해외이주를 한 것으로 보인다.

경제적 지표는 1인당 수입 면에서 방글라데시보다는 필리핀이 더 높은 것으로 나타난다. 그렇다면 왜 필리핀 여성이 방글라데시 여성보다 이주하는 데 더 적극적인가? 여성이주 양상을 이해하기 위해서는 여성이주에 대한 미시적 분석들이 중요하다. 다음 장에서 이주 여성의 사회경제적 지위와 가구 내 의사 결정권에 주목하여 살펴볼 것이다.

women

in

5. 집을 떠나는 여정:
여성의 자율성, 이주 그리고 함정 기제

motion

5장
집을 떠나는 여정: 여성의 자율성, 이주 그리고 함정 기제

　개발도상국에 사는 여성들이 해외에 나가 일하겠다고 결심하기란 쉬운 일이 아니다. 기혼 여성들은 해외에 나가 있는 동안 남편이 바람이라도 피우지 않을까, 자녀들이 보살핌을 잘 받을 수 있을까, 엄마의 부재를 감정적으로 잘못 받아들이지는 않을까를 걱정한다. 미혼 여성들은 나이든 부모나 어린 동생들을 걱정한다. 외국인 고용주로부터의 학대나 희롱에 대한 위험 역시 이들의 결정에 먹구름을 드리우는 요소이다. 사실상 이주는 대다수 여성들에게 삶에 중대한 변화를 가져오는 사건이기 때문에 여성들은 결정 마지막 순간까지 고민한다.

　그러나 일단 마음을 정하면 이주하고자 하는 결정은 확고해진다. 일부 여성들은 부모나 남편의 반대에도 불구하고 이주한다. 일부는 심지어 다른 가족 구성원과 상의조차 하지 않는다. 30대 초반의 활달한 성격을 가진 미리암은 남편이 반대할 것이라고 생각했기 때문에 출국 당일에서야 남편에게 외국에 일하러 간다고 말했다. 미리암은 웃으면서 "그날 아침 일찍 남편을 깨워 지금 말레이시아에 갈 거라고 말했어요. 남편은 너무 놀라서 저를 막으려고 했지만 그때는 이미 늦었죠!"라고 말했다.

　미리암의 사례는 다소 극단적인 경우이긴 하지만 많은 이주여성들의 이야기들이 국제이주를 분석하는 데 있어 여성의 자율성을 비중 있게 검토해야 한다는 사실을 보여주고 있다. 필리핀이나 스리랑카와 같은 주요 이주여성 송출국의 대다수 여성들은 다른 사람의 결정을 수동적으로 받아들였다기보다는 스스로 이주 여부를 결정했다. 반면 여성의 이주가 드문 방글라데시의 경우 여성은 의사 결정에 자율권이 거의 없었다. 여성의 자율성과 의사 결정권은 국제 여성이주의 인과 기제를 살펴보는 데 중요한 요소이다. 실제로 이전에 살펴본 것처럼 거시 정책만으로 이주 양상을 결정하지는 않는데 거시 정책이 개별적 행동들을 좌우하지는 않기 때문이다. 여성은 단순히 국가정책에 구속 되지 않고 스스로 생각하고 행동하며 때로 국가에 대항한다. 따라서 여성들의 행위성이 분석틀에 포함되어야 한다.

이번 장은 거시적인 정책에서 미시적인 개인으로 초점을 이동하여 이주 과정에서 필요한 여성 스스로의 역할을 강조한다. 첫째로, 이번 장은 여성들의 사회경제적 상황과 이념형을 제시함으로써 이주여성의 '얼굴'을 살펴본다. 그러고 나서 이주자들이 경험하는 사회화 과정을 세밀하게 조사한다. 사회적 연결망이 수행하는 역할과 개별 여성에게 미치는 '이주 문화'의 효과를 설명할 것이다. 이번 장의 세 번째 영역에서는 여성의 이주 결정에 여성의 자율성이 미치는 영향을 분석한다. 이를 위해 가족 내 성별 역할과 여성의 자율성이 어떻게 국제 여성이주 양상을 결정짓는지에 대해 논한다. 마지막으로 이주여성들의 해외 체류 기간을 연장하게 하고 한 번 이상 이주하도록 만드는 혹은 이 둘 모두를 가능하게 하는 '함정 기제' 개념을 제안한다. 일부 이주여성의 경우에는 학대나 다른 이유들 때문에 계약이 끝나기 전에 집으로 돌아오기도 하지만 대다수 이주여성들은 처음에 계획한 것보다 더 오랜 기간 머무르며 해외에서 일하기 위해 또 다른 계약을 체결한다. 이주여성들이 목적국에서 "함정에 빠지거나" 혹은 '순환 이주'라 불리는 현상처럼 왜 계속해서 이주하게 되는지를 탐구할 것이다.

이주여성: 그들은 누구인가?

이주여성은 대체로 시골 출신이며 빈곤하고 교육 수준이 낮은 여성이라는 이미지로 대표된다. 그러나 실제로 이들은 상당히 다양한 집단이다. 어느 나라에서 왔는지, 그리고 어느 나라로 이주했는지에 따라 다양한 사회경제적 배경을 가지고 있다. 사회경제적 지위로 보면 필리핀인이 아시아 이주여성 중에서 가장 높은 수준을 가지고 있다. 필리핀인들은 교육 수준이 높고 보다 전문적인 경험을 가지고 있기 때문에 목적국에서 더 높은 임금을 받는 경향이 있다. 반대로 방글라데시 이주여성들은 교육 수준이나 직업 경력의 측면에서 가장 낮은 단계를 차지하여 임금 수준 또한 낮다. 이번 장은 필리핀, 스리랑카, 방글라데시 여성 116명을 면접 조사한 연구자의 현지 조사에 기반을 두고 있다.[1) 앞에서 설명했듯이 방글라데시는 필리핀이나 스리랑카에 비해 이주하는 여성이 훨씬 적다. 현지 조사를 하던 당시 여전히 가사 노동자의 이주 금지가 존재했기 때문에 연구에 적합한 대상자는 열한 명에 그쳐, 이주여성에 대한 분석과 연관이 있는 아홉 명의 '준이주자'를 사례에 포함하였다. 그중 두 명은 곧 떠날 예정인 '예비 이주자'였고, 나머지 일곱 명은 중개업자에게 수수료를 지불했지만 중개업자가 직업을 알선하지 않은 채 속이고 사라져서 이주하지 못한 '이주 시도자'였다. 이 여성들은 실제 이주 경험을 하지는 않았지만 국제 여성 이주를 이해하는 데 있어 의미 있는 통찰력을 제공해 주었다.

인구학적 특징

이주여성들은 상대적으로 젊은 편이었는데 대다수가 이주 당시 20세~39세 사이의 여성이었다. 필리핀의 경우 현재 이주해 있거나 과거 이주 경험이 있는 여성의 59%가 20세~29세 사이였고 전체 필리핀 이주여성의 평균 나이는 29.6세였다. 스리랑카 이주자 역시 유사한 인구학적 수치를 보였다. 이들의 평균 나이는 30.5세였다. 이주 학자들은 일반적으로 스리랑카 이주여성의 나이가 더 많은 경향이 있다고 주장했다. 그러나 정부 통계를 보면 그런 경향은 사실이 아니다. 1990년대 후반 이후 스리랑카 이주여성들의 연령이 점차 낮아졌다. 2000년 이후 20세~24세 사이 연령대의 이주여성 수가 두 배로 증가했다.[2]

방글라데시에서 온 이주여성이 가장 어렸는데 평균 25세였다. 이들 중 대다수가 자국을 떠났을 때 20대 초반이었다. 방글라데시 여성들은 결혼을 일찍 하는 경향이어서 평균 18세에 결혼을 한다.[3] 저소득층 여성들은 그보다 더 일찍 결혼한다. 조혼 경향은 방글라데시 여성들이 20대 초반에 이미 성장기의 자녀를 두고 있으며 자녀 양육을 위한 추가 수입이 필요함을 의미한다. 여성들이 마흔 살 즈음이면 아이들은 이미 자라서 '결혼해 나가거나' 경제적으로 독립한다. 방글라데시 여성들은 평균 마흔 네 살에 퇴직한다.[4] 방글라데시 수도인 다카 내 빈민가슬럼에서 거주하는 이들과 인터뷰했을 때, 마흔이 넘은 여성들은 자신이 고된 일을 하기에 "너무 늙었기" 때문에 가사 노동자로 이주할 생각은 전혀 못했다고 말했다. 방글라데시의 평균 기대 수명은 59.4세[5]에 불과하며, 저소득층의 경우 마흔이 넘은 사람들은 대개 주된 노동력에 속하지 못했다.

대다수 이주여성들은 결혼을 했다. 그중 방글라데시 여성이 가장 높은 결혼율을 보였다. 60%의 여성이 기혼자였고 나머지는 별거 중이거나 사별한 경우였다. 방글라데시 여성 중 이주 당시에 미혼인 경우는 단 한 명도 없었다. 이는 조혼 현상과 더불어 미혼 여성이 혼자 멀리 외출하는 것을 금지하는 강력한 도덕적 규범 때문이다. 스리랑카 역시 결혼한 여성의 비율이 52%로 높았는데, 이는 방글라데시와 유사한 스리랑카의 사회적 관습을 반영한다. 비록 스리랑카에서 여성이 받는 사회적 압력의 정도가 방글라데시보다는 훨씬 적어 보이지만 말이다. 필리핀 여성들은 양분되는 경향을 보이는데 44%의 여성이 이주 당시 기혼이었고, 40%의 여성이 미혼이었다.

　　과거 연구들이 여성 이주자 중 기혼 여성의 비율이 높다는 점을 확인했지만6) 그 구성은 변하고 있다. 스리랑카 통계를 보면 국제 이주자 중 미혼 여성 비율이 지난 십 년간 점차 늘어나고 있다.7) 젊은 미혼 이주여성이 점차 증가하는 이주자의 인구학적 변화는 다음 6장에서 설명할 필리핀과 스리랑카의 사회적 환경 변화와 관련되어 있다.

교육 수준

　　필리핀 이주여성들은 스리랑카나 방글라데시 여성에 비교하여 교육 수준이 가장 높다. 그러나 모든 필리핀 이주여성들의 교육 수준이 이처럼 높은 것은 아니다. 필리핀 여성들은 종종 '대학 교육'을 받았다고 말하지만 대다수가 대학을 중도에 그만둔 경우에 속한다. 인터뷰 참여자 중 13%만이 대학에서 학위를 받았다. 15%는 학위를 받지 못하고 중도에 그만두었다. 다른 연구들은 필리핀 이주 가사 노동자 중에서 대학을 중퇴한 사람이 졸업한 사람보다 많다고 주장한다.8) 이들 중 대다수가 대학 다니기를 원했지만 경제적 어려움 때문에 중도에 학업을 그만두고 일을 해야 했다. 필리핀과 같은 학력 중심 사회에서 대학 학위가 없는 사람들은 대학 중퇴자라 할지라도 고교 졸업자와 똑같은 대우를 받는다. 게다가 필리핀의 노동시장이 포화상태인 점을 고려할 때 대표적인 고임금 직종은 최고 대학 졸업자들에게만 해당될 뿐 막강한 가족 연줄이 없는 중위권이나 하위권 대학 졸업자들에게는 해당되지 않는다. 그 때문에 필리핀에서 직업을 찾지 못한 고학력의 여성들은 해외에서 다른 기회를 찾고자 한다.

　　스리랑카 이주여성들도 대다수 저개발국 여성에 비해서 상대적으로 교육 수준이 높은 편이지만 필리핀 여성들에 비해서는 낮은 편이다. 스리랑카는 과거 사회주의 정책의 유산으로 여성들의 문맹률이 가장 낮은 나라로 알려져 왔다. 여성들의 문해율은 1970년대 초반에는 80%였고 2000년에는 거의 90%까지 증가했다. 그 해 모든 저개발국의 평균 여성 문해율은 66%에 불과했다.[9] 연구 참여자 중에서 스리랑카 이주여성의 6.3%가 대학 교육을 받았으며 10.4%가 '12학년 수준에 준하는 A 레벨' 시험을 통과했고, 52%가 '10학년에 준하는 O 레벨' 시험을 통과했다. 대학을 졸업한 여성의 비율은 그다지 높지 않았지만 대다수 여성이 적어도 중등 교육을 받았고 충분히 글을 읽을 수 있었다. 그러나 문자 해독률이 높다는 점과 적절한 교육을 받았다는 사실이 해외에 취업한 스리랑카 여성들에게 혜택을 가져다주지는 못했다는 사실에 주목할 필요가 있다. 10년 정도의 교육 수준을 가진 연구 참여자의 경우 모든 교육을 신할라어나 타밀어 같은 지역 언어로만 받았기 때문에 영어를 이해하거나 말하지 못했다. 그들 대다수가 영어로 간단한 회화 정도를 할 수 있었고 일부 단어를 읽을 수 있는 수준이었다. 그들 중 25% 정도가 자신들의 고용 계약서를 읽을 수 없었기 때문에 스리랑카를 떠나기 전에나 떠난 후에 무슨 내용인지도 모른 채 수많은 문서와 은행 수표에 서명을 했다.

　　방글라데시 여성은 세 집단 중에서 교육 수준이 가장 낮았다. 인터뷰한 열한 명의 이주자 중 한 명만이, 또한 아홉 명의 '준이주자' 중에서도 단 한 명만이 제도 교육을 받았다. 하지만 이들도 한 명은 3학년까지, 다른 한 명은 5학년까지만 학교를 다닌 상태였다. 나머지 이주자는 공식 교육을 받지 못했고 문자를 전혀 읽지 못했다. 그들 중 어느 누구도 읽거나 쓰는 것은 둘째치고 심지어 자신의 이름조차 쓰지 못했다. 이 여성들이 계약 문서를 이해한다는 것은 절대 불가능한 일이었다. 이 모든 상황은 일반적으로 교육 수준이 낮은 방글라데시 사회를 반영한다. 인터뷰 참여자들의 취학 연령이었던 1980년대에 방글라데시 여성의 단지 26% 정도가 5학년까지 마쳤다.[10] 방글라데시 여성의 문맹률은 여전히 높다. 2002년 성인의 문해율은 31.4%였고 청소년은 41.1%였는데 이는 개발도상국 여성들의 평균 문해율에 훨씬 못 미치는 수치이다.[11]

교육은 여성이주 과정의 중요한 요인이다. 교육이 그 자체로 여성의 이주 결정에 직접적인 영향을 미치지는 않지만 여성의 사고방식, 삶에 대한 태도, 사회적 신분 상승 욕구에 영향을 미친다. 필리핀과 스리랑카에서 여성들은 교육을 통해 외국 문화나 언어에 관심을 갖게 된다. 또한 도전에 직면할 용기뿐 아니라 새로운 경험을 시도하려는 자신감을 얻는다. 나아가 여성들은 더 나은 삶을 찾아가고자 하는 동기를 얻는다. 여성들은 고임금의 직업을 얻기 위해서 교육이 중요하다는 것을 알기 때문에 자녀나 형제자매들이 더 좋은 교육을 받을 수 있도록 지원하고 싶어 한다. 그러나 교육을 받는 데는 비용이 많이 들기 때문에 여성들은 해외로 나가 일할 수밖에 없다.

이와 대조적으로 방글라데시에서 저임금을 받는 대다수 여성들은 문맹이기 때문에 일반적으로 세계에 무관심하며 수동적인 경향이 있다. 저임금 노동을 하는 방글라데시 여성들은 심지어 자신이 속한 사회에 대한 일반 지식조차 부족하다. 인터뷰를 하는 동안 몇몇 여성들이 고용알선업체와 정부를 구분하지 못한다는 사실에 놀라곤 했다. 많은 여성들이 외국의 고용주는 물론이고 자신이 사는 마을의 바깥에 있는 외부인도 두려워한다.

교육을 거의 받지 못한 여성들은 대체로 삶을 개선하기 위한 새로운 도전에 흥미가 없다. 사회적 신분 상승은 대개 교육받은 사람에게 가능한 것이다. 빈민가나 가난한 마을에 사는 방글라데시 여성들은 교육을 사회적 신분 상승의 희망으로 여기지 않는 '빈곤 문화'[12] 속에서 삶의 대부분을 보낸다. 또한 이들은 열심히 일하면 보상받을 수도 있다는 사실을 배울 수 없다. 성공해 본 경험이 거의 없기 때문에 야망을 키우거나 높은 목표를 세우지 못한다. 이들 중 대다수가 경제적 궁핍을 운명으로 받아들인다. 이러한 사례들을 종합하여 볼 때 교육이 여성들의 사고방식을 형성하고 해외에 나가 일하고픈 동기를 부여하는 것이 분명하다.

직업적 배경

앞에서 살펴본 세 여성 집단이 과거에 종사한 직업 역시 매우 다르다. 이러한 차이는 교육 수준 차이를 반영한다. 대다수 필리핀 이주여성은 판매 사원, 비서, 간호사, 교사 등의 사무직종에 종사하였다. 인터뷰 참여자 중 15.1%만이 주부였다. 이와는 대조적으로 방글라데시와 스리랑카 이주여성들은 각각 60%와 55%가 해외로 이주하기 전 직업이 주부였다.

본 연구나 다른 연구의 결과를 통해서도 주로 수출자유지역에서 일하는 젊은 미혼 여성들이 이주여성의 다수를 차지한다는 기존의 오랜 통념이 잘못된 것임을 알 수 있다. 보통 수출자유지역의 고용 방식으로 인해 잠재적 이주여성 인력이 형성된다고 여겨졌다. 수출자유지역에는 농촌지역 출신의 젊은 미혼 여성들이 고용되었고, 이들은 시간이 지나 나이가 많아지고 임신을 하거나, 공장이 이전을 하는 등의 변화가 생기면 상대적으로 쉽게 해고되었다. 수출자유지역을 떠나게 된 여성들은 출신 지역의 사회와 도시 간의 '문화적 거리감' 때문에 실업 인구를 형성하며 도시에 머물렀다. 보통 이 여성들이 예비 이주자 집단을 구성한다고 가정되어 왔다.[13]

아마 일부 이주여성들은 이러한 설명과 일치할 것이다. 그러나 실증적 자료들은 이주여성의 직업적 배경이 기존의 추정보다 훨씬 더 다양함을 보여주고 있다. 많은 사례 연구들이 이주여성의 매우 일부만이 과거에 공장 노동자였음을 지적한다.[14] 연구 참여자 중 필리핀인의 17%, 스리랑카인의 8.5%, 방글라데시인의 5%만이 과거에 공장에서 일하였다. 게다가 이들 대다수가 수출자유지역 밖의 공장에서 일했었다. 이후에 살펴보겠지만 수출자유지역은 분명 많은 여성들을 고용했으나 따지고 보면 이 여성들의 노동력은 전체 여성 노동력 중에서 극히 적은 비율에 불과했다. 또한 현지 조사 결과는 과거 대다수 수출자유지역에서 일했던 노동자들이 해외로 이주하는 대신 국내에서 직업을 구했다는 사실을 보여준다. 수출자유지역으로 인해 다음 장에서 보다 자세히 다룰 주제인데 전체적으로 여성의 노동 참여에 대한 사회적 인정이 높아졌지만 자료에서 보다시피 수출자유지역과 국제 여성이주 간에는 직접적인 관련이 없다.

목적국별로 살펴본 이주여성 이력

이미 살펴본 것처럼 필리핀 이주여성이 세 집단 중에서 사회경제적 지위가 가장 높았고 그다음으로는 스리랑카 여성, 방글라데시 여성 순이었다. 이것이 일반적인 이주 집단의 특성인데, 이주여성의 이력은 목적국에 따라 상당히 다르다. 예를 들어 홍콩으로 이주한 여성들은 사무 직종 경력이 있는 경우가 많고, 중동 지역으로 이주한 여성보다 교육 수준이 높은 경향을 보인다. 조사에 따르면 홍콩에 사는 필리핀인의 57%가 대학에 다녔고 79%가 적어도 한 번은 사무직에 종사한 경험이 있다. 이와 대조적으로 아랍에미리트연합으로 이주한 여성들은 그들 중 8%만이 대학 교육을 받았고 12.5%만이 과거 사무직에 종사하였다. 스리랑카 이주여성 사이에서도 비슷한 차이가 발견된다. 이와 같이 홍콩에 경력이 더 우수한 이주여성이 모이는 이유는 홍콩의 임금이 더 높고 노동 조건도 더 낫기 때문이다. 게다가 홍콩 고용주가 영어를 잘 구사하는 교육 수준이 높은 노동자를 선호하기 때문에 고용알선업체들도 더 좋은 이력을 가진 여성들을 뽑는 경향이 있다2장 참조. 많은 가난한 여성들이 목적지로 중동을 선택하는데 이는 직업 기회가 많고 수수료가 더 낮기 때문이다. 필리핀인의 경우 중동 지역에서 일하기 위해서 250~400달러 정도를 지불하면 되지만 홍콩에서 일하기 위해서는 1,100~1,300달러를 지불해야 한다. 스리랑카인들은 중동 지역에 가기 위해 250~300달러를 지불하면 되지만 홍콩에서 일하기 위해서는 800~925달러를 현금으로 지불하거나 1,100~1,900달러를 소득에서 공제하는 방식으로 내야 한다. 저소득층 여성에게는 중동 지역이 보다 감당하기 쉬운 목적지임이 분명하다. 이주자들이 수수료를 감당하기가 수월하다는 것은 곧 이주자들 사이에서 인기가 없다는 것을 뜻했다. 교육 수준이 높은 이주자들은 특히나 더 악명 높은, 휴일이 없고, 근로시간이 길고, 괴롭힘의 위험이 높은 노동 조건 때문에 중동에서 일하고 싶어 하지 않는다.

　이 같은 지리학적 구분이 아시아 지역에만 한정되는 것은 아니다. 사실상 여성이주는 전 지구적으로 계층화되어 있다. 예를 들어 미국, 캐나다, 유럽에 거주하는 이주자[15]가 가장 높은 사회 경제적 지위를 가지고 있다. 즉 이주하기 전의 교육 수준이나 직업의 지위가 가장 높다. 이는 부분적으로 수요에 따른 결과이기도 하지만 동시에 이주자들이 반드시 지불해야 하는 이주 수수료 때문이기도 하다. 고용알선업체와 인터뷰한 결과 미국이나 캐나다의 일자리는 1인당 7천 달러, 이탈리아는 3천~5천 달러 이상을 수수료로 부과하고 있었다. 접수할 때 모든 비용을 지불하지는 않지만 출발 전에 상당히 많은 현금을 보증금으로 지불하도록 되어 있었다. 심지어 중산층 출신의 필리핀인들도 꽤 많은 보증금을 내기 위해 높은 이자로 돈을 빌렸다. 저소득층 여성들은 충분한 저축금이나 담보물이 없기 때문에 이런 목적으로 대출을 받는 것이 불가능했다. 물론 일부 사람들은 이런 문제 속에서도 방법을 찾는다. 예를 들어 어떤 이들은 여행 비자로 목적국에 입국하여 불법적으로 일자리를 찾거나 개별적 연결망을 통해 직업을 찾는 등 수수료를 지불하는 것을 모면한다보통 '직접 고용'이라 불린다. 그러나 일반적으로 북미와 유럽에서 합법적으로 일하는 이주여성들은 전 세계 이주여성 중에서 가장 높은 사회경제적 지위를 가지고 있다.

이와 대조적으로 아시아에서 일하는 대다수 이주여성들은 자격 요건을 덜 갖추고 있고, 사회적으로도 중산층보다 하위 계급에 속해 있다. 아시아에서 인터뷰한 많은 여성들이 북미나 유럽으로 가기를 꿈꾸었지만 그럴 수 있는 여력이 없었다. 홍콩이나 대만에 있는 이주 여성들은 상대적으로 교육 수준이 높고 기술이 있었지만 자원이 부족하여 미국이나 캐나다나 유럽으로 이주할 수 없었다. 중동 지역에 있는 이주여성들이 가장 가난하고 교육 수준이 낮았다. 여성 이주자의 배경과 동기를 분석할 때 이러한 차이를 고려하는 것은 중요하다.

왜 이주하는가? 이주여성 이념형

도대체 여성들은 왜 집을 떠나 다른 나라로 이주하는가? 경제적인 이유가 가장 근본적인 이유이다. 이주여성 모두가 가족을 부양하고, 집을 짓고 땅을 사고 자녀 교육비를 댈 목적으로 돈을 벌고 싶어 한다. 그러나 각 이주자의 경제적 필요 수준이 다르기 때문에 경제적 동기가 유일한 이유는 아니다. 북미와 유럽에 사는 중산층 필리핀 여성에게 있어 이주는 "가족 단위에서 보면 사회적 이동의 문제이고, 개인 단위에서는 모험과 경험의 문제"이다.16) 반면 중동에 있는 이주여성들은 대부분 저소득층에 속하고 가정이 심각한 경제적 어려움에 처해 있기 때문에 이주한다.

아시아 이주여성 간의 이러한 다양성을 고려할 때 이주 동기를 일반화하기는 어렵다. 여성의 경제적 필요는 목적국에 따라서 다를 뿐 아니라, 나이, 결혼 여부, 삶의 단계 등에 따라 다르다. 그럼에도 이주여성의 근본적인 이주 동기를 분류하는 것이 유용하리라고 생각한다. 이를 연구하고자 베버의 개념인 '이념형'을 사용하였는데 이런 이념형은 이주여성 개개인의 정확한 상황을 대표하지는 않으나 대략적으로 간추려 파악할 수 있으므로 용이하다. 모든 이주여성을 완벽하게 분류할 수 있는 분류체계를 구성하기란 불가능하다. 인간의 동기가 복잡하기 때문이다. 많은 이주여성과 인터뷰를 한 후 이주 동기가 단순하지도 간단하지도 않다는 것을 알게 되었다. 물론 이주자 대다수가 해외에서 일함으로써 금전적인 이익을 얻고 자신과 가족을 위해 저축할 수 있기를 바란다. 그러나 때때로 경제적 요인 외의 가족 문제와 같은 다른 요인이 섞이거나 심지어 다른 요인들이 경제적 필요보다 우위에 있는 경우도 있다. 따라서 여성이주의 근본적인 원인을 개별 수준에서 파악할 최선의 방법으로 이주자 개개인의 최우선적 동기를 분리해 내고, 이를 이주여성의 동기를 대표하는 이념형으로 구성하고자 하였다.

현지 조사를 바탕으로 다섯 개의 이념형을 제시하면, a) 모험심 강한 여성 b) 순종적인 딸 c) 훌륭한 부인이자 어머니 d) 절망적인 여성 e) 빈곤 여성이 있다. 물론 이들은 막스 베버의 개념에 따른 이념형에 불과하기 때문에 일부 여성은 두 개나 두 개 이상 분류에 속할 수도 있다. 사실 대다수 여성들이 복수의 분류에 속할 것으로 보는데 개개인의 동기라는 것이 매우 복잡하기 때문이다. 주로 가족을 돕기 위해 이주했다고 말하는 미혼의 '순종적인 딸'들도 시간이 흐른 후에 사실은 외국을 구경하고 다른 문화를 경험하고 싶었다고 말한다. 그러나 이념형은 이주여성의 구체적인 동기를 부각하는 데에 여전히 유용하다. 이후부터는 다섯 가지 이념형을 먼저 설명하고 각 이주 동기를 전형적으로 보여주는 이주여성 사례를 제시할 것이다.

"모험심 강한 여성"

첫 번째 이념형은 '모험심 강한 여성'이다. 이들은 모험을 하기 위해 해외로 일하러 가기로 결정한 여성들이다. 모험심이 많은 여성들은 두 집단으로 구분된다. 첫 번째 집단은 결혼하지 않은 젊은 여성들 중 어느 정도 교육을 받은 여성들로 구성된다. 이 집단은 지역에서는 좋은 직업을 찾지 못한 대학 중퇴자나, 유명하지 않은 대학 졸업자들이 포함된다. 중산층 대가족에서 자란 어린 딸들도 이 분류에 속한다. 이 여성들은 학교에서 외국에 대해 배우면서부터 해외에서 일하고 싶은 마음을 갖게 되었거나 해외에서 일한 경험이 있는 친구 또는 친척에게 재미있는 이야기를 들은 경우다. 더 수가 적은 두 번째 집단은 결혼을 하지 않고 자녀도 없는 중년 여성들이 해당된다. 일부 여성은 별거 중이거나 이혼을 했고 혹은 남편과 사별하여 부모나 형제자매와 지내는 경우이다. 이들 중 많은 수가 임금이 낮고 직업 이동성이 제한적인 사무 직종에 속하는 교사이거나 공무원이거나 판매 사원이다. 이 두 집단의 대다수 여성들은 극심한 생계 문제를 겪고 있지는 않지만 하위 중간 계급에 속하며 해외는커녕 국내여행조차 할 형편이 아닌 경우들이다. 비행기를 타고 외국에서 살 기회가 주어지는 해외 고용은 이들에게 매력적이다.

이 같은 여성 대다수가 해외에서 새로운 경험을 얻고자 하는데 그렇다고 해서 경제적 동기가 전혀 없는 것은 아니다. 오히려 이들은 미디어에서 자주 보는 '중산층의 삶', 즉 좋은 집을 사고, TV·비디오·DVD·오디오 등의 가전제품과 보석, 화장품, 디자이너가 만든 옷 등 값비싼 물건들로 집을 가득 채우는 그런 삶을 꿈꾼다. 자녀가 없는 대다수 젊은 미혼 여성들은 기혼 여성보다 재정적 책임이 덜하기 때문에 소비에 더 강렬하게 끌린다. 이 여성들은 소비를 과시하기 위해 더 많은 소득을 갖기를 원한다. 자녀가 없는 중년의 미혼 여성들도 이런 성향을 어느 정도 가지고 있지만 일반적으로는 퇴직 연금을 재정적으로 잘 굴릴 방법을 고민하고, 새로운 사업을 시작할 충분한 자금을 마련하기 위한 방법으로 해외 고용을 생각한다. 사회적 안전망이 취약한 개발도상국에서 많은 노년층 인구가 자녀에게 경제적으로 의지한다. 자녀가 없는 여성들은 나이가 들었을 때 더 많은 재정적 자금이 필요하다. 아래의 이야기는 전형적으로 '모험심 강한 여성'인 엘레니타와 칸티의 이야기다.

엘레니타: 미혼의 어린 '모험가'

엘레니타는 마닐라 외곽의 한 마을에 사는 젊고 매력적인 필리핀 여성이다. 그녀는 2년간 키프로스에서 무희로 일했다. 엘레니타는 겨우 열아홉 살이었을 때 필리핀을 떠났다. 고등학교를 졸업하고 유럽으로 가기를 꿈꾸었던 그녀에게 이미 키프로스에서 무희로 일하고 있던 친구가 그곳에서 함께 일하자고 부추겼다. 얼마 지나지 않아 그녀가 사는 마을에 고용알선업체 직원이 업무차 왔고, 그녀는 직원과 만나 키프로스에 무희로 가게 되면 알선업체 수수료를 지불할 필요가 없다는 사실을 알게 되었다. 결국 그녀는 키프로스에 가기로 결정했고 계약서에 서명했다.

엘레니타는 키프로스에 도착하여 댄스 클럽에서 하루에 4시간씩 일하기 시작했고 한 달에 350달러를 벌 수 있었다. 그녀는 어린 동생들이 딸린 대가족 출신이지만 가족부양을 염두에 두지는 않았다. 가족에게는 몇 차례 적은 액수의 돈을 부쳤을 뿐이다. 그녀는 자신을 위해서 저축을 하지도, 투자를 하지도 않았다. 그녀에게 월급으로 무엇을 했는지를 물었을 때, 웃으며 이렇게 대답했다. "CD를 사고, 전자제품을 사고, 보석을 많이 샀어요!" 엘레니타가 필리핀으로 돌아왔을 때 사우디아라비아에 가는 남동생의 알선업체 수수료를 내기 위해 자신의 모든 보석을 팔아야 했다. 그녀가 키프로스에서 번 돈이 모두 사라졌지만 그녀는 "그렇지만 적어도 경험은 남았잖아요"라고 말했다. "다른 나라에서 온 사람들을 많이 만났거든요. 내 동료 무희들은 마케도니아 사람도 있고, 유고슬라비아 사람도 있고, 태국 사람도 있었어요. 내 옆에 앉은 고객들도 다양한 국적의 사람들이었지요, 아랍인, 유럽인, 그리고 일본인 등등이요. 많은 것을 배웠어요." 그녀는 자신이 얻은 경험에 매우 행복해 했고, 다시 해외에서 일하고 싶어 했다.

칸티

칸티는 46세의 미혼 여성으로 홍콩에 사는 스리랑카 출신 가사 노동자이다. 스리랑카에서 산부인과 사무원이라는 좋은 직업을 가지고 있었지만 그녀는 "모험을 해 보고 싶어서" 직장을 그만두고 1982년에 이주했다. 처음에는 쿠웨이트로 이주하여 가사 노동자로 3년간 일했다. 그러고 나서 1986년에 요르단으로 이주하여 2년간 간병인으로 일했다. 1989년에 홍콩에 왔고, 우리가 만났을 때는 10년째 거기서 일하고 있었다. 칸티의 부모님은 오래전에 세상을 떠났고, 한 명뿐인 자매는 결혼을 했기 때문에 당분간 누구를 부양할 필요가 없었으나 1989년에 자매가 이혼을 했고 그 후 칸티는 자매와 다섯 조카를 부양했다. 17년간 외국에서 일한 칸티는 저축을 하고 스리랑카에 집을 사고 상당한 땅을 구입했다. "이제는 정말 돈이 필요 없어요"라고 칸티는 말했다. "사람들은 제게 왜 홍콩에서 일하냐고 물어봐요. 저는 많은 것을 배우기 위해서라고 말해요. 돌봐야 할 친구들도 많고요."

칸티는 먼저 이주한 선배로서 홍콩에 갓 들어온 다른 젊은 스리랑카 이주노동자들을 돕는다. 매주 일요일마다 칸티는 시내 공원에서 열리는 스리랑카 이주자 모임에 참여한다. 그곳에서 그녀는 친구들의 문제를 귀담아 듣고 조언을 해준다. 다른 친구들을 도와주면서 기쁨을 느끼고 성취감을 느낀다. 그녀는 공동체 리더로서 존경받는 것을 즐긴다. 나는 칸티에게 스리랑카로 돌아가고 싶은지를 물었다. "당분간은 아니에요"라고 그녀는 대답했다. "여기에서 저는 자유로워요. 스리랑카에서는 사람들이 너무 많은 것을 물어봐요." 스리랑카에서는 여성에게 결혼에 대한 사회적 압박이 너무 강하여 왜 결혼을 안 하고 해외에서 일하는지를 물어본다. 칸티는 이런 질문들을 피하고 싶어 하며 해외에서 일하는 미혼 여성들에 대한 사회적 낙인을 맞닥뜨리고 싫어 하지도 않는다. 칸티는 어느 누구도 이런 문제들에 대해 자신에게 귀찮게 물어보지 않는 홍콩에서 행복을 느낀다. 칸티는 가능한 한 오래 홍콩에서 살고 싶다고 말했다.

"순종적인 딸"

많은 학자들이 개발도상국의 여성들이 반드시 산업 국가의 여성들보다 가족 중심적인 것은 아니라고 주장해 왔다. 여성들 중 많은 수가 자신만을 위한 돈을 벌고, 부모 통제로부터 벗어난 자유를 꿈꾸며 새로운 경험을 하고 싶어 한다.[17] 이러한 사실에 전적으로 동의하지만 일부 여성들은 효도나 가족에 대한 의무감이 적어도 초기에는 이주의 동기인 경우가 있다. 이런 이념형에 속하는 여성들은 대부분 미혼에, 동생이나 어린 조카들이 많은 대가족 출신이었다.

'순종적인 딸'들은 주로 부모를 부양하기 위해서 또는 형제자매들의 교육을 뒷바라지하기 위해서 해외로 이주했다고 말한다. 때로 가족 구성원이 아픈데 가족들이 비싼 약값을 감당할 수 없기 때문인 경우도 있다. 그래서 여성들은 미혼인 데다가 돌봐야 할 자녀도 없는 자신이 해외에 나가 일하여 가족 모두를 위한 돈을 버는 것이 의무라고 여긴다. 자신이 해외로 이주하기에 가장 적합한 위치에 있다고 생각하는 것이다. 일단 이주를 하고 나면 이들은 가족에게 매달 거의 월급 전액에 가까운 많은 돈을 보낸다. 그러나 뒤에서 살펴보겠지만 가족 구성원들은 때로 이들이 보낸 돈을 낭비하기도 한다.

일부 미혼 스리랑카 여성들은 부분적으로 자신들의 지참금을 모으기 위해 이주한다. 지참금 제도는 대다수 남아시아 국가에서 법적으로는 폐지되었지만 모든 계급에게 관습으로 여전히 남아 있다. 전통적으로 지참금은 딸을 둔 부모가 결혼식에 제공하는 돈이었다. 부모가 지참금을 많이 지불할 형편이 되지 않는 경우 딸들은 극심한 스트레스를 받는다. 지참금이 너무 적어서 또는 지참금이 아예 없어 결혼할 때 문제가 발생하거나 시댁 식구들과의 갈등 또는 신체적인 학대가 일어날 것을 우려한다. 방글라데시에서 1980년에 지참금 금지법과 1983년에 여성학대법을 제정했음에도 불구하고 지참금 제도는 여전히 여성을 대상으로 한 폭력의 주요 원인으로 남아 있다. 최근 몇 년간 부인에 대한 지참금 관련 폭력이 방글라데시에서 증가했고, 이는 심각한 사회문제로 대두되었다.[18]

스리랑카에서는 지참금이 많을 필요는 없지만, 역시 사람들 대다수가 지참금이 충분하면 여성이 행복한 결혼 생활을 유지하고, 시댁 가족에 순조롭게 정착한다고 여긴다. 부모가 가난하거나 자매가 많은 여성은 위험한 결혼을 감수하거나 스스로 지참금을 마련해야 한다. 일부 딸들은 후자를 택하여 일을 하고자 해외로 이주한다. 홍콩에서 일한 경험이 있는 23세의 스리랑카 여성인 랄리타는 지참금용으로 1만 5,000루피와 자신의 미래를 위해서 2만 5,000루피가 필요하다고 말했다. 자신의 지참금을 스스로 버는 여성들은 그들 자신뿐 아니라 딸의 지참금 마련에 고생해야 했을 부모를 도와주는 것이다. 자신의 지참금 마련을 위해 수입의 상당 부분을 따로 떼어내 모으는 과정에서 가족이 겪는 고통을 보며 이들은 죄책감을 느낀다. 이런 의미에서 순종적인 딸들은 자기 자신을 위해, 그러나 동시에 가족을 위한 이타적인 마음이 혼재된 동기를 가지고 이주한다.

필리핀에는 지참금 제도가 없기 때문에 필리핀 가사 노동자들이 지참금에 대해서 걱정할 필요는 없다. 그렇지만 많은 필리핀인들은 주로 가족과 형제자매를 부양하기 위해 이주한다. 다음에 살펴볼 아멜리아는 전형적인 '순종적인 딸'이다.

아멜리아
아멜리아는 아랍에미리트연합에서 일하는 필리핀 가사 노동자이다. 그녀는 가난한 대가족 출신이다. 아랍에미리트연합에 오기 전 그녀는 부모와 형제자매 그리고 조카 두 명과 살았다. 아멜리아는 고등학교를 졸업하자마자 일자리를 찾았으나 찾지 못했다. "쇼핑몰과 같은 곳에서조차 젊은 대학 졸업자만을 뽑았어요. 고졸은 뽑지 않았죠." 아멜리아의 아버지는 땅이 하나도 없는 소작농이었고 수지를 맞추기조차 어려운 삶을 살았다. 그녀의 남자 형제는 재단사로, 여자 형제는 미용사로 일했지만 둘 다 시간제 근무로 임금이 낮았다.

아멜리아는 홍콩에 사촌이 있었고 사우디아라비아에는 조카가 있었다. 이들 모두 가사 노동자로 일하고 있었다. 그녀에게 이들은 '꽤 성공한 것처럼' 보였고 이들을 보며 해외에서 일하고 싶은 마음을 키워 갔다. 그러다 아멜리아 사촌 중 한 명이 홍콩에서 돌아와 고용알선업체에서 일하기 시작했는데, 사촌이 아멜리아에게 자신의 노동 경험을 이야기해 주며, 싱가포르에 있는 일자리에 지원하라고 제안했다. 그녀는 그때를 회상하며 말했다. "우리 가족은 가난했고, 부모님은 연세가 많았어요. 부모님이 돌아가시기 전에 좋은 생활을 할 수 있게 해 드리고 싶었어요." 1991년, 자신의 형제자매, 친구들과 상의한 후에 그녀는 2년 동안 싱가포르에서 가사 노동자로 일하기로 결정했다. 아멜리아는 이런 결정이 자신에게 엄청난 도전이 되리라는 것을 알았다. 그녀는 어떻게 요리하는지조차 몰랐기 때문이다. 그렇지만 일단 도전하기로 했다. 떠나는 날이 되어서야 부모님께 알렸다. 부모님은 충격을 받았지만 그녀를 말리지는 않았다. "우리 부모님은 그저 울기만 했어요. 그리고 너무 가난해서 미안하다고 했어요."

아멜리아는 고용알선업체에 계약금으로 7,500페소의 수수료를 지불하고 싱가포르로 갔다. 나머지 수수료는 6개월간 그녀의 월급에서 제해졌다. 저축을 해 둔 돈이 없었기 때문에 그녀는 사촌에게 돈을 빌려 싱가포르로 떠날 수 있었다. 아멜리아는 싱가포르에서 열심히 일하여 자신의 월급 전부를 집안의 가계를 관리하는 동생에게 보냈다. 그녀의 여동생은 그 돈으로 음식, 옷, 텔레비전을 사고 딸의 교육비로 썼다. 돈을 투자하거나 저축하지는 못했다. 아멜리아가 싱가포르에서 2년간의 계약을 마치고 필리핀으로 돌아왔을 때 이미 모든 돈은 사라진 뒤였고 가정 형편은 예전과 달라진 바가 없었다.

"훌륭한 부인이자 어머니"

이번 이념형에 속하는 이주여성들은 기혼이고 일부는 자녀가 있는 경우이다. 이들은 가족 구성원이 더 나은 삶을 살기를 원한다. 자신들이 먹고살기에 충분한 돈을 벌 수 없으며 자녀들에게 좋은 교육을 시킬 수도 없는 현실을 알고 있다. 이 여성들 중 일부는 남편이 실직했거나 건강이 좋지 않아 스스로가 가장이 될 수밖에 없는 경우이다. 대다수 '훌륭한 부인'이자 '좋은 엄마'인 이들은 상황이 그렇지 않았더라면 절대로 이주하지 않았을 것이라고 말한다. 몇몇에게는 외국 문화가 매력적인 요인이었지만 대다수 '훌륭한 부인이자 어머니'인 그들은 모험이나 새로운 경험에는 관심이 없었다. 이들에게 다른 문화를 경험해 보고 싶지는 않았느냐고 물었을 때 일부는 화가 난 표정을 지었다. 이들의 전형적인 대답은 "여기서 일하는 이유는 오로지 내 남편과 자녀의 미래를 위해서예요. 제 자신을 위해서가 아니라고요"였다. 이들은 자녀를 집에 남겨두고 해외에서 일하는 것에 대하여 죄책감을 느꼈다. 그러나 한편으로는 자녀에게 더 좋은 미래를 물려주고 싶다는 열망이 강했다. '더 나은 미래'라는 것은 자녀들이 고등학교와 대학교 모두 사립학교 교육을 받는 것을 의미했다. 특히 필리핀의 경우 공립 교육의 질이 낮다고 인식되기 때문에 많은 사람들이 자녀를 사립 고등학교나 대학에 보내고 싶어 한다. 방글라데시와 스리랑카에서의 '자녀를 위한 보다 나은 미래'는 지참금을 많이 주는 것을 말한다. 앞서 살펴본 것처럼 일부 딸들은 자신의 지참금을 모으려고 이주한다. 같은 이유로 일부 어머니들도 딸의 지참금을 벌기 위해 해외로 이주한다. 딸들이 많은 가족의 경우 어머니는 지참금으로 줄 충분한 돈을 모으기 위해 수년간 해외에서 일해야 할지도 모른다.

'좋은 부인'은 남편을 돕고자 한다. 연구자가 인터뷰한 여성 중 일부는 남편의 빚을 갚거나 의료비를 충당하기 위해 이주했다. 연구자가 보기에 필리핀 출신의 많은 이주여성들이 사업가적 기질이 있었다. 이 여성들은 남편이 소규모 사업을 시작할 수 있도록 돈을 모았다. 이들 중 일부는 그런 목적으로 지프니_{지역 교통수단인 변형된 트럭}나 삼륜 오토바이_{승객석을 만든 오토바이}를 구입했다. 다른 여성들은 필리핀으로 돌아온 뒤 사리사리 스토어_{Sari-Sari store, 소규모 식료품점}를 차렸다.

스리랑카의 '좋은 부인'들은 사업을 시작하는 데는 흥미가 없었다. 일반적으로 이들의 목표는 남편의 채무변제, 가족 생계비, 토지와 주택 구입, 자녀 학비, 딸의 지참금 마련을 위한 저축 등 남편과 자녀의 필요를 충족하는 것이었다. 일부는 해외에서 벌어들인 돈으로 옷가게를 차리는 데 쓰기도 했지만 이들 중 어느 누구도 남편 사업을 돕지는 않았다.

사업에 가장 관심이 없는 여성은 방글라데시 여성들이었다. 이들 중 어느 누구도 사업을 시작한다거나 자신이나 남편을 위해 돈을 투자하는 데 관심을 갖지 않았다. 가장 최우선적인 목표는 가족을 먹여살리고 옷을 입히는 등 하루하루 생존하는 것이었다. 어쨌든 이 여성들이 해외에서 번 돈은 사업을 시작하기에는 매우 적었지만 이러한 사업가적 기질 부족은 아마도 교육 수준이 낮기 때문인 듯하다. 아무래도 기본적인 교육을 받지 않으면 삶의 목표와 계획을 세우기가 어렵다. 인터뷰한 대다수 여성들은 목표를 설정하거나 전략적 차원에서 생각하는 데에 서툴렀다. 극심한 빈곤 또한 중요한 원인이다. 이들 모두가 소유지가 없는 사람들이었기 때문에 이들의 우선순위는 집을 사고 땅을 사서 월세 걱정을 할 필요가 없게 되는 것이었다.

세실과 아멜리아는 필리핀에서의 전형적인 '훌륭한 부인과 어머니'를 보여주는 사례이다. 위의 '순종적인 딸'에서 언급했던 아멜리아는 이번에 다시 등장한다. 아멜리아 사례는 순환 이주의 과정과 이주 여성에게 일어난 삶의 단계의 변화를 보여준다.

세실

세실은 홍콩에 사는 35세의 필리핀 이주여성으로 가사 노동자로 6년간 일했다. 세실은 결혼을 했고, 그녀가 집에 돌아오기만을 기다리는 아들 한 명과 딸 두 명을 둔 엄마이다. 세실은 필리핀에서 돈을 잘 버는 직업을 찾을 수가 없었는데, 그녀가 대학을 졸업하지 못한 것이 한 이유였다. 세실은 대학을 한 해 동안 다녔으나 경제적인 이유로 졸업하지 못했다. 이후 직업 학교에서 비서 자격증을 취득했으며 퀘존 시티에 있는 신발 공장에 잠시 다녔다. 공장을 나온 후 세실은 NGO에서 일자리를 찾았다. 그러나 그곳에서 받는 월급에 남편의 월급을 합해도 최저 생계비 정도였기 때문에 세실 가족은 먹고살기가 어려웠다.

그러나 그마저도 남편의 사업에 문제가 생기면서 이들의 경제적 상황이 급격히 악화되었다. 남편은 친구 세 명과 함께 대나무 가구를 파는 가게를 열었다. 그들 중 한 명이 지역 공무원이었고 지역 사회 지도자였기 때문에 남편과 다른 친구들은 그를 완전히 신뢰했고 자신들의 저축금 대부분을 그 사업에 쏟아부었다. 이들이 공동 출자한 지 얼마 지나지 않아 그 공무원은 모든 돈을 빼내어 자신의 사업에 사용하고 가게는 문을 닫게 만들었다. 세실의 남편과 다른 두 동업자는 돈을 돌려받으려 애썼지만 결국 받지 못했다. 이렇게 이들은 자신들이 모은 돈 전부를 잃었다.

세실은 남편의 빚을 갚고 경제적 위기를 극복하기 위해 해외로 이주할 결심을 했다. 세실의 두 자매 역시 당시 홍콩에서 일하고 있었기 때문에 일자리를 찾아 달라고 요청할 수 있었다. 얼마 지나지 않아

이들 중 한 명이 세실의 일자리를 찾았다고 이야기했다. 세실은 곧장 홍콩으로 가서 일하기 시작했다. "가족을 떠나는 것은 너무 힘든 일이 었어요"라고 세실은 회상했다. "그렇지만 제게는 그 어떤 선택의 여지도 남아 있지 않았어요." 세실은 향후 2년 더 홍콩에서 일할 준비를 하고 있었다. "그때까지 일하면 가족을 위한 돈을 충분히 저축할 수 있을 거예요."

주목할 것은 이주여성들의 목표가 시간이 지남에 따라 변한다는 것이다. 일부 미혼의 '모험심 많은 여성들'과 '순종적인 딸들'은 '훌륭한 부인이자 어머니'로 변했다. 이 여성들은 결혼한 후에 다시 이주했다. 그러나 이들이 다시 이주할 때 가진 목표는 자신이나 부모를 부양하기 위해서가 아니라 남편과 자녀를 부양하기 위해서였다. 다른 사례로는 이주여성들의 해외 체류가 길어지면서 가족 상황이 변화하는 경우가 있다. 이들이 오랫동안 집을 떠나 있으면서 결혼 관계에 문제가 생기고 이로 인해 일부 여성들은 별거나 이혼을 하게 된다. 가장 보편적인 파경 사유는 남편의 외도이다. 그렇게 되면 이 여성들은 '공식적인 생계 부양자'가 되고 이들의 목표는 자신과 자녀를 부양하는 것으로 전환된다. 앞에서 살펴본 부모를 돕고자 했던 '순종적인 딸'인 아멜리아도 이런 변화를 겪는다.

아멜리아: '순종적인 딸'에서 '좋은 어머니'로

싱가포르에서 2년간의 이주노동을 마친 후 아멜리아는 필리핀으로 돌아와 결혼을 했다. 그러나 얼마 지나지 않아 그녀의 남편이 말레이시아에서 웨이터로 일하기로 결정했고, 그녀는 남편을 따라 말레이시아로 가서 웨이트리스로 1994~1997년까지 일했다. 이들은 1997년에 딸을 낳았다. 그러나 이들의 관계가 삐걱거리기 시작했고 끝내 1998년, 별거를 하게 되었다. 아멜리아는 재정 면에서 불안감을 느끼고 해외에서 다시 일을 해야겠다고 결심했다.

아멜리아의 목표는 부모님과 형제자매를 돕는 것에서 딸에게 더 나은 미래를 보장하기 위한 것으로 전환됐다. 아멜리아는 같은 고용 알선업체를 통해 지원을 했고, 아랍에미리트연합의 아부 다비에서 가사 노동 일자리를 얻었다. 아멜리아의 어머니는 "가지 마라, 언니 일을 도와주면서 그냥 여기 머물러라"고 말하며 그녀에게 다시 해외로 나가지 말라고 설득했다. 아멜리아는 아버지가 세상을 떠났기 때문에 어머니가 자신이 곁에 있어 주기를 바란다고 생각했다. 그럼에도 아멜리아는 딸에게 더 나은 교육과 삶을 주기 위해 돈을 벌고자 집을 떠났다.

아부 다비에서 아멜리아는 아침 5시 반에 시작하여 밤 11시까지 일하고 한 달에 740디르함을 벌었다. 휴일은 없었다. 아멜리아 방에는 침대가 없었기 때문에 바닥에서 자야했다. 아멜리아의 고용주는 음식을 매우 적게 주었고 아예 주지 않을 때도 있었다. 아멜리아는 이런 노동 조건을 견딜 수 없어 필리핀 대사관으로 도망쳤다. 아멜리아는 어려움을 겪었지만 자신의 경험을 좋게 기억한다. 이주를 통해 자신이 더 독립적으로 변화하고 자신감을 얻은 것 같다고 느낀다. 아멜리아는 가능한 한 빨리 아랍에미리트연합을 떠나 홍콩에서 또 다른 일자리를 얻고 딸을 위한 저축을 계속하기를 바란다.

"절망적인 여성"

'절망적인 여성'은 가족 내 문제에서 자유로워지기 위해 이주한 경우이다. 이런 여성들 중 일부는 시댁 식구와 문제가 있어 시댁 식구의 괴롭힘으로부터 탈출하기를 원한다. 또 다른 여성들은 남편이 학대하거나 알코올 중독이거나 외도를 하거나 부인을 여러 명 둔 경우이다. 후자의 경우 남성들이 재정적으로 가족을 부양하는 것이 불가능하기 때문에 여성들이 주로 생계 부양자의 역할을 떠맡아야 한다.

절망적인 여성들은 이런 상황을 해결하기 위해 노력했으나 모든 일이 허사로 돌아간 경우였다. 따라서 이 여성들은 해외에서 일하는 것을 자신들이 처한 혹독한 현실로부터 도피할 수 있는 최선의 방법이라고 생각한다. 이 여성들은 충분한 돈을 벌어 새로운 사업을 시작하고, 경제적으로 독립하여 남편과 시집 식구에게서 영원히 떠날 수 있기를 희망한다. 이들은 해외 고용이 자신들의 많은 문제를 풀 수 있는 해결책이라고 인식한다. 파시타와 메르세디타는 아랍에미리트연합에서 일하고 있는 절망적인 여성인 경우였다.

파시타

파시타는 두바이에서 가사 노동자로 일하는 27세 여성이다. 그녀는 마닐라 출신으로 1998년 10월에 두바이에 발을 내딛었다. 인터뷰 당시 파시타는 일 년 정도 일한 상태였다. 파시타는 결혼을 했고 아이가 두 명 있었는데 필리핀에 있는 시어머니가 아이들을 돌봐주고 있었다. 그녀는 남편으로부터 벗어나기 위해 집을 떠나 해외로 이주했다. 남편과의 결혼 생활은 시작부터 어려웠다. 어부였던 남편은 결혼하자마자 일자리를 잃었다. 그 후 남편은 한시적으로 일하면서 약간의 돈을 벌었지만 가족을 부양할 만큼은 벌지 못했다. 4년 동안 파시타는 이웃 마을의 의류 공장에서 일했고 하루에 130페소를 벌었다. 부부가 버는 수입은 딱 먹고살 만큼이었다. 그러나 경제적인 문제가 부부의 주요한 갈등 원인은 아니었다. "남편과 문제가 많았어요." 파시타는 말했다. "남편은 여자가 많았어요." 게다가 남편은 때로 그녀를 학대했는데 부부싸움이 일어날 때마다 폭력을 휘둘렀다.

친구들이 파시타에게 외국에서 사는 것이 좋겠다고 말했을 때 파시타는 즉시 동의했다. 그녀는 한 친구가 일하던 고용알선업체를 통해 두바이의 가사 노동 일자리를 찾았다. 파시타는 집을 떠나기 전 자신이 얻은 새로운 일자리를 오직 자매에게만 이야기했다. "내 자매는 그 결정을 지지해 주었어요. 우리 엄마에게조차 알릴 수 없었죠. 제가 이곳에 온 뒤에야 엄마는 알게 되었어요." 파시타는 두바이에 도착할 때까지도, 남편에게 자신의 이주 사실을 알리지 않았다. 남편이 파시타가 해외에서 일하는 것에 대해 어떻게 반응했는지를 물었을 때 그녀는 "남편은 아무 말도 안 하더군요"라고 대답했다.

메르세디타

메르세디타는 가난한 집안 출신이다. 메르세디타는 고등학교를 졸업하자마자 열일곱 살 때부터 마닐라에 있는 의류 공장에서 일을 했다. 메르세디타는 대학에 가고 싶었지만 집에서 학비를 대줄 수 있는 형편이 아니었다. 몇 년간 일을 하던 중에 남편을 만났고 곧 임신을 했다. 메르세디타는 아들을 낳고 나서 남편과 시댁 식구들과 함께 이사를 했다. 당시 남편은 경찰학교를 다니는 학생이었기에 결혼 대신 약혼을 하고 남편이 졸업한 후에 결혼했다.

시댁에서 시집 바로 맞은편에 있는 작은 원룸을 얻어 주었다. 남편의 형제 네 명은 이미 결혼해서 자녀가 있었다. 시댁 식구들은 모두 근처에 살았고 메르세디타의 일에 자주 참견했다. 이런 참견은 점차 그녀에게 스트레스로 작용했다. 게다가 메르세디타 남편의 수입이라고는 부모로부터 받는 용돈밖에 없었기 때문에 이 역시 문제를 일으켰다. 그녀는 "제 남편은 필요한 것만 있으면 부모에게 손을 내밀었어요"라고 회상했다. "저는 남편이 그러는 게 싫었어요. 시어머니가 저한테는 말하지 않으면서 여기저기 다른 시집 식구들한테 제 흉을 봤거든요." 시집 식구들은 메르세디타가 돈을 너무 많이 쓴다고 생각했다. 사실 그녀가 공장에서 받았던 임금은 기본적 필요를 충족하기에도 충분치 않은 액수였다.

결국 그녀는 더 이상 이런 상황을 견딜 수가 없었다. "저는 가족을 위해 돈을 벌어야겠다고 생각했어요." 메르세디타가 남편에게 해외에 가고 싶다고 말했을 때 남편은 거부했다. "남편은 '당신이 외국으로 나간다면 다른 여자와 결혼할 거예요'라고 말했어요. 나도 '그래 좋아요, 그럼 그렇게 해요'라고 대답했어요. 하지만 정말 그럴 거라는 생각은 안 했어요." 그러나 메르세디타 남편은 실제로 그렇게 했다. 메르세디타가 싱가포르로 갔을 때 남편은 그녀에게는 알리지 않고 다른 여자랑 결혼했다. 한 친구가 싱가포르에 있던 메르세디타에게 편지를 보내어 무슨 일이 생겼는지를 알려주기 전까지 그녀는 그 사실을 알지 못했다.

"극빈한 여성들"

일반적으로 이주노동자들은 "가난한 사람들 중에서도 가장 가난하다"고 여겨지지는 않는다.[19] 그러나 이런 일반적인 인식이 사실인지 제대로 확인해 볼 필요가 있다. 최근 몇 년간 이주노동자들이 받는 임금 체계는 이주 노동력의 구성을 변화시키는 방식으로 변화해 왔다. 경쟁이 치열해지면서 많은 고용알선업체들이 자신들의 고객을 늘리기 위해 새로운 노동력층인 극빈자층을 찾아냈다. 고용알선업체들은 이런 여성들이 높은 수수료를 지불할 여력이 안 된다는 것을 알고 아시아 일부 목적국의 경우에는 소액의 보증금을 현금으로 내게 하거나 그마저도 내지 않아도 되도록 한다. 물론 전체 수수료를 할인해 주는 것은 아니다. 고용업체들은 노동자들의 월급에서 수수료를 제하거나 더 심한 경우에는 6개월 이상 공제하기도 한다. 이런 현실은 이주여성들을 준강제계약 노동자로 만든다. 이 같은 월급 공제 대출 방식은 빈곤한 사람들, 가난한 사람들 중에서도 더 형편이 어려운 사람들로 하여금 더 많이 이주노동을 하도록 만든다. 특히 스리랑카와 방글라데시의 극빈층을 대상으로 한 고용은 지역에 있는 '하청고용업자'에 의해 가속화되었다. 하청고용업자들 일부는 고용업체와 계약을 맺기도 하지만 일부는 독립적으로 활동한다. 이들은 지역에 있는 극빈한 여성들에게 접근하여 돈을 많이 벌고 더 잘 살 수 있게 해주겠다고 꾀어내 여성들을 이주하게 만든다. 이들은 터무니없는 수수료를 물리고 계약을 맺은 여성들을 갈취하는 집단으로 유명하다. 이들 대다수가 불법적으로 활동하기 때문에 활동을 통제하는 것은 매우 어렵다. 점점 더 많은 극빈 여성들이 이들에게 의존하고 있다.

극빈한 여성들은 생존할 수 있는 다른 방도가 없기 때문에 극도의 빈곤 상태를 탈출하고자 이주한다. 내가 만난 극빈층의 여성들은 대다수가 방글라데시 출신이었고 스리랑카와 필리핀의 경우 빈곤 상태가 극심한 여성은 방글라데시에 비하여 적은 편이었다. 극빈층 여성들은 자신과 자녀들이 먹고살아야 한다는 단기 목표를 이루기 위해 이주했다. 이들 중 어느 누구도 자신의 수입을 사업에 투자하거나 경력을 쌓는 데 사용하거나 자녀들의 사교육비를 충당하는 데 쓰지 않았다. 게다가 이들 중 많은 수가 별거, 이혼, 사별, 혹은 남편에 의해 유기된 상태였다. 대다수 개발도상국에 속한 저임금 노동자 계급 여성의 삶은 결혼을 한 후에도 매우 어렵다. 특히 여성이 가장인 경우에는 훨씬 더 어렵다. 여성들이 성별이나 나이에 따른 차별 때문에 노동 시장에서 일할 기회를 찾는 것이 극도로 어려운 탓이다. 방글라데시에서는 여성 가장인 가구의 96%가 빈곤선 아래에 살고 있으며, 33%가 만성적으로 식량 부족에 시달린다.[20] 살마의 이야기는 방글라데시 이주여성들에게서 흔히 들을 수 있는 이야기이다.

살마

살마는 다카 남부에 위치한 작은 마을에 사는 30세의 무슬림 여성이다. 그녀는 고아였고 학교에 다녀본 적이 없었다. 살마는 결혼했다가 14년 전에 이혼을 했고 그 이후로 세 명의 아이를 키우고 있다. 살마에게는 가족도 친척도 없었기 때문에 그녀를 재정적으로 지원해

줄 사람이 아무도 없었다. "남편이 없었어요"라고 그녀가 말했다. "돈
도 없고, 물려받을 재산도 없었어요. 저축한 돈도 없었고요. 그런 중
에 방세를 꼬박꼬박 내야 했어요. 힘들었죠."

　　처음에 살마는 마을에 있는 부유한 가정에서 가사를 도왔지만,
그 돈으로는 자녀를 먹여 살릴 수가 없었다. 살마는 그 일을 그만두고
야채를 팔기 시작했다. 야채 장사로 매달 2,000~2,500타카를 벌었지
만 그 역시 충분치는 않았다. 그러던 어느 날 그녀가 마을에 있는 한
부잣집으로 야채를 팔러 갔는데, 그 집의 부인이 살마에게 외국에 나
가 일할 것을 제안하면서 알선인을 소개해 주겠다고 말해 왔다. 살마
는 즉각 알선인을 만났다. 알선인은 바레인에서 가사 노동자로 일할
수 있는 일자리를 얻기 위해서는 5만 타카가 든다고 말했다. 큰돈이었
다. 살마는 지역의 대금업자에게 높은 이자로 돈을 빌렸고 자녀를 전
남편의 어머니에게 맡긴 채 1996년 바레인으로 떠났다.

　　아랍어에 대한 지식이 전무했기 때문에 살마는 처음부터 고용주
와 소통하는 데 어려움을 겪었다. 살마의 '안주인'은 기분이 안 좋을
때면 화를 내며 살마를 때렸다. 음식은 또 다른 문제였다. 그녀는 아
랍 음식이 입맛에 맞지 않아 먹을 수 없었다. 매일매일 빵들로 끼니를
때웠다. 하지만 세 달 후 아랍어 몇 마디를 배웠고 아랍 음식에도 익
숙해졌다. 그녀는 새벽 네 시에 일어나 다음 날 새벽 한 시까지 열심
히 일했다. 처음에는 약속한 4,000타카가 아니라 3,000타카를 받았으
나 다음 해에는 4,000타카를 받았다. 살마는 3~4개월마다 집으로
3,000~4,000타카를 보냈고 나머지는 자신을 위해 저축했다. 그녀가
병에 걸리기 전, 2년 7개월을 바레인에서 지냈다. 의료 보험이 없었던
그녀는 고용주 역시 의료비를 지불할 의사가 없었기 때문에 치료비로
4만 타카를 내야 했다. 이자가 붙은 알선 수수료 5만 타카를 내고 나
자 남은 돈이 없었다. 그녀는 바레인에서 더 일하고 싶었지만 병에 걸
려 돌아와야만 했다. 이후 병세가 완화되었고 지금은 다시 해외에서

일할 준비를 하고 있다.

송출과정: 사회적 연결망과 이주 문화

앞에서 살펴본 것처럼 이주하는 여성들의 배경은 천차만별이지만 이주 과정 그 자체, 특히 예비 이주자들이 직업 정보를 찾는 방식은 상당히 유사하다. 이들은 고용알선업체를 통하거나 개인적 연결망을 이용한다. 많은 이주 학자들이 지적해 온 것처럼,[21] 사회적 연결망이 이주에 주요한 역할을 담당한다. 먼저 이주한 '선先 이주자'들은 고향에 있는 사람들에게 해외 일자리 기회에 관한 정보를 제공하는 방식으로 예비 이주자들을 목적국과 연결시켜 준다.

스리랑카의 경우, 연구 참여자의 다수인 56%가 가족, 친척, 친구 등 개인적 연결망을 통해 일자리를 구했다. 보통 사회적 연결망이라 여겨지지 않는 고용알선업체들 역시 개인적인 연결망의 요소를 가지고 있다. 고용알선업체를 통해서 일자리를 얻은 스리랑카 이주여성 중 73%가 이미 같은 지역에 친구나 친척이 일했던 경우였고, 15%가 같은 고용 알선업체를 통해 이주한 누군가를 알고 있는 경우였다. 스리랑카 이주여성의 12%만이 아무런 연고 없이 일자리를 찾아 이주했다.

고용알선업체들이 번창하고 있는 필리핀의 경우, 이주여성의 다수인 76%가 알선업체를 통해 이주했다. 그러나 역시 이들 중 대다수가 고용알선업체 직원과 개인적 친분이 있는 경우였다. 응답자의 단 17%만이 아무런 연고 없이 일자리를 구했다. 방글라데시 또한 그 규모는 제한적이지만 고용 연결망이 존재한다. 이주여성의 25%가 직접적인 개인 연결망을 통해 일자리를 구했고, 75%가 자신이나 가족이 아는 하청알선업자를 통해 이주했다.

대다수 이주여성들이 '선 이주자'와 친분이 있었다. 연구 참여자 중 필리핀인의 79%, 스리랑카인과 방글라데시인의 70%가 이미 해외로 일하러 간 친구나 친척이 있는 경우였다. 필리핀과 스리랑카 여성은 특히 현재 이주여성과 귀환 이주여성들 서로가 촘촘하게 얽혀 있다. 인터뷰 당시에 이들 중 대다수가 가족 중 적어도 한 명이, 그리고 많은 친구들이 해외에서 일하고 있거나 과거에 일한 경험이 있는 경우였다.

27세의 필리핀 가사 노동자인 리가야는 부모와 오빠가 홍콩에서 14년간 일했는데 아버지는 공장 노동자, 어머니는 가사 노동자, 오빠는 운전기사로 일했다. 필리핀에 남겨진 어린 그녀와 두 남매는 삼촌이 돌보았다. "저는 남동생과 여동생에게 엄마이자 아빠면서 큰 누나였어요"라고 말하며 회상했다. 산파 교육을 마친 후에 리가야는 부모와 오빠가 있는 곳에 가야겠다고 생각했다. "부모님이 너무나 보고 싶었고 함께 일하고 싶었어요. 그래서 홍콩으로 가겠다고 결정했죠." 1992년 리가야의 오빠는 자신이 일하는 집에 동생이 가사 노동자로 일할 수 있는 기회를 얻어 주었다. 리가야는 그 이후 계속 그곳에서 일하고 있다. 비록 월급은 공식 최저 임금보다 적지만 리가야는 불평을 하지 않는다. 만약 자신이 불평하면 오빠의 일에도 영향을 미칠지 모르기 때문이다.

이 같은 연결망은 세대를 가로지른다. 22세 스리랑카 여성인 인드라니의 할머니, 이모, 그리고 사촌 세 명이 모두 홍콩에서 가사 노동자로 일한 경험이 있다. 인드라니 자신도 사촌이 일할 곳을 찾아 주자 외국에 나가 일하고 싶어졌다. 처음에 인드라니의 아버지는 딸이 홍콩으로 가는 것을 좋아하지 않았지만 이미 다른 친척들이 홍콩에서 일하고 있다는 사실에 좀 누그러졌고 결국에는 동의했다. 그러나 그녀가 홍콩에 도착하자 친척들, 특히 이모와 할머니가 그녀의 일상생활을 통제하기 시작했다. "할머니와 이모는 고용주보다도 더 제게 강압적이었어요." 인드라니는 한숨을 쉬며 말했다. "그래도 문제가 생겼을 때에는 도움받을 수 있었어요."

시간이 흐르면서 이러한 가족의 이주 전통은 '이주 문화'라는 개념을 형성하며 지역 사회의 가치와 행동 체계에 영향을 미쳤다. 이주자 수가 증가하면서 이주는 "사람들의 모든 행동 양식에 깊숙이 배어들어 가고 이주와 관련된 가치들은 전체 지역 사회 가치의 일부분"이 되어 갔다.[22] 이주가 남성들의 전유물이었을 때 젊은 남성은 이주를 어른이 되는 통과의례로 여겼다.[23] 이후에 필리핀과 스리랑카에서 여성 이주화 현상이 시작되면서 이주는 여성의 가치관과 행위에 영향을 미쳤고 새로운 이주 문화를 형성했다. 방글라데시의 경우에는 여성 이주자의 수가 남성 이주자에 비해 훨씬 적어 이 같은 문화가 아직 발달하지 않았다.

이주가 성인이 되는 '통과 의례'를 제공한 것은 아니었지만, 여성들의 사회화 과정을 관통하고 있었다. 이 과정은 소비주의의 확산과 연결이 된다. 현지 조사 동안 필리핀 마을을 방문하면서 어린 소녀들이 이미 이주 문화에 깊게 젖어 들었고 많은 영향을 받고 있음을 발견했다. 네나는 아홉 살 소녀로, 엄마가 홍콩에서 가사 노동자로 일했는데 그녀 역시 이미 이웃집에서 파트타임 가사 노동자로 일했다. 이웃들은 네나와 어린 남동생이 7년 동안이나 엄마를 보지 못했다고 이야기했다. 아이들과 이야기를 나누었을 때, 아이들은 함께 지내는 아빠보다 홍콩에 있는 엄마가 더 좋다고 말했다. 그 이유를 물었더니 네나는 "엄마는 헬로우 키티를 사 주거든요"라고 대답했다. 이웃 주민은 "네나네 엄마는 홍콩에서 장난감을 많이 보내줘요. 아이들이야 너무 좋아하지요"라고 말했다. 자녀에게 장난감 선물을 많이 보내는 것은 이주여성들 사이에서 매우 흔한 일이다. 이주여성들은 자신이 곁에 있어 주지 못하는 현실을 자녀가 갖고 싶어 하는 물건들을 많이 사 주는 것으로 보상하려고 한다. 이주여성들은 대체로 이런 행동이 자녀에게 좋지 않다는 것을 알면서도 집에서 멀리 떠나 지내는 것에 대한 죄책감 때문에 그렇게 한다고 말했다. 이주여성들이 자녀에게 사랑을 표현할 다른 방법이 많지 않기 때문이다. 파레냐스가 지적하듯이 이와 같은 "사랑의 상품화"가 초국적 엄마들이 자신의 자녀들과 가족 간의 구체적인 의존 관계를 형성하는 유일한 방법이다.[24]

아주 어린 나이부터 물질적인 풍요로움 속에서 자라는 많은 '초국적 가족' 자녀들은 이주를 연상할 때 부유함과 행복을 떠올린다. 네나에게 미래의 꿈이 무엇인지 물었을 때, 네나는 조금의 망설임도 없이 돈을 많이 벌 수 있기 때문에 엄마처럼 홍콩에서 가사 노동자를 할 것이라고 말했다. 실제로 이주여성 자녀들은 종종 엄마를 역할 모델로 삼는다. 같은 마을에 사는 귀환 이주여성 요란다의 딸은 싱가포르에 간호사로 갈 계획을 하고 있다. 요란다의 딸은 간호사 자격증이 있으면 엄마처럼 해외에서 직업을 가질 수 있으리라고 기대하면서 간호 학교를 선택했다. 요란다도 딸의 계획에 동의했는데 딸이 가사 노동자가 아니라 간호사라는 전문직으로 간다는 것이 특히 좋았기 때문이다. 대다수 이주여성의 딸들은 엄마가 밟았던 길을 따르고 싶어 한다. 이들은 자신이 이주자가 되면 돈을 많이 벌 것이라는 환상을 가지고 있다.

물질주의는 자녀의 생활 태도에 강력한 영향을 미친다. 소비자로 자라나는 자녀들은 미래를 위해 열심히 일해야 한다는 삶의 교훈을 받아들이지 않는다. 본국에 남아 있는 이주여성 가족의 아버지나 친척들이 자녀 교육에 관심이 없는 경우 자녀들은 방향 감각을 잃고 학교를 자퇴하는 일이 종종 생긴다. 이는 실제 스리랑카에서 심각한 문제로 떠오르고 있다. 어머니와 함께 삶의 역할 모델이 되는 아버지의 태도 역시 또 다른 요소이다. 최근 연구에서는 여성이 이주노동을 하고 본국에 남성이 남아 있는 경우 남성의 노동참여율이 떨어진다는 사실이 밝혀졌다.[25] 다시 말하면 부인이 해외에서 일을 시작하면 남편은 본국에서 일을 그만두는 경향을 보인다는 것이다. 감부드가 관찰한 바에 따르면 여성의 해외 진출은 남편의 남성성에 중대한 도전을 주어, 이에 대항하고자 남편이 술과 마약, 여자에 빠지게 된다는 것이다.[26] 이런 아버지의 행동은 자녀들이 공부나 일을 해야겠다는 동기를 잃게 만든다.

많은 이주자 자녀들은 현재 그들이 누리는 물질적인 편안함이 어머니가 집으로 돌아올 경우 오래 지속되지 않을 것이라는 사실과, 현재의 생활이 그 지역에서 일해서 받을 수 있는 보통의 벌이로는 유지될 수 없다는 것을 알고 있다. 어머니들이 이주노동자로 집을 떠날 때 이들의 꿈은 단지 평범한 것들이었던 경우가 많다. 그러나 이주여성들이 집에 돈을 보내기 시작하면서 자녀들은 이주여성이 해외에서 벌지 않으면 충족할 수 없는 물질적인 욕망과 더 높은 기대를 키워 간다. 따라서 이주자 자녀들은 성장 후 해외이주를 한다. 이것이 세대로 이어지는 순환 이주의 시작이다.

의사 결정 과정: 가구 전략 대 여성의 행위성

이주자의 자녀, 친구, 친척은 해외에서 일자리를 찾기가 상대적으로 쉬운데 이는 이주에 대한 정보 접근이 훨씬 쉽고 이주 후에 벌어질 일들에 대해서도 알고 있기 때문이다. 그러나 모든 이주자들이 개인적 연락망을 가지고 있는 것은 아니다. 이주를 해야겠다는 생각은 어떻게 생겨날까? 이들은 어떻게 이주하겠다는 결정을 내린 것일까? 여성의 의사 결정 과정을 이해하기 위해 우리는 연결망이나 이주 문화 이외의 다른 요소를 살펴볼 필요가 있다.

가구 전략 접근은 이주 결정에 어느 정도 통찰력을 제공한다. 여기서 가구란 "남성과 여성이주 모두를 결정하는 초기 의사 결정 단위"로 여겨진다.[27] 이 접근은 이주 결정이 개별 이주자에 의한 것이 아니라 가족에 의해 행해진다고 본다. 이런 접근을 지지하는 사람들에 따르면 이주는 가족 자체의 생존을 위한 가구 전략의 일환이다. 가구는 각 구성원의 생산적 역할과 재생산적 역할을 고려하면서 자원을 조직하고 배분한다. 처음에 경제학자들이 새로운 가족 경제학에 근거하여 가구를 인식했기 때문에 이 같은 이론적인 접근에서 가구를, 전체적인 이익을 최대화하려는 하나의 독립체로 본다.[28] 이때 기본적인 전제는 각 가족 구성원이 가족의 소비에 따른 필요와 생산 능력에 근거하여 가족 구성원 중 누가 어떤 나라로 갈지를 결정한다는 것이다. 이런 방식으로 이루어진 결정은 '가구' 전체의 공동 이익을 위한 것으로 여겨진다.

그러나 이 같은 접근은 의사 결정 '행위자'로서 가족에 과도한 무게 중심을 둠으로써 여성의 행위성을 드러내기 어렵게 한다. 많은 학자들이 '가구'라는 개념 그 자체와 '가구 전략'의 존재에 대해 의문을 제기해 왔다.[29] 이런 접근에 대한 주요한 비판은 두 가지 가정과 관련되어 있다. 하나는 가구 구성원의 이타성과 자발적인 기여로부터 가족 자원의 "최적의 재분배"가 일어난다는 것이고, 또 다른 하나는 "집단 선호 기능"이 이타적인 가장의 기능과 동일하다는 것이다.[30]

이 접근을 비판하는 사람들은 가족 범주 내 역시 갈등과 불평등성 그리고 착취가 있다고 주장한다. 가족은 그 자체로 전체 이익을 구성하거나 개별 이익의 합을 최대화하지 않는다. 가족의 이익 혹은 가족 내 의사 결정권자의 이익이 반드시 여성이나 아이들과 같이 힘이 없는 가족 구성원들의 이익과 일치하는 것은 아니다. 의사 결정 과정은 때로 가족 구성원들 간의 권력 관계를 반영한다. 이는 가족에게 단일한 집단의 기능과 의사 결정 역할을 하나의 집단적 독립체로서 부여하는 것이 위험할 수 있다는 것을 의미한다. 더 나아가 가구 전략 접근은 가족 구성원들이 이타적이며 이기적이지 않다는 가정을 맹목적으로 수용한다. 이런 맥락에서 과거 많은 학자들은 제3세계 여성들을 가족을 위해 열심히 일하는 순종적인 딸이나 헌신적인 어머니로 묘사했다. 최근의 문헌들은 그러한 시각이 향수나 서구 학자들의 편견에 근거한 것이며 이제는 많은 제3세계 여성들이 자율성을 가지고 있을 뿐 아니라 가족 내에서 자신의 이익을 주장할 줄 안다고 본다.[31] 물론 많은 여성들이 가족 중심적이고, 가족을 위해 이주하지만 그런 경우라 하더라도 이들의 결정이 반드시 가족 전체의 결정인 것은 아니다.

사실 현지 조사를 하면서 연구자는 가구 전략 접근의 입장을 지지할 만한 경험적 근거를 찾지 못했다. 가족 구성원 서로가 누가 해외로 가는 것이 좋을지를 함께 의논하고 결정한 사례는 단 한 건도 없었다. 이와 반대로 연구자가 이야기를 나누었던 이주여성들은 이주를 스스로 결정했다. 이 여성들은 알려진 것보다 훨씬 더 강력한 자율성과 의사 결정 권한을 드러냈다. 연구에 참여한 필리핀인과 스리랑카인의 90% 이상이 그리고 방글라데시인 60% 이상이 스스로 해외 고용에 대해 알아보려는 시도를 했고 그 후 갈지 말지 여부를 결정했다. 일부 여성들은 심지어 남편이나 부모와 상의조차 하지 않았다. 스리랑카 여성의 30%와 필리핀 여성의 16%가 다른 가족 구성원들과 이주 결정에 대해 상의하지 않았다. 게다가 필리핀인의 27%, 스리랑카 여성의 16%가 남편과 부모의 반대에도 이주를 했다. 야파는 100명의 스리랑카 이주여성들을 설문조사했는데 이들이 이주에 대해 스스로 결정할 충분한 힘이 있다는 것을 발견했다.[32] 야파의 연구는 이주여성의 85%가 스스로 이주 여부를 결정했고, 이들 중 40%가 심지어 다른 가족 구성원들과 상의조차 하지 않았다는 것을 확인했다. 필리핀과 방글라데시의 경우 더 많은 연구가 필요하겠지만 지금까지 나와 있는 자료는 이주 학자들이 오랫동안 가정한 것보다 여성들이 더 많은 자율성을 가지고 있음을 보여준다. 여성들은 실제로 이주에 있어 중요한 의사 결정 행위자이다.

물론 많은 여성들이 부모, 남편과 상의하지 않고, 심지어 이들의 반대에도 불구하고 이주한다는 사실을 가지고 여성에게 가족이 덜 중요하다는 결론을 내려서는 안 될 것이다. 사실 이주여성 다수가 가족의 내부 구성원들과 멀리 떨어져 있는 가족 구성원 모두를 위해 이주를 결심한다.[33] 여기서 주목해야 할 점은 필리핀과 스리랑카 여성은 단순히 '가구 전략'을 따르거나 다른 가족 구성원들의 제안을 따르지 않는다는 것이다. 이들 대다수가 분명 이주 여부를 스스로 결정한다. 이런 사실은 우리에게 다음과 같은 질문을 하게 한다. "가족 내 여성의 전반적인 역할과 자율성의 정도가 여성의 이주 여부를 결정하는 데 역할을 하는가?" 이주를 하겠다는 결정은 여성이 자신의 삶 속에서 내리는 많은 결정 중 하나이다. 따라서 여성이 내리는 결정 과정은 이주하기 전의 가족 내 여성의 전반적인 역할과 의사 결정권의 맥락 속에서 파악되어야 한다.

가족 단위 결정이 이루어지는 많은 일들이 있다. 나일라 카비어는 일상적인 가족 예산부터 자녀 교육, 가족 계획, 가계 경제 전략에 이르는 12개의 각기 다른 의사 결정 차원을 제시했다.[34] 오퐁과 아부는 가나에서 수행한 자신들의 연구에서 여성이 가족 내에서, 직장에서, 지역 사회에서 일곱 가지의 역할을 가지고 있음을 발견했다.[35] 각각의 역할 속에서 여성의 의사 결정 권한을 측정하는 것은 굉장히 복잡한 일이다.

그러한 어려움과 복잡성을 인식하면서 본 연구자는 일반적으로 여성의 자율성을 측정하는 중요한 지표인 가구 경제의 측면에 초점을 두기로 했다.[36] 이때 '가구 경제의 차원'이라는 것은 일상적 지출에 대한 여성의 의사 결정권뿐 아니라 가족 내 자원 분배에 관하여 장기 결정을 내릴 수 있는 능력을 의미한다. 자녀 교육이나 가족 계획과 같은 다른 차원들도 여성의 의사 결정 권한을 측정하는 중요한 지표이다. 그러나 연구자는 기존 문헌을 바탕으로 가계 경제적 측면이 가족 내 여성의 전반적인 자율성과 의사 결정 권한을 측정하는 최고의 지표라고 전제하였다. 연구자가 이야기를 나눈 이주여성들은 종종 스스로를 "우리 집의 재정부 장관"이라고 칭하곤 했다. 래 블럼버그가 주장한 것처럼 수입이나 다른 자원에 대한 여성의 통제력은 가족 계획이나 결혼 내 전반적인 권한 등과 같은 다른 변수들을 결정짓는 중요한 요인이다.[37]

이 연구에서 수행한 설문조사에 따르면 대다수 기혼 이주여성이 이주하기 이전부터 이미 가계 재정 관련 의사 결정에서 중요한 역할을 담당해 왔다. 연구 참여 이주여성들 중 필리핀 여성이 가장 높은 수준의 의사 결정권을 행사하고 있었다. 기혼 여성 중 58%가 적극적으로 가계 재정 관련 결정에 적극 참여했다. 이들 중 93%가 단독으로 결정을 내렸으며, 나머지 7%가 남편과 함께 결정을 내렸다. 스리랑카 기혼 이주여성의 경우 46%가 이주 전에도 가계 경제에 관한 중요한 결정을 혼자 내렸고, 이들 중 55%가 기본적으로 결정을 혼자 내렸다. 대다수가 매우 가난한 방글라데시 여성들은 그 비율이 상대적으로 높았는데 이는 부분적으로 남성이 안정적인 수입을 벌지 못하는 가장이거나 경제력이 그다지 없는 경우였기 때문이다. 따라서 방글라데시 기혼 이주여성의 42%가 적어도 이주 전에 가계 경제에 관한 일정 정도의 의사 결정 권한을 가지고 있었고, 이들 중 80%가 모든 결정을 혼자 했다. 다음 장에서 살펴볼 것처럼 이 비율은 방글라데시 전체 평균에 비추어 볼 때 매우 높은 수치이다.

놀랍게도 비혼, 별거, 이혼, 사별 등으로 결혼에 매여 있지 않은 필리핀 여성과 스리랑카 여성은 상대적으로 의사 결정권이 적었다. 결혼에 매여 있지 않은 필리핀 여성의 39%와 스리랑카 여성의 8%만이 가계 경제에 관한 의사 결정권을 가졌다. 가장 중요한 이유로는 이들 대다수가 부모나 가족, 형제와 살면서 이들로부터 종종 재정적인 도움을 받기 때문인 것을 들 수 있다. 이런 상황은 이 여성들을 가구 내에서 보다 취약한 지위에 놓이게 한다. 이들 다수는 집에서 경제 관련 결정을 대부분 아버지, 어머니 혹은 형제자매들이 내렸다고 말했다. 여성이 가장인 경우에는 모든 결정을 여성 혼자 내렸다. 이는 세 나라 모두 동일하다.

방글라데시에서는 결혼에 매여 있지 않는 여성이 기혼 여성에 비해 더 많은 의사 결정권을 누렸다. 55%의 여성이 전적으로 자신의 결정권을 행사했다. 이는 이 여성들이 하루하루 생존을 위해 힘든 시간을 보내는 가족들로부터 상대적으로 재정적인 도움을 덜 받았기 때문이다. 가난한 남편과 사별했거나 이혼한 여성이 연구 참여자의 절반에 이르는데 이들은 자신이 돌아왔을 때 부모와 형제자매들이 그렇지 않아도 힘든 가정 형편이 더 악화될 것을 우려하여 자신의 귀국을 환영하지 않았다고 밝혔다. 이런 이유로 이들 중 대다수가 자녀를 데리고 나와 따로 살아가고 있으며 먹고살기 위해 끔찍할 만큼 힘든 시간을 보내고 있다. 그러나 역설적이게도 이러한 빈곤이 이 여성들로 하여금 자신의 삶에 더 많은 자유와 통제를 가능하게 하고 보다 자립적으로 만든다.

많은 학자들이 지적해 온 것처럼 여성들의 의사 결정 권한은 가계 수입에 대한 기여 정도와 비례한다.[38] 연구 참여 여성들 중 많은 수가 이미 이주하기 전부터 생계 부양자의 역할을 하고 있었다. 필리핀 여성의 47.8%, 스리랑카 여성의 23.3%, 방글라데시 여성의 40%가 혼자 또는 공동으로 생계 부양의 책임을 지고 임금 노동에 종사해 왔다. 이들은 가정 내에서 중요한 경제적 역할을 이미 담당해 왔던 것이다.

여성의 경제적 역할이나 가계 경제에 관한 결정권은 이주에 중요한 영향을 미친다. 가계 경제에 더 많은 의사 결정권을 행사하는 여성들은 장기적 관점에서 가족의 생계에 대한 책임뿐 아니라 하루하루 생존에 대한 강력한 책임감을 느낀다. 이들은 가족의 일반적인 경제적 상황에 대해 가장 잘 알고 있다. 헤이노넨은 필리핀 가정을 다룬 연구에서 여성이 가족 구성원에게 필요한 것을 실제로 구매하기 때문에 남성보다 가족이 처한 빈곤이나 어려움을 보다 직접적으로 느낀다는 사실을 확인했다.[39] 게다가 이들 중 많은 수가 현재의 지출 양상에 근거하여 장기적인 재정 계획을 세울 수 있는 정도의 교육을 받은 사람들이었다. 얼마 지나지 않아 이 여성들은 추가 수입에 대한 필요성을 느끼고 자신이 사랑하는 사람들의 욕망과 꿈을 실현하기 위한 수단으로써 해외 취업을 고려하게 된다.

이러한 조사 결과는 여성이주에 대한 국가 간의 차이를 이해하게 해준다. 여성들이 가장 많이 이주하는 필리핀에서는 대다수 영역에서 기혼 여성들이 동등한 의사 결정 책임을 지는 경향을 보인다. 유와 리우는 세부시에 거주하는 1,521개 가구를 연구했는데 기혼 여성이 소비 생활과 가족의 건강 돌보기, 음식 준비에 있어서 '거의 절대적인' 권리를 행사하는 것으로 나타났다. 재정 계획, 자녀 교육, 자녀 양육, 여가 시간 활동 선택에 있어서는 부인과 남편이 공동으로 결정을 내렸다.[40] 디아노는 1,041명의 기혼 여성들을 연구했는데 이들 중 53%가 주요 가구 물품 구입 관련 결정이나 예산 책정을 주로 본인이 한다고 답했다.[41] 사실 이는 최근 현상은 아니다. 심지어 스페인 식민 시대 이전에도, 필리핀 여성은 자신 개인의 수입뿐 아니라 부부 자금을 관리했고, **남편 동의 없이도** 재산을 취득하여 소유·관리하고, 생산물을 처리할 수 있었다.[42]

가구 경제에 대한 책임은 많은 필리핀 기혼 여성들을 임금 노동에 뛰어들도록 만든다. 이는 여성이 가족, 특히 자녀에 대한 장기 계획을 세울 때 돈의 필요성을 피부로 절실히 느끼기 때문이다. 에더는 필리핀 여성에 관한 연구에서 다음과 같은 여성들의 발언을 실었다. "제가 원래 돈을 관리하기로 되어 있었어요. 그런데 돈이 없었죠." "남편 수입만 가지고는 충분치 않아요."[43] 필리핀인들은 대가족과 확대 가족 체제를 갖는 경향이 있는데 이 때문에 여성들은 밖에 나가 일을 할 때 자녀를 돌봐줄 사람을 쉽게 찾을 수 있다.

스리랑카 또한 기혼 여성들이 상당히 큰 의사 결정 권한을 가지고 있다. 지역 연구자들이 수행한 소규모 연구에 따르면, 스리랑카에서 시댁 가족과 살지 않는 기혼 여성의 93%가 가계의 경제 문제에 대한 결정을 스스로 했다.[44] 다른 연구들은 스리랑카 여성이 삶의 다양한 영역에서 남성과 거의 동등한 지위를 누리고 있다고 밝혔다.[45] 타카쿠와에 따르면 스리랑카 전통 사회는 남성을 생계 부양자로, 여성은 가정 주부로 가정했지만 사회적 규범은 여전히 여성이 '집'을 관리할 것을 요구하고 여기에는 가족 예산을 세우는 일을 포함한다.[46] 달리 말하자면 먹고살 수 있도록 책임을 지는 사람은 부인이며 만일 먹고살 수 없는 지경이 되면 여성 스스로가 가계 수입을 보충하기 위해 일해야 한다는 뜻이다. 면접 조사한 대다수 스리랑카 여성들은 이런 경우에 속했다. 이들은 '가구 관리자'로서 책임을 다하기 위해 이주했다.

여성들을 해외로 거의 보내지 않는 방글라데시 상황은 다소 다르다. 실제 해외로 이주한 여성들은 대체로 강력한 의사 결정 권한을 갖지만 일반적으로는 남성들이 가구 경제에 대한 주도권을 가지고 있다. 방글라데시의 많은 남성은 부인이나 딸이 시장에서 다른 남성들과 어울리는 모습을 보기 싫어서 식료품을 직접 구입한다. 그로 인해 여성들은 가정이 소유한 돈이 얼마인지도 모르는 경우가 종종 있다. 경제적 의사 결정은 여성의 영역이 아닌 것이다. 한 연구는 방글라데시 기혼 여성의 28%만이 가구 경제에 관련된 결정에 참여한다고 밝혔다.[47] 화이트는 많은 방글라데시 가정에서 남성이 돈의 사용처에 관한 결정을 주로 하고 여성은 전적으로 남성이 주는 돈에 의존한다고[48] 본다. 푸르다purdah 시스템이슬람 국가에서 여성에게 얼굴과 몸을 가리는 베일 등의 의상을 착용하게 하고, 주택에는 높은 울타리나 장막 또는 커튼 등을 설치하여 외부인들이 여성을 볼 수 없도록 격리시키는 관습과 여성을 사회에서 분리시킬 것을 장려하는 종교적 가치 때문에 방글라데시에서는 아내에게 부족한 가계 수입을 보충하라는 사회적 압력이 거의 없다. 물론 저소득 가정 여성들은 남편이 가족을 부양할 만큼의 돈을 벌지 못하기 때문에 일을 해야 한다. 남편이 실업 상태이거나 남편과 이혼, 별거, 사별했을 때 여성들이 생계 부양자의 역할을 맡도록 되어 있다. 그러나 그런 상태에서도 여성들은 '문화적으로 용인되는 방식'으로만 일을 할 수 있다.[49] 국제이주는 방글라데시 사회의 가장 낮은 계층에서조차 절대 '문화적으로 용인'되지 않는다.

함정 기제와 순환 이주

대다수의 이주여성들이 몇 년만 나가 있을 계획으로 본국을 떠나지만, 일단 외국 땅에 발을 디디고 나면 이들의 계획과 감정이 변한다. 어떤 사람들은 계획했던 것보다 빨리 돌아와서 다시는 이주를 하지 않으려 하지만, 대다수 이주여성들은 더 오래 머무르거나 다른 나라로 이주한다. 이런 경향은 필리핀인에게서 가장 두드러지는데, 연구 참여자 중 홍콩에서 일하는 필리핀 이주자의 64%가 5년 넘게 집과 떨어져 생활하고 있고, 28.5%는 그러한 생활을 10년 이상 지속하였다. 그중 한 명은 19년, 다른 한 명은 17년, 또 다른 세 명은 11년 넘게 홍콩에서 일하고 있었다. 평균 체류 기간은 8년이었다. 아랍에미리트연합에서 인터뷰한 이주자들의 평균 체류 기간은 더 짧았는데 평균 16개월이었다. 그러나 이런 결과는 주로 표본 편차 때문이다. 아랍에미리트연합에서 만난 연구 참여자 대다수가 필리핀 대사관에 피신하고 있는 '도망친 이주자'들이기 때문이다. 아랍권 고용주들은 대개 가사 노동자에게 휴가를 주지 않기 때문에 대다수 가사 노동자들은 하루에 열여섯 시간에서 열여덟 시간을 일한다. 따라서 쉼터로 피신하지 않은 여성 가사 노동자를 만나 인터뷰하는 것은 불가능했다. 임금 체불, 성희롱 등과 같은 문제는 주로 계약한 첫 3달에서 1년 이내에 발생했다. 따라서 평균 16개월은 아랍에미리트연합에서 일하는 필리핀 가사 노동자를 대표하는 수치라고는 보기 어렵다. 사실 이처럼 도망 나온 이주자들의 과거 이주 경험까지 포함한다면 이들의 전체 해외 고용 기간은 평균 3년이 넘을 것이다. 필리핀의 모든 귀환 이주자의 해외 평균 고용 기간은 4.8년이다.

스리랑카 여성들 또한 해외에 상당히 오랜 기간 거주한다. 연구 참여자들의 평균 해외 거주 기간은 홍콩에 있는 스리랑카 여성의 경우 6.2년, 스리랑카로 귀환한 이주자인 경우 3.8년이었다. 홍콩에 있는 스리랑카 여성의 3분의 1 이상이 10년 이상 집을 떠나 있었다. 이 비율은 필리핀 장기 이주자에 비해 높은 비율이다. 방글라데시 이주여성은 해외 체류 기간이 가장 짧은데, 평균 2.7년 거주하며 어느 누구도 5년 이상 거주하지 않았다.

순환 이주란 이주자들이 귀환한 후 다시 해외로 이주하는 현상을 지칭하는데 본 연구 참여자들에게서도 많이 발견되었다. 일부 이주여성들은 동일한 나라의 동일한 고용주에게 돌아가기도 한다. 동일한 국가의 다른 고용주에게 일자리를 지원하기도 하고 새로운 국가로 다시 이주하기도 한다. 어떤 경우든 많은 이주여성들이 한 차례 이상 이주한다. 이들 중 다수의 국가에서 일한 이주여성의 비율은 스리랑카 여성이 가장 높다. 스리랑카 여성 중 56%가 한 나라 이상에서 일했고 이들 중 39.3%가 세 나라 이상에서 일한 경험이 있었다. 야파는 이주여성의 61%가 과거에 다른 나라에서, 대다수가 주로 중동 지역에서 일한 적이 있다고 밝혔다.[50] 필리핀인들 역시 반복해서 이주를 했지만 같은 나라로 돌아가는 비율이 높았다. 필리핀인의 61.8%가 오로지 한 국가에서 일했고, 38.2%가 한 나라 이상에서 일한 경험이 있었다. 필리핀의 국가 통계를 보면, 필리핀 '재이주자' 비율이 스리랑카 재이주자 비율만큼이나 높음을 알 수 있다. 두 차례 이상 이주한 경험이 있는 필리핀 노동자의 수는 1993년에 이주가 처음인 노동자의 수를 넘어섰으며 이 경향은 지속되어 2000년에는 '재이주자'가 모든 합법 이주노동자의 60.6%를 차지했다.[51] 방글라데시 여성의 경우 단지 한 여성만이 한 나라 이상 이주했고, 또 다른 여성 한 명이 동일한 국가에 두 번 이주했다.

함정 기제

왜 수많은 여성들이 계속해서 다른 나라로 이주하거나 예상과 달리 오랜 기간 외국에 체류하게 되는 것일까? 바로 이주여성들로 하여금 체류를 연장하도록 하거나 반복해서 이주하도록 하거나 혹은 두 가지 모두를 하게 만드는 이주노동의 함정 기제 때문이다. 이 함정 기제는 세 가지 차원, 즉 고용 알선 과정, 가족, 그리고 개별 이주자의 차원에서 작동한다.

가장 중요한 요인은 바로 고용 알선 과정인데, 특히 여성들이 이주하기 위해 지불해야 하는 알선료가 중요한 요인이다. 앞서 살펴본 것처럼 많은 이주여성들은 해외에서 일자리를 얻기 위해서 알선업체들에게 터무니없는 수수료를 지불해야 한다. 요즘에는 선불 지급을 요구하는 것이 덜 하지만 여전히 많은 여성들이 일정 정도의 현금 보증금을 내고 앞으로 받을 월급에서 전체 비용을 지불하겠다는 약속을 한다. 심지어 자신의 개인 연결망을 통해 직업을 구한 사람조차도 마찬가지로 높은 수수료를 낸다. 취업 자리가 한정되어 있고 상대적으로 해외에서 받는 월급이 높기 때문에 일자리를 소개해 준 친구나 친척들 역시 일정 정도의 돈을 받아야 한다고 생각한다. 물론 시장 가격에 비하면 적은 액수이다. 연구 참여자의 13%만이 수수료를 지불하지 않았다. 알선 비용에 더하여 이주여성들은 또한 신체검사, 비자, 여권, 등록, 보험, 출국세 등과 같이 덩달아 추가되는 여러 수수료를 지불해야 한다.

저소득층 여성들에게 이 수수료는 너무나 비싸다. 예를 들어 연구에 참여한 스리랑카 이주여성의 평균 가계 수입은 한 달 50달러였는데 이들 중 3분의 1이 한 달에 15달러 미만으로 생활을 유지했다.

심지어 상대적으로 낮은 수수료를 내는 중동의 경우에도 이 비용은 스리랑카 공장 노동자의 여덟 달에서 열 달 치 월급과 맞먹었다. 빈곤한 가구들은 저축을 많이 할 수 없기 때문에 많은 여성들이 이주 비용을 마련하기 위해 대출을 해야 했다. 스리랑카 이주여성 69%가 친구, 친척, 그리고 사채업자에게 돈을 빌렸다. 놀랍게도 친구들과 친척들 대다수가 시장 시세인 20%에 비하면 훨씬 낮은 이율인 10%의 이자를 매겼다.

이같이 높은 수수료 비용은 이주여성에게 여러 가지 영향을 미친다. 첫째는 여성들이 적어도 처음 몇 달 동안은 오로지 수수료와 이자를 갚기 위해 월급 없이 일해야 한다는 것이다. 그러고 나서야 이들은 저축을 시작할 수 있게 된다. 일부 국가에서 저축이 더 미루어지는 경우가 있는데 한 예로 대만은 보통 6개월 치 월급을 수수료로 제한다. 게다가 대다수 월급 공제 방식도 초기에 선불로 비용 일부를 현금 지급하도록 되어 있다. 따라서 많은 여성들이 이 비용뿐 아니라, 국내 교통비, 출국 전 수도에서 며칠간 머무를 때 필요한 숙박비 등을 내기 위해 높은 이자로 돈을 빌린다. 대체로 고용 계약이 2년이기 때문에 여성들이 실제로 돈을 저축할 수 있는 기간은 제한적일 수밖에 없으며 저축할 수 있는 전체 금액도 월급 자체가 적기 때문에 그다지 높지 않다.

부당 고용 행위

이주여성들은 이주 수수료와 부차적으로 들어가는 비용을 갚고 나서도 애초 원하던 만큼 저축을 할 수 없다는 사실을 깨닫는다. 고용주는 원하면 언제든지 이들을 자의적으로 해고할 수 있다. 홍콩에 있는 일부 중국인 고용주들은 풍수에 민감하여 여성의 신체적 특징에 대해 미신적 태도를 보인다. 이런 고용주들은 공항에서 이주여성을 보자마자 해고하는 것으로 악명 높다. "잘못된 위치에 난"점 위의 사마귀나 혹은 자신의 가족에 불운을 가져올 것 같은 다른 신체적 특징

등을 보자마자 여성들을 바로 해고하는 것이다. 마닐라에서 일하는 한 NGO 단체 활동가는 이런 현상을 '공항에서 공항으로'라고 불렀다. 즉 이주노동자들이 마닐라 공항을 출발하여 목적 국가 공항에 도착하자마자 해고당해 다시 마닐라로 돌아온다는 것이다. 우는 것 역시 불운을 가져온다고 여긴다. 따라서 홍콩이나 싱가포르로 떠나는 예비 이주자들은 출국 전 사전교육에서, 고용주 앞에서 울지 말라는 교육을 받는다.

해고가 되지 않는다 하더라도 고용주가 월급을 제때 주지 않거나 월급을 떼어먹는 경우 이주여성은 돈을 모으기 어렵다. 사실 임금 체불과 저임금은 공통의 문제이다. 1994년 필리핀 이주노동자와 관련하여 1만 4,314건의 상담이 접수되었는데 그중 25%가 계약 및 임금 관련 문제였다.[52] 연구 참여자 중 아랍에미리트연합에서 '도망친' 필리핀 이주여성의 23%가 도착한 이후 월급을 한 푼도 받지 못했다. 심지어 월급 공제 기간이 끝난 이후에도 그러했다. 스리랑카 여성도 상황은 비슷했다. 2002년에 접수된 스리랑카 이주여성들의 문제 중 28.4%가 임금 체불과 관련한 것이었다.[53] 임금을 전혀 못 받은 경우는 인터뷰 참여자의 6%에 불과했지만, 46%가 처음 약속한 금액보다 적게 받았다. 50세의 스리랑카 여성 소마와티는 2년 동안 쿠웨이트에서 한 푼도 받지 못하고 일하다가 다시 스리랑카로 돌아왔다. 고용주는 지난 2년간 일한 월급의 총액으로 단지 2만 루피를 지급했다. 이 돈으로 소마와티는 빌렸던 고용 알선비를 갚고 자전거 한 대를 샀다. 그것이 지난 2년간 소마와티가 쿠웨이트에서 일한 대가였다.

임금 체불과 저임금 문제가 발생했을 때 이주여성들이 할 수 있는 일은 매우 제한적이다. 본국으로 갈 때 밀린 임금 전부를 받을 수 있으리라고 생각하면서 계약이 끝날 때까지 머무르거나 아예 고용주로부터 도망치는 것이다. 그러나 현재의 고용주를 떠난다고 해서 바로 새로운 고용주를 찾을 수 있는 것은 아니다. 아시아 대다수 목적국에서는 저숙련 노동자들이 그 국가에 머무는 동안 고용주를 바꾸는 것을 허용하지 않기 때문에 새로운 일을 찾으려면 본국에 돌아갔다가 다시 나와야 한다. 다시 말해 이주자들이 모든 송출 과정을 다시 한 번 해야 한다는 것인데 그럴 경우 다시 한 번 관련 비용 일체를 내야 해서 더 많은 빚을 지게 된다는 것을 뜻한다.

임금 체불이나 저임금을 이유로 이주노동자들이 고용주를 고발하는 것이 허용되는 홍콩의 경우 일부 이주여성들은 도망치고 나서 체불 임금을 받기 위해 고용주를 고소한다. 그러나 체불 임금을 돌려받는 비율은 낮다. 재판에 걸리는 시간이 너무 긴 데다 고용주들이 법정에조차 나타나지 않는 경우가 흔하기 때문이다. 게다가 이민법의 '2주 규정'은 계약 기간이 만료되면 2주 안에 바로 출국하도록 규정하고 있다. 이주자가 법원에 고소를 한 경우에는 체류가 가능하지만, 소송이 진행되는 동안에는 일을 할 수 없다. 이주자 대부분이 돈을 벌지 않으면서 법적 소송이 끝날 때까지 기다릴 여력이 되지 않기 때문에 이들은 고소하기를 포기하거나 불법적으로 임시 직종을 택한다. 후자를 선택하는 경우 이들은 더 적은 임금을 받을 뿐 아니라 추방의 위험을 무릅써야 한다. 이 같은 상황에 놓인 대다수 이주자는 손실을 만회하기 위해 다시 해외에 나가 일자리를 찾겠다는 계획으로 소송을 포기하고 집에 돌아간다.

일부 이주여성들은 고용주의 학대나 성희롱 때문에 본국으로 일찍 되돌아오기도 한다. 필리핀 노동부에 따르면 이주자가 겪은 문제 중 31%가 학대, 강간, 성희롱, 부당 대우 등과 관련되어 있다.[54] 스리랑카 정부는 2002년에 접수된 이주여성 문제 중 21.6%가 괴롭힘과 관련되었다고 보고했다.[55] 임금 체불과 저임금 사례와 마찬가지로 학대와 괴롭힘을 견딜 수 없어 본국으로 돌아오지만 이들을 기다리는 것은 높은 이자 때문에 급격히 늘어난 빚뿐이다. 이들이 본국에 거주하면서 이 큰 빚을 갚는다는 것은 어려운 일이다. 저숙련 여성들에게 고용 기회가 제한적일 뿐 아니라 이들이 일할 수 있는 직업은 임금이 매우 적기 때문이다. 이런 상황에 처하면 이번이 이주할 마지막 기회라고 생각하며 다시 돈을 빌려 더 많은 수수료를 지불하더라도 다시 한 번 해외로 나가 일할 시도를 할 수밖에 없다.

가계 재정 부실 관리와 소비주의의 증가

이주여성은 본국에 있는 가족들에게 재정적으로 실질적인 기여를 한다. 연구자가 인터뷰한 대다수 이주여성들은 수입의 80%에서 100%를 본국에 있는 집에 보냈다. 또 다른 연구는 남성 이주자가 일 년에 본국의 집에 보내는 수입이 단지 평균 2.8개월 치 월급인 반면 이주여성은 일 년에 평균 6.7개월 치의 월급을 가족에게 보낸다고 밝혔다.[56]

그러나 이주여성이 효심과 이타적 심성으로 수입을 송금하여도 가계 형편이 나아지지 않을 때가 있다. 때로는 다른 가족 구성원이 일으키는 가계 재정문제가 순환 이주의 원인이기도 하다. 이주여성의 부모, 남편 또는 다른 친척들이 송금을 잘못 관리하여 여성을 이주하게 만들었던 본래 상황을 개선하지 못한 경우가 그것이다. 심지어 그 상황이 더 나빠져 있기도 한다. 저임금에 종사하는 사람들, 특히 농업 노동자나 농촌 지역의 일용직 노동자들은 그처럼 큰 액수의 현금을 본 적조차 없기 때문에 갑자기 생긴 그 큰돈을 관리하기 어려워한다. 실제 현지 조사 기간 동안 남성들이 송금으로 받은 돈을 술이나, 도박, 그리고 여색과 같은 "바보 같은 짓"에 쏟아부었다는 이야기를 많이 들었다.

현재 홍콩에 거주하는 34세의 필리핀 여성 피오나는 카타르에서 7년간 일하면서 남편에게 돈을 계속 보냈다. 집에 돌아왔을 때에야 그 긴 시간 동안 더 나아진 것이 아무것도 없음을 깨달았다. "남편 때문에 돈이 전부 사라졌어요"라고 피오나는 말했다. "그래서 저는 모든 것을 다시 시작해야 했지요." 카타르에서 돌아온 지 1년 후 피오나는 홍콩에 가사 노동자로 다시 이주했다. 그녀는 더 이상 남편에게 돈을 보내지 않았다. 대신 홍콩에 있는 자신의 계좌에 월급 대부분을 저금하고, 자녀들을 돌보아 주는 부모님께 일정 정도의 돈을 보낸다. "아이들이 대학에 갈 만큼, 그리고 제가 필리핀 사회에 재통합될 수 있을 만큼의 돈을 벌 때까지는 여기서 지낼 거예요"라고 그녀는 말했다.57) 49세의 스리랑카 여성 우풀라는 레바논에서 4년 반을 일했지만 남은 것은 남편이 그녀가 벌어다 준 돈 전부를 알코올에 써 버렸다는 현실뿐이었다. "남편이 전에도 술을 좋아하기는 했지만, 제가 떠나고 나서는 더 많이 마시기 시작했어요"라고 우풀라는 말했다. 그녀는 다시 이주를 해야 했고, 다음 목적지는 사우디아라비아였다. 우풀라는 월급의 50%만을 남편에게 보내기로 결심했고, 나머지 돈은 자신 명의의 계좌에 저금했다. 결국 충분한 액수의 돈을 모으고자 총 12년 동안 세 번 이상 이주를 해야 했다.

　미혼인 이주여성이라고 해서 이런 문제가 없는 것은 아니다. 아랍에미리트연합에 거주하는 28세의 필리핀 여성 미라는 수년간 언니에게 송금을 했다. 부모님의 연세가 많았기 때문에 언니가 전체 집안의 경제적 결정을 책임지고 있었다. 미라는 필리핀에 언니와 공동 명의의 계좌를 가지고 있었고 그 계좌로 계속해서 돈을 보냈다. 그러나 언니는 미라의 돈을 받아 그 돈과 가전제품들을 훔쳐 결혼한 후 다른 곳으로 이사해 버렸다. 미라는 모든 것을 잃었고 자신뿐 아니라 부모를 부양하기 위해 아랍에미리트연합에서 계속 일할 수밖에 없었다. 이혼한 42세의 스리랑카 여성 랄라니는 쿠웨이트에서 7년간 일을 했는데 미라와 비슷한 일을 겪었다. 랄라니는 월급 전체를 언니에게 보냈는데, 집으로 돌아왔을 때 언니가 랄라니를 위한 저축은커녕 모든 돈을 자신의 남편과 아이들에게 써 버렸다는 사실을 알게 되었다. 랄라니는 자신을 위한 돈을 모으기 위해 1999년 말에 다시 쿠웨이트로 떠나야 했다.

송금은 분명 이주자 가족의 소비 양상을 변화시킨다. 가족 구성원과 친척들이 장기적인 계획 없이 돈을 써 버리는 경우가 종종 있다. 거의 모두가 특히 텔레비전이나 비디오, 오디오 등의 가전제품을 바로 사는데 이런 가전제품들은 대다수 저소득층이 열망하는 중산층 지위의 상징이기 때문이다. 이주여성들은 대개 이런 행동들은 참는다. 사실 이주여성들도 이런 제품들이 자녀와 가족에게 좋다고 믿는다. 텔레비전은 특히 귀중하게 여겨지는데 가족들을 한자리에 모이게 하고 아이들이 집에 머무르도록 하여 마약 등을 가까이하지 않게 만들어 주기 때문이다. 필리핀 귀환 이주자인 로사는 "우리 마을에는 놀거리가 별로 없어요. 영화관도 없고 콘서트장도 없고… 그래서 어린 아이들이 자기들끼리 어울리면서 마약을 하죠. 그런데 텔레비전이 있으면 가족들과 둘러앉아 저녁 식사 후에 같이 텔레비전을 봐요. 텔레비전을 보면서 함께 이야기도 나누고요. 밤에 마약하러 밖에 나갈 필요가 없는 거죠"라고 말했다.

이런 기기들이 가져다주는 즐거움을 이주자 어머니들은 매우 높이 평가한다. 게다가 이런 제품들은 이주여성 스스로의 성공을 상징하기도 한다. 연구자가 필리핀, 스리랑카, 방글라데시에서 방문한 대부분의 가정에는 텔레비전과 비디오가 가장 눈에 잘 띄는 곳에 놓여 있어 방문객이 집 안에 들어서자마자 그것들을 볼 수 있었다. 이처럼 반짝반짝 윤이 나는 가전제품들은 어두컴컴한 집에 어울리지 않는 것처럼 보이기도 한다. 이 제품들은 윤이 날 만큼 깨끗하게 닦여 있으며 천으로 된 예쁜 덮개로 꾸며져 있거나 여러 장식들이 달려 있어 가족 위패인 것처럼 보인다. 내가 집 내부 사진을 찍을 때마다 항상 텔레비전이나 비디오 기기가 나와야 한다고 요청하고는 했다. 심지어 송금으로 받은 돈을 다 써 버려 한 푼도 남아 있지 않는 경우에도 이런 제품들을 팔지 않는다. 이런 기기들은 여전히 집에서 가장 중심을 차지한다.

많은 이주여성들은 집으로 되돌아 온 뒤 가족들이 저축을 거의 안 했다는 사실을 깨닫고는 다시 이주한다. 그러나 많은 경우 두 번째 이주할 때는 보다 분명한 전략들을 세운다. 어떤 여성들은 가족에게 어떻게 받은 돈을 쓰고, 얼마를 은행에 저축해야 하는지를 분명히 일러둔다. 홍콩에 거주하는 35세의 필리핀 이주자인 루실라는 이제 남편에게 어떻게 예산을 세울지에 대한 자세한 설명을 하고 월급의 절반만 보낸다. 그러나 이 모든 과정이 쉽게 이루어지지는 않는다. "남편은 여전히 친구들에게 돈을 빌려 술을 더 마시고 있어요"라고 그녀는 말했다. 다른 여성들도 집에 돈을 덜 보내고 월급의 상당 부분을 개인 계좌에 저금한다. 그러나 돈을 더 보내 달라는 가족의 편지를 받기 때문에 이는 그리 쉬운 일이 아니다. 일부는 그런 압력에 굴복하기도 하지만 과거 경험을 통해 깨달은 대다수 이주여성들은 확고하게 자신을 위하여 수입 일부를 따로 저축한다.

그런가 하면 어떤 여성들은 스스로가 돈을 관리하는 데 어려움을 겪는다. 개발도상국의 저소득 가정에서 자라난 이주여성들은 쇼핑몰과 놀이공원 같은 도시 문화에 흠뻑 젖는다. 이주 경험은 소비자로서 가지게 되는 기대를 완전히 변화시킨다. 몇몇 젊은 필리핀인들은 이주 초기에 너무 신이 나서 옷이나 화장품, 향수, 보석 등을 사는 데 돈을 너무 많이 썼다고 고백하기도 했다. 아랍에미리트연합에서 비서로 일하는 필리핀인 파즈는 처음 몇 년 동안에는 저축을 많이 할 수 없었다고 회상했다. "결혼하기 전에 좀 놀았죠. 친구들과 디스코텍이나 파티에 많이 갔었어요. 돈 쓰는 것을 좋아했거든요."

다른 이주여성들, 특히 중동에서 가사 노동자로 일하면서 휴일이 없어 해외에 거주하는 동안 돈을 쓸 기회가 없었던 여성들은 본국으로 돌아온 후에 돈을 많이 쓴다. 스리랑카의 귀환 이주여성들은 부유한 국가의 삶의 방식에 익숙해진 탓에 시골 생활에 재적응하는 데 어려움을 겪는다. 심지어 이런 어려움을 지칭하는 경멸적인 용어가 있는데 바로 '두바이 신드롬'이다. 이 용어는 해외에서 본국으로 돌아온 이주여성이 과도한 화장과 호화스러운 옷차림, 액세서리를 착용하는 현상을 지칭한다. 지역의 한 여성은 귀환 이주자에 대해 비판적이었는데, "그 사람들은 걸으면 되는데 꼭 짧은 거리를 갈 때도 삼륜 오토바이를 타요. 계속해서 원하고 또 원하죠"라고 말했다. 비록 이런 말들은 질투를 담아 하는 말들이겠지만 그렇다고 해도 분명 이주가 많은 여성들의 소비 심리를 바꾼 것은 분명하다. 해외에서 오래 일하고, 더 많은 돈을 벌수록, 이들은 좀 더 부유한 삶의 방식을 열망한다. 어떤 여성들은 부유한 삶을 살겠다는 의욕을 가지고 계속해서 이주한다.

이주여성들이 돈을 탕진하는 현상은 또한 복잡한 사회적 차원을 내포한다. 부분적으로 이런 현상은 이주여성들이 본국에 스며드는 데 겪는 어려움을 반영한다. 스리랑카의 일부 이주여성들이 과시적 소비에 몰두하는 것은 이웃이나 지역 사회 일원에게서 느껴지는 질투, 낙인, 다른 부정적인 태도에 대응하는 방식이다. 이 여성들은 자신의 경제적 지위가 높아졌다는 것을 드러냄으로써 본국에서 낮아진 사회적 지위를 보상받고자 한다. 심지어 여성이주에 대한 사회적 편견이 적은 필리핀에서조차 일부 여성들은 여전히 가족, 친구, 친척들을 대접하기 위해 또는 이들에게 돈을 빌려주느라 많은 돈을 허비한다. 이주자들은 주위 사람들을 도와주어야 한다는 사회적인 압박을 받는다. 지역 사회는 이주자들의 실제 경제적 상황과 관계없이 이들을 '벼락부자'로서 취급하고 자애로운 기부자처럼 행동하기를 기대한다.

적은 저축과 과소비, 게다가 높아지는 주변의 기대는 많은 이주자들을 순환 이주에 빠져들게 한다. 그러나 해외에서 오래 일한다고 해서 곧바로 더 나은 삶이 보장되는 것은 아니다. 43세의 필리핀 여성인 로시타는 홍콩에서 일한 지 10년이 지났지만 저축을 아주 조금밖에 하지 못했다고 말했다. 본국에 보냈던 돈 전부가 가족을 위해 쓰였다. 처음에는 가족들의 생계를 위해 쓰였고, 그다음에는 남편과 부모의 치료비로, 그러고 나서는 장례 비용으로 돈이 나갔다. 일반적으로 대다수 이주여성들이 충분한 돈을 저축하는 데 적어도 5년 정도가 걸린다. 5년 이상 해외에서 일한 이주자 중에서 필리핀인의 54%, 스리랑카인의 67%가 저축을 충분히 했다고 답했다. 4년 이하로 일한 단기 이주자 경우에는 필리핀인의 23%, 스리랑카인의 18%만이 저축을 할 수 있었다고 대답했다. 해외에 체류하면 할수록 저축할 가능성이 높아진다는 사실을 고려할 때, 많은 이주여성들이 해외에 오래 체류하거나 순환 이주에 빠져드는 경향이 있다.

와해되는 가족 관계

가족 문제도 이주여성이 해외에서 체류 연장을 결심하거나 순환 이주에 빠져들게 하는 데 상당한 영향을 미친다. 일단 이주자들이 집을 떠나면 가족 상황은 결코 예전과 같지 않다. 기혼 여성이 미혼 여성에 비해 문제가 더 심각한데, 남편과 자녀들이 부인과 엄마가 없는 상황에 적응하는 데 어려움을 겪기 때문이다. 여성들이 겪는 가장 흔한 가족 문제는 남편의 외도와 자녀가 방치되는 것이다. 홍콩에서 일했던 45세의 필리핀 여성인 스텔라는 친구의 편지를 받고 남편이 같은 마을의 누군가와 바람을 피고 있다는 사실을 알게 되었다. "저는 집으로 바로 왔어요"라고 그녀는 말했다. 그러나 집으로 돌아왔을 때 가족이 더 이상 화합할 수 없다는 것을 깨달았다. "식사도 모두가 먹고 싶을 때 먹고 싶은 것만 먹었어요. 가족이라는 느낌은 하나도 없었어요. 슬펐죠." 스텔라는 가족 관계가 예전처럼 다시 좋아지기 위해 부단히 노력했고 다행히도 조금씩 나아졌다. 그러나 결코 가족의 삶은 예전과 같아질 수 없었다. 모두가 스텔라처럼 운이 좋은 것은 아니다. 홍콩에서 일하는 41세의 스리랑카 여성 아프사라는 다른 여성에게 가기 위해 자신을 떠나려는 남편과 이혼했다. 남편은 아프사라가 해외에서 오랫동안 일하여 번 돈으로 구입한 집과 땅 모두를 차지했다. 37세의 스리랑카 여성인 말라니도 마찬가지 경우였다. 말라니가 쿠웨이트에서 일하는 동안 남편은 애인이 생겨 아이들을 버렸는데 결국 그 애인은 남편을 살해했다.

많은 여성들이 가족의 행복한 미래를 꿈꾸며 이주하지만 가족을 위태롭게 하는 문제에 직면하고 만다. 최악의 경우는 아프사라나 말라니의 사례처럼 별거나 이혼으로 끝나는 것이다. 일단 여성이 별거를 하거나 이혼을 하게 되면, 이들은 '진정한' 생계 부양자가 되고 경제적 책임은 가중된다. 이 모든 경우가 이들로 하여금 일을 할 수 있는 한 해외에 오래 체류하거나 또는 더 높은 임금을 주는 곳으로 계속 이주하게 만드는 이유가 된다.

별거나 이혼까지 이르지는 않지만 이주여성이 가능한 집에서 떨어져 있고 싶게 하는 심각한 문제들도 때로 발생한다. 앞서 살펴본 피오나의 경우 남편은 피오나에게 알리지도 않고 자녀들을 친척집에 맡겼다. 이 사실을 알게 된 피오나는 남편이 직업도 없고 자녀를 돌볼 시간이 많은데도 그렇게 했다는 사실에 특히 더 화가 났다. 게다가 시집 식구들이 막내아들을 함부로 대하고 남편은 자신이 홍콩에서 보낸 돈 전부를 쓰고 있다는 사실을 알게 되었다. 이후 피오나는 남편에게 다른 감정을 가지게 되었다. "이제 저는 그 사람이 제 남편이라고 생각하지 않아요. 그냥 친구라고 느끼죠." 남편과 다시 결합하여 살아보겠다는 희망을 잃어버린 후 피오나는 자녀들을 친정 부모에게 맡기고 홍콩에 더 오래 있기로 결심했다.

특별히 심각한 갈등이 없는 경우에도 오랫동안 떨어져 있다 보면 가족 간의 유대가 약해질 뿐더러 본인 역시 꼭 집으로 돌아와야겠다는 생각이 줄어들게 된다. 49세의 필리핀 여성인 이멜다는 홍콩에 온 1982년 이래로 계속 홍콩에서 일한다. 남편은 이미 오래전에 자신을 떠났고 그것이 처음 이주를 결심한 이유였다. 이멜다가 이주해 있는 동안 친정어머니가 세 자녀를 돌봐주었다. 아이들은 이제 모두 성년

이 되어 큰 아들이 서른두 살, 막내가 스물네 살이다. 이멜다는 자식들을 다 키우고, 교육까지 시켰다는 데 자긍심을 가지고 있었다. 그러나 자녀들이 다 컸는데 왜 본국으로 돌아가지 않느냐고 물었을 때 이멜다는 자녀들에게서 이제는 좁힐 수 없을 만큼의 거리감을 느낀다고 대답했다. 이멜다와 자녀들은 더 이상 엄마와 자녀로서 대화가 가능하지 않다고 했다. "이제는 집으로 돌아가고 싶지가 않아요"라고 이멜다는 슬픈 목소리로 대답했다. 이주여성들이 얼마나 많은 돈을 그들에게 주었는지는 중요하지 않다. 엄마와 자식 간의 잃어버린 감정적 유대를 보상하기에, 가족 간의 분열을 회복하기에는 충분하지 않기 때문이다. 또 다른 필리핀 여성인 로시타는 여력이 되는 대로 13살 아들에게 모든 것을 사 주었다. 텔레비전, 비디오, CD 플레이어, 게임기, 장난감 등이 그것이다. 그러나 하루는 아들이 로시타에게 이렇게 말했다. "엄마, 나한테 돈만 부쳐 주면 필리핀으로 올 필요 없어요." 로시타는 한숨을 쉬며 "정말 상처받았어요. 슬펐고요"라고 말했다. 홍콩에 있는 35세의 필리핀 여성 세실도 가족과 너무 오래 떨어져 지낸 것을 후회했다. "아이들이 성장하는 모습을 볼 기회를 놓쳤어요. 자녀들을 돌볼 수도 없었고요. 해외에서 일하는 것은 참 좋은 일이죠. 돈도 벌고요. 그러나 아이들에게는 좋지 않아요." 많은 이주여성들이 자신의 삶 속에서 무엇을 잃어버렸는지 깨닫지만 되돌리기에는 너무 늦은 경우가 많다.

거의 모든 이주여성들이 떨어져 지내는 동안 가족 문제를 경험하는 것처럼 보인다. 피오나에게, 다른 친구들에게 해외 이주노동을 추천하고 싶은지를 묻자, 그녀는 "절대 그렇지 않다"고 대답했다. "친구들이 내가 경험한 것을 경험하지 않으면 좋겠어요. 여기에 있는 많은 이주여성들에게 가족 문제가 있어요. 정말 많이요! 당신에게는 말을 안 할지도 모르지만 실제로는 많은 문제를 가지고 있어요." 심각성 정도는 다르지만 이 같은 가족 문제들 때문에 이주여성들이 체류 연장 또는 순환 이주와 같은 덫에 빠지며, 더 나아가 본국으로 돌아가고 싶어 하지 않게 된다.

삶의 주기

이주여성들이 해외 체류 기간을 영원히 연장한다거나 순환 이주에 영원히 빠져들지는 않는다. 대개가 결국에는 집으로 돌아오는데 대다수 아시아의 유입국들이 이들이 정착할 수 없도록 매우 엄격한 정책들을 시행하기 때문이다. 시민권은 차치하더라도 미숙련 이주여성들이 영주권을 획득하는 일은 불가능하다. 일부 국가들은 이주여성이 자국 시민과 결혼하는 것조차 금지한다. 이는 비록 미숙련 이주여성들이 영구적으로 체류하고 싶어도 목적국에서 은퇴라는 선택을 할 수밖에 없음을 의미한다.

게다가 대다수 이주여성들이 하는 가사 노동이나 유흥업소 일들은 육체적으로 고되기 때문에 나이가 들수록 더 힘들어진다. 이 여성들의 노동 시간은 매우 길어서, 연구에 참여한 가사 노동자들은 하루에 16시간을 일했고, 그중 중동에서 일하는 여성들은 거의 하루도 제대로 쉬지 못했다. 한편으로 수요자 측면의 요소도 있다. 홍콩의 한 고용알선업체는 젊은 여성이 좀 더 힘이 넘치고 효율적으로 일하기 때문에 고용주들이 젊은 여성을 가사 노동자로 고용하기를 선호한다는 사실을 알아차렸다. 이 사실들이 왜 마흔이 넘은 이주여성을 거의 찾아볼 수 없는지 설명해 준다.

함정에 빠지는 양상

이주여성이 순환 이주라는 함정에 빠질 가능성은 앞서 서술한 이유 때문에 항상 존재한다. 함정에 빠지는 양상은 <그림 5.1>과 <그림 5.2>에서 보이는 것으로 요약될 수 있다.

물론 순환 이주나 해외 체류 연장이 모든 사례에서 일어난다고

그림 5.1 ▌이주여성의 함정 기제 I : 실패 모델

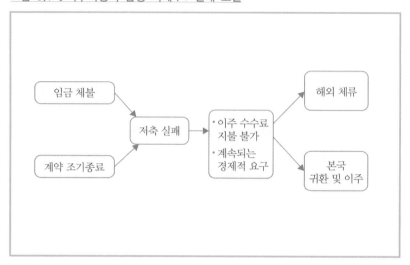

주장하는 것은 아니다. 강간, 성희롱, 신체적 학대 등으로 정신적 충격을 받은 이주여성 중 일부는 결코 이주를 다시 하지도, 체류를 연장하지도 않는다. 그러나 비슷한 경험을 한 또 다른 일부는 여전히 이주를 하기도 한다. 그러한 문제가 없었던 경우에는 이주자가 해외 체류를 연장할 가능성이 1차 이주 후에 훨씬 더 높아진다. 특히 높은 수수료와 임금 체불로 큰 빚을 지게 된 경우에 그렇다. 순환 이주에 간접적으로 영향을 미치는 요인은 여성의 자신감 향상이다. 연구 참여자 대다수가 해외에서 살면서 겪는 어려운 경험들을 이겨 내고 외국인 고용주의 악행에 대처하면서 스스로에게 더 많은 독립심과 자신감이 생겼다고 답했다. 이 같은 자신감은 과거의 어려웠던 경험에도 불구하고 여성들이 다시 이주하도록 힘을 준다.[58]

단계별 이주

일부 이주여성들은 '함정 기제'에 빠져서가 아니라 북미 지역에 정착하겠다는 장기 목표 때문에 순환 이주를 하기도 한다. 아시아 대다수

그림 5.2 ▌이주여성의 함정 기제 II : 성공 모델

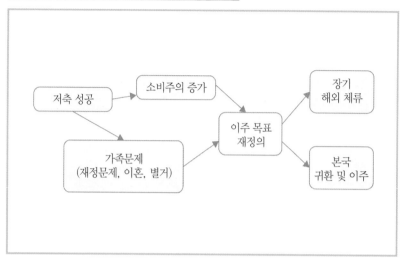

목적국들은 저숙련 노동자가 자국에 정착하는 것을 방지하고자 매우 엄격한 이민정책을 시행하는 반면 북미 지역, 특히 캐나다에서는 영주권과 시민권을 보다 쉽게 획득할 수 있다. 미국 이민정책은 제3세계 여성이 합법적으로 간호사로 들어오는 것은 허용하지만 단기간 가사 노동자로 일하는 것은 허용하지 않는다. 한편 캐나다는 이주여성을 돌봄 노동자로 받아들인다. 캐나다의 돌봄 노동자는 몇 년이 지난 후에 영주권을 신청할 수 있다. 이 때문에 캐나다는 많은 아시아 이주여성들의 '꿈의 종착지'가 된다. 이들 중 일부는 캐나다인 남편을 만나 캐나다 시민권을 취득하여 본국의 가난으로부터 영원히 탈출할 수 있기를 희망한다. 그러나 높은 수수료와 경력 조건 때문에 대다수 이주여성들이 북미 지역에서 직장을 얻기가 매우 어려운 것이 현실이다.

그런 상황을 고려하여 일부 여성들은 연구자가 '단계별 이주'라 칭하는 장기 전략을 세운다. 이들은 먼저 아시아 국가에서 일을 시작하여 돈과 경험을 축적하고, 어느 정도 축적이 되면 캐나다에 일자리

를 지원한다. 이들 중 많은 수가 수수료가 가장 적은 중동 지역에서 일을 시작하고, 그다음에 홍콩이나 싱가포르로 이동, 마지막으로 캐나다로 간다. 맥캐이 자료는 캐나다 내 돌봄 노동자의 43%가 홍콩이나 싱가포르와 같은 아시아 국가에서 일한 경험을 가지고 있다는 사실을 보여준다.[59] 이런 경우 여성들이 캐나다 시민권을 획득하고 정착한 후에야 순환 이주가 끝이 난다.

결론

이번 장에서는 이주여성들의 맨 얼굴에 초점을 두고 여성들 간의 유사점과 차이점을 강조하고자 했다. 빈곤이나 사회적 연결망과 같은 다양한 미시적 요인들이 방글라데시를 제외한 많은 여성들로 하여금 필리핀이나 스리랑카에서 이주하도록 이끌었다. '이주 문화'의 영향은 특히 필리핀과 스리랑카에서 주목할 만했다. 이들 국가에서는 이주여성의 딸들이 경험하는 사회화 과정을 통해 세대를 넘어서는 여성이주를 촉진하고 있었다.

이번 장에서는 또한 이주 결정에 있어서 여성의 자율성이 가지는 중요성을 구체적으로 보여주고자 했다. 가족이 1차적인 의사 결정 단위라는 기존의 전제와는 대조적으로 이 연구에서는 이주에 관한 결정을 여성 스스로 내리고 있음을 보여주었다. 여성의 결정권은 가족 내에서 수행하는 여성의 역할과 자율성의 수준에 따라 결정된다. 가족 내에서 여성이 짊어지고 있는 경제적 책임도 중요한 영향을 미친다. 여성이 경제적으로 더 많은 책임을 지고 있을수록 가족 구성원 모두의 장단기 경제적 필요를 보다 날카롭게 인식하고 있기 때문에 이런 필요성을 충족하고자 해외로 일하러 가야겠다는 마음을 더 많이 먹게 된다. 동시에 이주여성들이 전적으로 가족만을 위해 사는 것은 아니다. 꽤 많은 여성들이 단지 가족 구성원을 위해서가 아니라 자신의 목표와 목적을 이루기 위해 이주했다. 전반적으로 필리핀과 스리랑카의 이주여성들이 대다수 이주 문헌에서 언급한 것보다 훨씬 많은 자율성과 의사 결정권을 가지고 있었다.

　방글라데시 여성들은 이주에 대한 동기를 많이 가지고 있지는 않았는데 아마도 이는 가족 내 지위 때문일 것이다. 필리핀이나 스리랑카 여성과 비교해서 방글라데시 여성들은 가족 내 의사 결정권이 훨씬 적었다. 이는 여성이 이주에 대한 결정을 내릴 때도 반영된다. 방글라데시 이주여성이 스스로 결정하여 이주했다기보다는 남편이나 가족 구성원이 설득해서 해외로 이주한 경우가 많았다. 전반적으로 저소득층의 방글라데시 여성들은 이주를 결심할 만큼의 경제적 책임을 지고 있지 않다. 부분적으로는 낮은 교육 수준 때문에 여성들이 가족의 장기적 재정 계획을 세우겠다는 의지가 부족한 것도 또 다른 이유이다. 이러한 예들은 가족 안에서 여성의 자율성과 성별 역할이 국가 정책이나 다른 거시적이고 구조적인 요인들만큼이나 중요하다는 것을 분명히 보여준다.

　이번 장에서는 또한 이주여성들이 경험하는 '함정 기제'를 살펴보았다. 돈을 벌었든, 벌지 못했든 간에 이주여성이 장기 이주나 순환 이주에 빠져들 가능성이 있었다. 그것은 임금 체불이나 저임금, 이주자나 다른 가족 구성원의 잘못된 재정 관리, 소비주의의 확대, 그리고 가족 문제로 인해 항상 존재할 수밖에 없다. 게다가 일부 이주여성들은 아시아 다른 나라로의 단기 이주를 북미 지역으로 영구 이주하기 위한 디딤돌로 여겼다.

　개별 요인들은 여성이주 과정과 양상에 상당한 영향을 미치고 있다. 그러나 이런 요인들이 여성을 둘러싼 사회적 환경과 별개로 영향을 미치는 것은 아니다. 다음 장에서는 개별적인 행위들이 특정한 사회적 환경에 의해 어떤 영향을 받는지, 혹은 그 반대인지를 설명하면서 중간 수준의 사회적 요인들을 좀 더 살펴볼 것이다.

women in motion

6. 사회적 인정성:
여성이주와 지구화의 연결 고리

6장
사회적 인정성: 여성이주와 지구화의 연결 고리

여성의 국제이주는 각 나라마다 다른 의미를 지닌다. 필리핀에서는 이주를 국가와 가족을 위한 용감한 희생으로 여기며 대통령이 이주여성들을 국가 영웅으로 선포한다. 방글라데시에서는 다소 부정적이어서 구체적 증거가 부족함에도 불구하고 이주자를 성병을 옮기는 존재로 낙인찍고 비난한다. 국제 이주여성을 둘러싼 사회적 환경은 왜 서로 다른 모습으로 존재하는가? 어떤 요인들에 따라 이주여성은 긍정적 또는 부정적으로 인식되는가?

이 장에서는 거시적인 요소들을 미시적인 수준과 연결시키는 유용한 도구로서 사회적 인정성이라는 개념을 제시한다. 사회적 인정성은—국가뿐 아니라 사회 내 다양한 담론 속에서 나타나며—사회 또는 공동체가 개인의 특정한 행동 양식에 부여하는 '승인'이라고 정의할 수 있다. 사회적 인정성은 국제 여성이주의 양상을 정하는 중요한 결정요소로서 여성의 이주 여부에 직접적으로 영향을 끼친다. 국제 여성이주를 위한 사회적 인정성은 (1) 여성 고용의 전통 (2) 지구화에 따른 노동력의 여성화 (3) 여성의 도농 간 이동 (4) 특히 교육 분야에서의 전반적인 남녀평등에서 비롯된다고 본다. 본 연구에서는 주요 송출국인 필리핀, 스리랑카, 인도네시아에서는 국제 여성이주를 위한 사회적 인정성이 존재하는 반면, 비송출국인 방글라데시, 인도 그리고 파키스탄에는 존재하지 않는다고 본다.

사회적 인정성은 결코 고정되어 있지 않으며 시간이 지나면서 점진적으로 변한다. 경제 지구화와 그로 인한 수출 위주의 산업화는 이같은 변화에 특히 강력한 영향을 끼쳤다. 여성 고용을 선호하는 다국적 기업은 도농 간 여성이주를 유발해 왔으며, 수출자유지역을 포함한 도시 지역의 산업 노동력을 여성화시켰다. 그러나 수출자유지역과 수출위주산업화는 국제 여성이주에 직접적인 영향을 미치지는 않았다. 이주 관련 문헌들이 어떻게 제시하든지 간에[1] 본 연구에서는 여성의 도농 간 이주가 국제이주를 위한 예비노동력을 제공하였다는 사실을 발견하지는 못했다. 여성의 국내와 국제이주에 미친 수출자유지역의 영향은 관련 문헌들이 제시한 것보다는 훨씬 적었다. 산업화는 여성의 도농 간 이주에 중요한 동력이었으나 국제이주를 직접적으로 초래하지는 않았다.

오히려 수출위주산업화는 국제 여성이주의 사회적 환경과 사회적 인정성을 제공하는 데 이바지하였다. 어떻게 이런 일이 발생하였을까? 이 장에서는 국제 여성이주를 위한 사회적 인정성이 왜 필리핀과 스리랑카에서는 나타났고, 방글라데시에서는 나타나지 않았는지를 조사할 것이다. 특히 지구화, 수출위주산업화, 도농 간 이주 그리고 국제 여성이주 사이의 복잡한 연결고리들을 밝히고자 노력할 것이다.

지구화와 여성 노동

지구화는 다양한 국면을 거치면서 제3세계 여성들에게 지대한 영향을 미쳤다. 19세기부터 20세기 중반까지 제국주의 세력은 식민지의 여성들을 끌고 가 대규모 농경지에 일용 노동자로 일하도록 몰아넣었다. 값싼 여성 노동력은 식민지 경제에 결정적이었다. 세계은행은 지구화의 세 차례 물결을 구별하였다. 제1의 물결은 1870~1914년,

제2의 물결은 1945~1980년, 제3의 물결은 1980년 이후부터 현재에 이른다.[2] 그러나 최근 나타난 지구화 양상은 개발도상국 여성들에게 더욱 강력한 영향을 끼쳤다. 개발도상국에서는 수입대체산업을 수출 위주의 산업으로 이동시키면서 제3의 물결이 시작되었다. 처음에 수입대체 전략은 종속이론의 결과로 나타났는데, 이 이론은 저개발의 문제가 국제 무역 체제의 불평등에서 비롯된다고 보았다. 수입대체 전략의 목표는 자국 산업 능력을 향상시키고 외화의 반출을 줄이기 위함이었다. 이런 정책 구도하에서 개발도상국은 산업화된 국가들로부터 제조상품의 수입을 줄이고, 자국 제품으로 대체하려 했다. 그러나 이와 같은 민족주의적이고 폐쇄된 경제정책은 한계에 부딪혔는데 국내 산업들을 개발하기 위해서 여전히 값비싼 상품과 원료를 수입해야만 했기 때문이다. 게다가 자국 시장은 이러한 산업들을 성장시킬 수 있을 만큼 충분히 크지 않았다. 유가 인상 및 농산물 가격 하락뿐 아니라 이런 요소들 때문에 많은 개발도상국가들은 국제수지 악화에 직면하였다.[3]

　　1960년대 초반, 한국과 싱가포르 및 대만은 수입대체산업에서 수출위주산업으로 옮겨 갔다. 이들 신흥 산업국가의 성공은 점차적으로 다른 아시아 국가들이 따르기에 적합하다는 확신을 심어 주었다. 필리핀은 다른 아시아 개발도상국보다 빠른 1960년대 후반에 경제를 자유화시켰다. 스리랑카는 1977년에 자유화하였고, 방글라데시는 그보다 훨씬 늦은 1980년대 중반에 가서야 자유화하였다. 수출위주산업화로의 이동은 경제적 어려움을 겪고 있던 개발도상국들에게 IMF와 세계은행 같은 국제경제기구들이 부과한 구조조정 프로그램의 주요한 부분이었다. 개발도상국은 외채를 도입하기 위하여 이 프로그램을 수용해야만 했다. 신고전주의 경제모델과 자유 시장 원리에 근거하여 개발도상국가들은 다양한 개혁이 포함된 구조조정을 요구받았다. 1979년부터 시작된 구조조정개혁은 무역/재정 자유화, 산업분야의 민영화,

통화절하 그리고 외국투자의 촉진 등을 포함했다.[4]

　이러한 구조조정이 강제한 경제 긴축은 개발도상국가의 여성 고용에 커다란 충격을 가하였다. 개발도상국들은 예산의 균형을 맞추기 위하여 긴축재정을 하도록 강요받았다. 이것은 많은 산업분야에서 보조금 삭감을 의미하였으며 가난한 사람들이 가장 심하게 영향을 받았다. 구조조정 프로그램이 이행된 대부분의 나라에서 실업이 폭등하였는데 주로 수입이 적은 계층에서 많이 일어났으며 그리하여 저소득 계층은 더욱 빈곤해졌다. 동시에 신산업 정책들 특히 수출자유지역 설립은 도시 지역에 여성 직업을 창출하기 시작하였으며 이것이 국내 여성이주를 부추겼다. 많은 개발도상국에서 도시 제조 분야의 여성 노동력 비율이 증가하였다.

　수출자유지역은 외국 투자를 늘리기 위해 다양한 세금 인센티브 제공 및 재정적인 혜택을 제공했을 뿐 아니라 노동자들이 노동조합에 가입하는 것을 금지했다.[5] 수출자유지역에 공장을 세운 다국적 기업 대다수는 여성 노동자들을 선호하였는데 여성들은 저임금 고용 조건을 수용하였고 순종적이었으며 작업을 위한 '재빠른 손'을 가졌다고 여겼기 때문이다. 전통적인 성차별 이데올로기는 여성을 보충적인 임금 노동자로 범주화하였으며 이것이 다국적기업에게 경쟁 우위—여성에게 불이익을 주면서 얻은 상대적인 혜택—를 얻게 해주었다.[6] 수출자유지역은 농촌과 도시 지역 모두에서 실업 여성 노동력을 흡수하였다. 대규모의 젊은 미혼 여성들이 농촌에서 도시로 이주하였다. 수출자유지역의 대부분 생산직 노동자들은 여성이었고 현재까지도 여전히 그렇다. 다음으로 개별 나라들의 경우들을 좀 더 자세하게 조사하여 경제적 지구화가 여성의 고용 및 도농 간의 이동에 미친 실제적인 영향을 살펴볼 것이다.

필리핀

필리핀은 경제 전략이 다소 일찍 변화하였다. 1940년대 후반에 시작해 카를로스 가르시아 대통령 시절인 1950년대 후반에 보다 본격적으로 수입대체산업이 한정된 범위 내에서 추진되었다.[7] 그러나 수입을 제한하고 자국 기업을 우선시한 가르시아의 '필리핀 우선 정책'은 실패했는데 이는 부분적으로 미국의 개입 때문이었다. 1961년 미국의 지원을 받은 디오스다도 마카파갈Diosdado Macapagal이 대통령이 되면서 수출위주산업이 점진적으로 수입대체전략을 대체했다.

경제자유화와 수출위주산업은 1965년 마르코스 통치 이후에 더욱 가속화되었다. 예를 들면, 1967년의 투자장려법은 외국 회사들이 51%보다 적은 국내 지분을 가지고 일정한 조건하에서 운영하도록 허용하였다. 개척 산업 분야에서는 100% 외국지분을 허용하였다.[8] 최초의 수출자유지역은 1967년 바타안에 생겼으며 제도적인 체계는 1970년 수출장려법령과 1969년의 공화국법령 5490조에 따라 더욱 강화되었다.[9] 수출자유지역은 20년 동안 계속 증가하였다. 1997년에는 25개의 수출자유지역이 존재했다.[10] 그중 주요 지역 4곳의 직·간접 고용이 1980년 5만 6,525명에서 1997년 45만 9,272명으로 증가하였다.[11] 1994년 이 지역의 노동자들 중 74%는 여성이었다.[12] 그들 대부분은 농촌 지역에서 이주해 왔다.

도시 지역 내 수출자유지역의 설립과 수출위주산업은 전반적인 노동력 특히 여성 노동력의 수요를 증가시켰으며 이는 도농 간 이주의 증가로 이어졌다. 농촌 지역의 빈곤과 실업 문제는 도시화를 가속화하였다. 1970년대만 해도 여전히 농업국가였던 필리핀은 인구의 68.2%가 농촌 지역에 거주하였다. 하지만 1990년대 말에는 도시 인구가 50%를 초과하였다.[13]

여성은 1960년대 이후부터 국내이주의 큰 부분을 차지하였다. 1973년에는 도농 간 전체 인구이동의 61%가 여성 이동이었으며, 반면 남성들은 여전히 농촌-농촌 간 인구이동이 많았다.[14] 그러나 1980년 대에는 거의 모든 주州 사이의 인구이동에서 여성이 남성보다 많았 다.[15] 물론 이 이주의 흐름 전체가 수출위주산업과 연관되어 있지는 않다. 교육이주, 특히 고등교육을 위한 이주는 흔하였다. 게다가 서비 스 분야의 팽창은 도시 지역 내 여성 노동력에 대한 수요를 크게 야 기하였다. 다양한 자료에서 보이듯이 수출위주산업의 증가는 대도시 로 이동하여 고소득 직업을 찾으려는 여성들의 도농 간 이주 증가와 관련되어 있다. 다국적 기업은 우선적으로 여성들을 고용하였고 이것 이 이주의 여성화에 기여하였다. 농촌 지역에서 도시 지역으로 이주 하는 대다수 여성들은 젊고 미혼이었다. 제조업의 전체 고용은 1973 년 60만 명에서 1993년 110만 명으로 증가하였고 여성들은 이 중에 서 40% 이상을 차지하였다.[16] 1993년, 의복과 기성복 분야에서 약 70%의 노동자들이 여성이었다. 비공식 부문 역시 생산노동자의 수가 급상승하였다. 1978년에는 제조업 약 2,000여 곳의 하청업자들이 21 만 4,000명의 공장노동자와 재택 노동자 50만 명을 고용했다. 노동자 대부분은 여성이었다.[17]

스리랑카

스리랑카는 구조조정과 그에 따른 값싼 수입품의 유입으로 도기 공업과 직조업 같이 농촌 환경에 기반을 둔 소규모 공업들이 심각한 타격을 입었다. 이 산업들은 오랜 시간 여성에게 수입과 고용의 원천 이었다. 가장 심한 타격을 받는 분야는 국가의 지원을 받고 있던 직물 산업이었는데, 이 분야에서는 노동자 대부분이 여성이었고, 그동안 여 성 60만 명이 일해 왔었다.[18] 구조조정 프로그램이 실행되면서 기계 직기들이 기업에 도입되었고, 소규모 협동으로 운영되던 수직기 업자 들은 문을 닫기에 이르렀다. 결과적으로 1977년에서 1980년 사이에 40만 명의 노동자들이 직장을 잃어버렸다.[19] 자야위라는 스리랑카 여

성들이 이 시기 즈음에 중동의 가사노동자로 이주하기 시작하였다고 주장하였다.[20]

그렇지만, 경제 자유화가 단순히 여성들의 일자리 상실만을 초래하지는 않았다. 개혁이 시작되면서, 스리랑카의 외국인직접투자는 급속히 증가하였고 도시 내 여성 노동력의 수요가 증가하였다. 1978년 외국인 직접투자회사의 연 수입이 약 200만 달러 적자였지만, 일 년만에 무려 4,700만 달러로 증가하였다.[21] 제조업 분야, 특히 의류산업에서 이와 같은 성장으로 많은 혜택을 입었다. 의류 수출은 1978년부터 1995년 사이에 4억 8,100만 달러에서 950억 달러로 증가하였다. 같은 기간 동안에 스리랑카 전체 경제에서 의류 수출이 차지하는 비중은 4%에서 48.6%로 급상승하였다.[22]

의류 산업에서는 주로 여성노동자들을 고용하였기에 의류산업의 성장은 여성들에게 많은 고용의 기회를 제공했다. 스리랑카의 수출자유지역 4곳에 관한 연구에 따르면, 이 지역의 80% 노동자들이 여성이었다.[23] 수출자유지역 바깥의 몇몇 공장에서는 여성 노동자 비율이 훨씬 높았다90~97%. 수출자유지역 내에서 남성들은 행정직과 감독직에 주로 고용되었으며, 수출자유지역 바깥 지역에서도 마찬가지였을 것이다.[24] 이 여성들은 농촌 지역에서 도시 지역으로 국내이주를 한 여성들이었다. 아베이와드네는 시골 마을 출신으로 공장 노동자가 된 여성은 65%에 이른다고 하였다. 이들 대부분은 젊고 미혼이며 상대적으로 많은 교육을 받았다. 이들 중 32% 이상이 후기 중등 과정의 교육을 받았다.[25] 여성들은 하루 약 10시간씩 힘든 조건에서 일하였다. 신입 노동자들은 한 달에 약 2,700루피를 벌었으며 이는 최저생계수준에 해당된다. 그럼에도 많은 여성들은 집안의 가난 문제와 생계 수단이 부족하기 때문에 이 직장에 계속 머무르려 했다.[26] 1981년과 1985년 사이에 제조업 분야의 여성 노동자 비율은 30%에서 49%로 증가하였다.[27]

방글라데시

방글라데시에서는 최근에야 여성 노동력이 공식적인 산업 분야로 진출했다. 여성을 사회에서 격리하는 이슬람 유산 때문에, 여성의 생산적 기여는 집 안에만 한정되거나, '바리'라 불리는 집 앞뜰 정도에 국한되었다.[28] 임금 노동자로 일하는 여성들도 있지만, 그들은 아주 소수였다. 1974년에 여성 노동참여율은 단지 4%로 추정되었다.[29]

게다가 수입대체산업의 변화는 방글라데시에서는 늦게 시작되었다. 경제 자유화는 수입대체 전략이 실패한 1982년에 시작되었다. 국가가 수출 위주의 사업 정책을 제도화한 이후에 공장들이 급격히 증가하였는데, 1976년에는 소수에 불과하였지만 1985년에는 약 700개에 이르렀다. 공장 대부분은 주로 다카나 치타공 같은 큰 도시에 있었다.[30]

세계은행의 권고로, 방글라데시는 다른 개발도상국가들이 걸어갔던, 수출자유지역 설립을 통한 해외자본 유치라는 길을 따라가기 시작하였다. 방글라데시 정부는 1980년에 방글라데시 수출 지역을 담당할 기구를 설립할 수 있는 법률을 제정하였으며, 1983년 치타공에 최초의 수출자유지역을 설립하였다. 그때부터 투자와 생산 수준이 극적으로 증가하였다. 치타공 수출자유지역의 투자는 1983년에 단지 90만 달러였으나 1999년, 2억 4,370만 달러로 증가하였다.[31] 그 기간 동안 투자 회사는 4곳에서 120곳으로 증가하였다. 이 같은 성공을 뒤따라 1993년 다카에 다른 수출자유지역이 세워졌으며,[32] 국내 및 외국 투자자들의 수요가 증가하자 코밀라, 쿨나 그리고 이쉬르디 지역에 3곳의 수출자유지역이 더 세워졌다.[33]

수출자유지역의 급격한 팽창은 나라 전반에 고용을 창출하였다. 1984년에 치타공 수출자유지역에는 단지 624명의 노동자들이 고용되었지만 1998년에는 4만 7,000명에 이르렀다.[34] 1998년부터 시작된 민간 수출자유지역은 직접고용창출이 15만 명에 이를 것으로 예상된다.35) 아시아의 다른 곳처럼 방글라데시의 수출자유지역 노동자들 대부분은 여성이다. 1998년에는 치타공 수출자유지역에서 여성이 노동자의 66.2%를 점하였다.36) 여성들은 특히 생산 분야에서 미숙련 직종에 집중되었다. 미숙련 노동자들이 98%를 차지하였으며 단지 15%만이 행정직과 감독직 노동자였다.37) 수출자유지역의 대부분 여성 노동자들은 젊고 미혼이다.

수출자유지역 안팎을 포함한 방글라데시 의류산업 전체로 보면 여성고용 수준은 과거 10년 동안 극적으로 증가하였다. 1984~1985년에 제조업 노동자 269만 9,000명 중 여성은 24.3%를 차지했다. 1998년에 2,600개의 의류공장이 생겼고 130만 명을 고용하였으며 그중 90%가 젊은 여성들이었다. 의류산업의 여성 고용 비율은 여성을 고용한 공식 산업 분야 전체의 70% 이상을 차지한다.38)

키브리아는 의류공장의 여성 노동자들을 연구하였는데, 이들 중 대다수가 미혼의 농촌여성이라고 본다.39) 폴 마줌더와 베굼은 기성복 분야에서 일하는 여성 노동자의 73%가 다카 근교와 좀 더 떨어진 농촌 지역에서 이주하였다고 보았다.40) 비수출업 분야의 노동자들 중에서 이주한 여성 노동자 비율은 단지 35% 정도이다. 따라서 수출 위주 의류산업이 여성의 도농 간 이주를 이끌어 낸 것은 분명하다.

수출 위주의 산업은 여성의 도농 간 이주를 확실히 이끌어 냈음에도 불구하고, 농촌 이주여성들의 고용 기회가 제약되어 있었기 때문에 공장에 취직을 하기가 실제로 쉽지 않다. 휴크 후세인은 농촌에서 온 장기 이주여성들의 5.5%, 최근 도착한 1.8%의 여성만이 다카의 의류산업에서 일하고 있다고 보았다.41) 사실상 이 여성들은 저임금을 받으며 가사 노동이나 다른 비공식적인 노동에 참여하는 경향이 있다. 장기 이주노동자의 40.5%와 최근 도착한 이주민 중 37.3%가 가사 노동에 참여하고 있다. 그리고 장기 이주자의 36.3%와 최근 이주자의 43.6%가 다른 비공식 분야에서 일하고 있다.42) 가내 노동을 하는 경우에는 지방 공장과 하청 계약을 하여 작업한 개수에 따라 돈을 받는 방식으로 일하고 있다. 이 같은 사실들은 많은 방글라데시 여성들이 여전히 보이지 않는 비공식 분야에서 노동한다는 것을 보여준다. 여성 노동자를 찾아볼 수 없는 공적 노동 현장의 현실은 여성과 남성의 영역을 분리하는 사회적 관점을 더 강화시킨다.

농촌여성들은 수출위주산업에서 일자리를 찾고자 도시로 이동했다. 그러나 이처럼 대규모로 성장하고 있는 산업도 농촌 출신의 여성 이주민들에게 충분한 기회를 제공하는 데는 실패하였다. 게다가 방글라데시의 도농 간 이주는 아직도 남성이 주를 이루었다. 대도시 지역에서 여성 100명당 남성 비율은 치타공 133, 다카 127, 쿨나 119, 라샤니 110의 비율로 심하게 왜곡되어 있다.[43] 더하여, 한 연구는 의류업에서 많은 여성들이 일하기 시작한 반면 다른 도시의 지역 공장에서는 여전히 여성보다 남성을 고용하고 있다고 밝혔다.[44] 국가 전체적으로 볼 때 임금 고용 시장에서 방글라데시는 필리핀이나 스리랑카에 비해 여성이 노동을 할 수 있는 범위가 한정되므로 산업 분야에서 일하는 여성 노동자를 보기가 드물다.

이주에 미친 수출위주산업의 역할 다시 보기

위의 사례 연구에서 보았듯이, 수출위주산업은 도시 지역의 여성 노동력 수요를 증가시켰으며 여성의 도농 간 이주를 이끌어 내었다. 그럼에도 여성들의 **국제이주**와 관련하여, 수출 위주의 산업 전략이 여성에게 직접적인 역할을 하였는지는 분명하지 않았다. 기존 문헌은 일반적으로 수출자유지역이 잠재적인 국제 이주민의 광범위한 층을 형성한다고 전제한다.[45] 그러나 경험적 자료들은 수출자유지역이 여성의 국제 이동에 어떤 유의미한 충격을 주지는 않았다고 제시하고 있다. 대조적으로 많은 연구들은 스리랑카 이주여성들이 이주하기 이

전에 대부분 임금 노동에 참여하지 않은 주부들이었다고 밝히고 있다.46) 필리핀에서조차 극소수의 이주민들만이 수출자유지역에서 일한 적이 있었다.

사실상 전체적인 여성 노동력과 이주에 미친 수출자유지역의 영향은 아주 제한적이다. 수출자유지역이 많은 관심을 끈 것에 비해, 실제로 대부분의 개발도상국 내 수출자유지역에서 고용된 여성 노동력 비율은 상대적으로 낮았다. 방글라데시에서는 수출자유지역에서 일하는 여성 노동자가 2002년 전체 여성 노동력에서 단지 0.4%를 차지하는 데 그쳤다.47) 스리랑카는 방글라데시에 비해 2배 이상의 수출자유지역을 가지고 있지만 고용에 미치는 역할은 여전히 제한적이다. 2002년 수출자유지역에 고용된 여성 노동자는 전체 노동력의 3.9%만을 차지했다. 아시아에서 수출자유지역이 훨씬 활성화되어 있는 필리핀조차 2002년을 기준으로 수출자유지역에 고용된 여성 노동력이 전체 여성 노동력의 5.0%를 차지했다.

수출자유지역의 실제 규모는 일반적으로 적다. 게다가 수출자유지역과 비수출자유지역 사이의 격차가 점차 줄어들고 있다. 수출자유지역이 처음 도입되었을 때, 기업들은 면세기간, 노동법 면제, 유리한 환율 등 다양한 혜택을 누렸다. 그러나 제조산업이 증가하면서 같은 혜택이 수출자유지역 바깥으로 확대되었다. 1992년 스리랑카 대통령 라나싱헤 프레마다사Ranasinghe Premadasa는 전 세계를 자유무역지대로 선언하였다. 이를 통해 외국기업들이 농촌 지역에 투자할 수 있도록 장려하였다.48) 상황은 필리핀에서도 비슷하여 외국 투자를 유치하고자 혜택 범위를 수출자유지역 이외까지 확대하였다. 1991년의 외국투자법, 1993년의 투자우선계획과 필리핀 수출개발계획은 거주 위치에 상관없이 투자자들에게 다양한 혜택을 제공하였다.49) 결과적으로 많은 다국적기업은 수출자유지역 밖에서 투자하였으며 이것이 수출자유지역과 비수출자유지역의 구분을 희미하게 하였다. 수출자유지역은 차별성을 잃었으며 외국 직접 투자의 단순한 상징이 되어 버렸다. 그러므로 여성 고용에 가해진 영향력을 판단할 때, 수출 위주의 산업정책은 수출자유지역에만 초점을 맞추기보다는 전반적으로 고려되어야 한다.

표 6.1 ▌세계경제에 통합된 국가별 경제 현황 차이

	GDP 내 상품무역 비율	GDP 내 수출비율	GDP 내 외국인직접투자 비율(%)
여성이주 송출국			
필리핀	22.1	12.3	0.7
스리랑카	17.9	9.3	0.4
인도네시아	15.2	7.9	0.9
비송출국			
방글라데시	7.0	2.7	0.2
인도	3.9	2.0	0.1
파키스탄	8.2	3.0	0.3

출처: 세계은행 2000년; UNDP 2000년.

수출위주산업은 직접적으로 여성의 도농 간 이주를 야기했지만 국제이주에 반드시 필수적인 요인은 아니었다. 그렇다 해도 수출위주 산업은 높은 여성 국제이주 비율과 관계된 것으로 보인다. <표 6.1>에서 보듯이 이주여성의 주요 송출국필리핀, 스리랑카, 인도네시아은 비송출국방글라데시, 인도, 파키스탄보다 수출의 규모가 크고 세계 경제에 빠르게 흡수되었다. 덧붙여 여성 이주민 송출국은 비송출국보다 여성들의 도농 간 이주가 높은 경향이 있다<표 6.2>.

표 6.2 ‖도시 인구의 성별 비율

연도	성비: 여성 100명당 남성	
	국가	도시 지역
이주여성 송출국		
필리핀 1970	98.8	93.3
1980	100.7	95.5
1990	101.1	97.7
1998	n.a.	94.4
인도네시아 1961	97.3	100.1
1971	96.8	100.0
1980	98.8	100.2
1990	99.5	99.9
스리랑카 1963	108.2	117.9
1971	106.1	113.3
1981	104.0	109.6
1996	97.4	n.a.
2001	97.9	102.2
비송출국		
방글라데시 1961	107.6	142.2
1974	107.7	129.4
1981	106.4	125.8
1991	106.1	118.1
인도 1961	106.3	118.4
1971	107.5	116.6
1991	107.9	111.9
2001	107.2	111.0
파키스탄 1961	111.1	130.1
1968	113.8	122.7
1981	110.5	115.3
1998	108.3	111.9

참고: n.a.＝자료 구할 수 없음.
출처: 구글러 1997; 인구통계사무소 2001; 국가통계.

거시-미시적 차원의 연결 고리: 사회적 인정성

수출위주산업과 국제 여성이주 사이의 관계를 어떻게 해석해야 할까? 수출위주산업이 초기에는 국가 내 여성 고용과 지리적 이동에 대한 '사회적 인정성'을 발전시키는 데 주요한 기여를 했다. 이것은 결국 국제 여성이주의 정당화로 이어진다. 이번 장에서는 어떻게 수출위주산업이 여성의 국내 도농 간 이주촉진을 통해 공동체적 기준과 가치를 변화시켰으며, 이것이 어떻게 국제 여성이주의 사회적 인정성을 이끌어 냈는지 살펴볼 것이다.

개발도상국에서 여성의 국내이주는 새로운 현상이 아니다. 그러나 수출위주산업이 가속화되기 전에 대부분의 여성들은 남편과 다른 남자 가족 일원과 함께 이주하였다. 다국적 기업들이 도시에 세워지고 여성노동에 대한 수요가 증가한 이후에야 여성들 스스로가 도시로 이주하기 시작하였다.

여성의 도농 간 이주의 증가는 구조조정 프로그램의 영향으로 고통받고 있는 빈곤층의 욕구를 반영한 결과다. 빈곤이 확대되고 도시와 외국에서 여성노동 수요가 증가하면서 사회는 여성노동에 대한 인식을 바꾸기 시작하였다. 다수의 저소득 가정에서는 취업할 수 있는 도시로 딸을 기꺼이 보냈다—이 부분은 뒤에서 보다 자세하게 다룰 것이다—주변 이웃들 역시 가족의 재정적인 안정을 위한 개인의 선택으로 이주 현상을 바라보게 되었다. 사회적으로 여성이 집을 떠나 공장에서 일하는 것이 용인되었다. 다음으로는 여성이주의 사회적 인정성이 어떻게 필리핀과 스리랑카에서 받아들여지고 방글라데시에서는 받아들여지지 않았는지를 살펴볼 것이다.

필리핀

필리핀 사회는 여성의 독립적인 경제 역할 수행에 대해서 이미 오래전부터 개방적이었다. 스페인 식민지 지배 이전부터 여성들은 농업노동뿐만 아니라 무역업에도 관여하였다.50) 스페인 역사학자 웬데라오 레탄은 필리핀 여성들이 생계를 유지하는 데 적극적이며 능력이 출중하고 사업적 재능이 있다고 서술하였다.51) 이 전통이 남아 있어서, 오늘날 많은 필리핀 여성들은 사리사리 스토어 같은 자그마한 가게를 소유하고 있다. 로비와 스탁에 따르면52) 도시 일자리를 찾아 집을 떠나는 이주여성들의 모습은 여성의 경제적 역할 수행을 용인하는 전통적인 필리핀 문화와 완벽하게 일치한다. 이와 같은 역사적 유산에 의해 여성의 지리적 이동과 임금 고용은 필리핀 사회에 광범위하게 받아들여졌다.

도시뿐 아니라 외국으로 향하는 여성이주는 필리핀에서는 거의 저항을 받지 않았다. 국가가 만들어 낸 인정성 역시 일정한 기능을 담당했다. 외화가 절실했던 마르코스 정부는 국가 차원에서 이주를 추진하고 정당화했다. 여성의 국제이주에 대하여 전반적으로 사회적인 수용도와 의존도가 높았다. 앞에서 언급한 대로 아키노 행정부가 1988년 미숙련 여성의 이주를 금지하였을 때 여론은 이 법에 반대했고 이주여성들 역시 국가가 고용 기회를 막는다고 비난하였다. 더 나아가 오랜 시간 지속되던 쿠웨이트로의 가사 노동자 이주 금지는 효과가 없었다. 이주하려는 여성들의 힘이 컸기 때문에 결국 이들은 법을 무시한 채 쿠웨이트로 계속 이주했다. 언론을 보면 일반 대중은 국가가 이주여성을 충분히 보호하지 않는다고 비판한다. 하지만 과거 30년 동안의 지역 신문을 조사한 바에 따르면 이 같은 공적인 비판이 결코 해외에서 일하는 여성들을 향해 있지는 않다.

필리핀은 어떤 이민 송출국보다 이주노동자들을 잘 대우하고 있다. 이 점은 국가와 사회 모두 마찬가지이다. 이주민들은 국가적 영웅으로 환영받으며 해외에서 힘들게 일하는 이주노동자를 칭송하기 위해 12월 18일 국제 이주민의 날이 지정되었다. 매해 크리스마스 전에

니노이 아퀴노 대통령은 국제공항에 붉은 양탄자를 깔고 이주노동자들을 환영한다. 이주노동자는 가정과 국가 경제에 기여한다는 점에서 큰 존중을 받는다. 국제이주를 하는 남성과 여성 모두 다 관대하게 받아들여지고 심지어 칭송받는다.

이주여성에 대한 수준 높은 사회적 인정성 부여는 여성들의 활발한 국가 내 이동과도 관계된다. 과거 지역 간, 그리고 도농 간 이주는 주도권이 남성에게 있었다. 하지만 지난 30년 동안 필리핀 여성들이 이러한 흐름에 다수를 차지하였다. 1948년과 1960년 사이의 산업 성장, 특히 제조업 성장으로 마닐라의 인구 성비는 여성 100명당 남성이 101.6에서 88.8까지 떨어졌다.[53] 도농 간 이주 흐름은 이미 1965년에 여성화되어서 60.6%가 여성이었다.[54] 1998년 도시인구는 여성이 우세하여, 여성 100명당 남성은 94.4명이었으며 농촌인구는 남성이 우세하여 여성 100명당 남성 103.3명이었다.[55]

도농 간 이주의 여성화는 부분적으로는 필리핀의 높은 여성교육열에서 비롯된다. 국제이주 연구들 간에 일치하는 부분 중 하나는 교육 성취와 이주 사이에 긍정적인 상관관계가 있다는 것이다. 교육 수준이 높은 노동자들이 직업을 찾을 기회를 더 많이 가질 수 있기 때문이다.[56] 하트는 국내이주의 급속한 여성화는 공장, 병원, 학교 등에서 여성의 직업 기회가 새롭게 확대되었기 때문이라고 본다. 필리핀 여성의 문해율은 남성과 비슷할 뿐 아니라 고등 교육 수준에서는 이미 남성을 능가했다. 1958년 이미 대학 등록자의 48%가 여성이었으며 이는 그 해 미국의 38%를 앞서갔다.[57] 1970년 여대생은 필리핀 남대생보다 5.3% 많았다.[58] 이때부터 격차가 벌어져서 1994년 여대생의 비율은 56.9%에 달하였다.[59]

그러나 여성의 높은 교육 성취가 국내이주의 여성화를 설명할 수 있는 유일한 요소는 아니다. 여성이주를 위한 사회적 인정성은 여성 생애의 초기 단계부터 존재한다. 국립통계청의 자료에 따르면 소녀들은 도동 간 아동 이주에 있어서 훨씬 앞서간다. 5~17세 사이 아동 및 청소년에 관한 국가 조사를 보면 1995년 집을 떠나 살고 있는 아동 및 청소년 19만 953명 중에서 64.7%가 소녀들이다.[60] 부모들은 자녀에게 집을 떠나 취업하는 것을 권유하는 데, 보통 소년보다는 소녀에게 이주노동을 제안한다는 점에서 여성 이동에 대한 사회적 인정성이 높음을 알 수 있다. 이런 점은 방글라데시와 파키스탄의 소녀들이 결혼하기 전까지 남성 보호자에 의해 엄격하게 보호받으며 집 안에 머무르는 것과 매우 대조적이다.

로비와 스탁[61]은 필리핀 가족들이 도시 지역에 아들보다 딸을 더 보내는 이유에 대하여 두 가지 추측을 하였다. 첫째, 농장일과 제조기술 분야에서는 격렬한 육체노동이 필요하다는 점에서 농촌에서는 아들이 딸보다 더 필요하다고 여긴다.[62] 또 다른 연구도 이 가설을 확증하고 있다. 헤이노넨은 남쪽 루존 지역의 농촌 가정에 대한 연구에서 여성들은 신체적으로 약하기에 육체적인 힘을 필요로 하는 농업일을 할 수 없다고 주장하였다. 다른 연구에서는 노동력의 뚜렷한 성별 분업이 필리핀 농촌사회에 존재하며, '농업분야'는 남성의 영역으로 나타난다.[63]

둘째로 로비와 스탁은 도시에서 여성들이 쉽게 접근할 수 있는 공장 노동과 가사 노동과 같은 저임금 노동이, 남성이 찾는 노동에 비해 안정적이라는 점을 든다.[64] 건설 노동과 부두 노동과 같은 전형적인 남성 직종은 계절의 영향을 받으므로 수입 역시 기후와 수확량 같은 요소들에 영향을 받는다. 다양한 수입원으로 위험요소를 최소화하려는 가족들은 '여성적 직업이 갖는' 안정성을 선호한다. 로비와 스탁의 연구는 가족의 역할을 추론할 뿐 실제 가족들이 딸의 이주를 결정하는 데 영향을 미친다는 경험적인 증거는 제시하지 않고 있다. 게다가 그들은 여성의 도농 간 이주가 자신의 결정이 아니라 부모들에 의한 것이라고 전제한다. 앞서 살펴본 것처럼 많은 학자들이 이러한 전

제에 의문을 제기했지만 말이다. 그러나 아동 이주의 여성화에 대한
자료를 보면 '여성적 직업'이 안정적이기 때문에 가정의 최저 생계 소
득을 보장받고자 부모들이 딸들을 도시로 보내고 있음을 알 수 있다.
가족을 향한 딸들의 충실한 마음도 또한 중요한 요소이다. 가족은 딸
이 아들보다 송금을 더 많이 하기 때문에 딸을 보내는 것을 선호한다.
사실상 많은 연구들은 여성이 남성보다 집으로 더 많은 돈을 보낸다
는 사실을 보여준다.(65)

여성 고용에 대한 종교계의 관점 또한 국제 이주여성의 사회적
인정 여부를 결정한다. 필리핀에서 종교적이고 도덕적인 권위를 가진
가톨릭 교회는 여성들이 노동시장으로 투입되는 점에 결코 반대하지
않았다. 방글라데시의 무슬림 단체들이 여성이 밖에서 일하는 것을
강하게 반대하는 것과 달리 가톨릭 교회는 여성 고용에 상당히 개방
적이었다. 1974년 산토 토마스 대학의 총장인 레오나드로 레가스피
신부는 "여성의 운명을 집에 머무르면서 남편과 아이를 돌보는 것으
로 제한하면 안 된다"고 연설하였다.(66) 신문에서는 그의 연설을 다음
과 같이 보도하였다.

> 그는 [만약 여성의 영역이 가정으로 한정된다면] "'여성에게 대
> 학을 개방하는 것은 돈과 시간의 낭비'라고 말하는 것과 다름없
> 으며, 여성의 존엄성뿐만 아니라 지적 능력, 가능성, 잠재력에 있
> 어서 남성과 동등하다는 개념을 조롱하는 것이다"고 하였다. 비
> 싼 의대 교육을 받은 후에 여학생이 하게 될 약품 처방이 기껏해
> 야 아기의 멍든 무릎에 밴드를 붙이는 일이라면 왜 의사가 되기
> 위해 공부해야 하는가?(67)

교황 7세에 연설도 똑같은 기사에 인용되었다.

여성이 공적인 영역에 진입한 일은 우리가 목도하듯이 사회적 대변동의 결과로 갑자기 출현했다. 하지만 그것은 중요하지 않다. 여러분은 소명을 받았다. … 가톨릭 여성들은 자신들에게 개방된 활동 영역으로 들어가도록 강력한 동기를 부여받고 있다. … 또한 … 여성으로서의 존엄성 … 여성과 남성 각각은 자신이 속한 선천적인 자질, 특별한 특성, 신체적, 지적, 도덕적 자질에 따라 참여해야 한다. 둘 다 좋은 사회와 국가를 만드는 데 협력할 권리를 가지고 있다.[68]

가톨릭 교회는 남성과 여성 모두의 국제이주를 지지해 왔다. 오랫동안 다양한 공식 문서에서 이주 권리는 기본적인 인권의 하나이므로 여성의 이주를 반대하는 것은 차별이며 남성과 같은 권리를 가지고 있다고 밝혔다.[69] 교황 요한 13세는 1963년 4월 11일 발표한 회칙 「지상의 평화」에서 다음과 같이 언급하였다.

모든 인간은 자신의 국가 영역 안에서 거주할 자유와 이동할 자유를 가지고 있다. 이유를 가진 한 인간이 다른 나라로 이주해서 거주할 수 있도록 허용되어야 한다. 특정 국가의 시민이라는 이유로 인류 가족 일원으로서의 지위, 보편적 사회의 시민권, 또는 인간으로서의 세계보편적인 우애를 박탈당할 수 없다.[70]

교회 내에서 이주를 관리하는 다른 바티칸 문서인 「드 파스토랄 미그라토럼 쿠라De Pastoral Migratorum Cura」에서는 아래와 같이 진술한다.

많은 인구와 빈곤문제로 국민에게 물품을 제공할 수 없는 나라에 살고 있거나 국가가 인간 존엄을 침해하는 조건을 만들고 있는 경우에, 사람들은 해외로 이주하여 새로운 땅에서 새로운 집을 선택하고, 인간다운 삶을 추구할 권리가 있다. 이 권리는 개인뿐만 아니라 전 가족들에게도 해당한다. 그러므로 '이주자들이 가족을 이루고 함께 살아갈 권리에 영향을 미치는 결정'들은 가족이 함께 살 주거에 대한 필요성, 자녀 교육, 노동 조건, 사회 보장 및 세금을 고려하여 보장되어야 한다. 공동의 이해가 객관적으로 침해될 때를 제외하고는 공공 당국이 이주자들의 이주나 이민을 막거나 지연시킨다면 이는 인간의 권리를 부당하게 부정하는 것이 된다.71)

최근 몇 년 사이에 필리핀의 가톨릭 대주교는 가족 해체를 포함한 이주의 사회적 비용을 언급하고는 있지만 여전히 공식적으로 이주를 승인하고 있다. 가톨릭 교회는 "한 인간이 한 국가 내에서 부당한 정치적, 경제적 상황에 놓여 있다면, 해외로 이주하여 새로운 땅에서 새로운 집을 선택하고, 인간다운 삶을 추구할 권리가 있다"고 선언하였다.72)

교육 수준이 높은 여성들이 필리핀 이주자 내에서 많은 비중을 차지한다는 점도 여성의 국제이주에 대한 사회적 인정성을 보여주는 또 다른 지표이기도 하다. 앞에서도 언급하였지만 필리핀 이주여성들은 세계에서 교육 수준이 높은 이주자가 가장 많은 집단이다. 필리핀 가사 노동자들의 3분의 1이 대학 교육을 받았다. 필리핀 사회에서는 미숙련 노동자로 해외에서 일하는 것이 여성에게 사회적 오명으로 남지 않는다.

스리랑카

스리랑카 사회도 국제 여성이주에 상대적으로 개방적이다. 한 가지 이유는 국가 경제가 오랫동안 여성의 임금 노동에 의존적이었기 때문일 수도 있다. 19세기 영국이 차 플랜테이션 농장에서 찻잎 따는 노동자로서 스리랑카 여성들을 모집하기 시작하면서 점차적으로 여성의 임금 이주노동이 노동시장에 유입되었다.73) 여성의 임금 노동은 이때부터 사회적으로 용인되었다. 실론 인구조사에 따르면, 1911년경 이미 플랜테이션 노동력의 46.6%가 여성들이었다.74) 1971년 뉴와라엘리야 지방에서는 여성 노동력이 53.1%를 차지하였다.75)

스리랑카에서 여성 국내이주는 특별한 일이 아니었다. 일반적으로 국내이주 흐름은 남성이 우세하였지만 1971년 인구조사에서 칸디, 마타라와 갈레 지방의 경우 여성 이주자 수76)는 남성 이주자를 앞서가고 있었다. 커니와 밀러는 이 같은 여성 노동력의 우위가 코코넛 섬유줄과 매트를 생산하는 코코넛 산업에서 초래된 고용기회에서 비롯되었다고 보았다. 많은 스리랑카 여성들이 이 일에 종사하였다.

1979년 경제 자유화 이후에 스리랑카 여성들의 높은 문해율은 외국인 투자가들이 스리랑카에 공장을 세우는 데 일조하였다. 1960년 이후부터 스리랑카는 개발도상국들 중 여성들의 문해율이 높은 나라에 속했다. 사회주의 정부하에서 여아의 초등학교 등록률은 1970년대에 이르러 36.0%에서 48.1%로 증가하였다.77) 1970년대에 여성 문해율은 이미 80%에 달하였고 2000년경에는 거의 90%에 육박하였으며 이 점은 제3세계 여성의 평균인 66%보다 훨씬 높은 수준이다.78)

1980년대 초반 여성들의 지리적 이동 경험과 높은 교육 수준은 여성들이 수출자유지역과 다른 수출 분야에서 창출된 새로운 직업을 좇아 도시로 이주할 수 있게 했다. 수출자유지역의 여성 고용 창출은 사회적 저항을 크게 받지 않았는데 이는 여성들이 외국 회사에서 일한 경험과 신기술과 장비를 다룬 경험을 통해 어느 정도의 사회적 지위를 획득했기 때문이다.79)

여성들의 도농 간 이주와 도시에서의 고용에 대해서는 우호적인 분위기가 있었지만 스리랑카 사회가 국제이주를 받아들이는 데는 시간이 좀 더 걸렸다. 1980년대 초, 여성들이 중동 지역으로 이주하기 시작하였을 때만 해도 여성들의 국제이주는 잘 받아들여지지 않았다. 이주여성들이 돌아왔을 때 이들은 지역 사회에서 많은 어려움에 직면하였다. 확실한 증거가 없음에도 젊고 미혼인 여성들은 처녀성을 잃었다는 비난을 받았고, 기혼 여성들은 성적 방종을 했다는 오명을 뒤집어썼다.[80] 1980년대 중반에 들어서 여성이주가 끼치는 부정적인 영향 문제가 공적인 논쟁 대상이 되었다.[81] 이러한 사회적 오명 때문에 젊은 미혼 여성들은 차후 결혼에 영향을 미칠 것을 우려해 해외로 거의 나가지 않았다. 가장 전형적인 스리랑카 이주여성은 교육 수준이 낮은 중년 기혼 여성으로 가족 부양의 압력이 높은 경우였다. 교육 수준이 낮은 농촌 여성들은 주로 가내에서 일하는 사회적 지위가 낮은 일에 종사했는데 이런 일들은 때로 중동에서 겪는 같은 종류의 학대와 착취에 노출된 직업이었다.[82]

그러나 국제 이주여성에 대한 스리랑카 사회의 인식은 과거 20년 동안 변화되어 왔다. 페레라는 해외여행의 경험, 친숙해진 현대 가전제품들, 주택 개량 및 물질적 혜택들로 인해 스리랑카 사회에서 귀환한 이주여성과 가족들을 바라보는 사회적 시선들이 변화되고, 사회적 용인이 이루어졌다고 본다.[83] 많은 연구 참여자들 역시 자신이 벌어온 돈 덕분에 지역 사회 내에서 가족 지위가 다소 개선되었다고 하였다.

물론 이러한 점이 여성의 국제이주를 바라보는 부정적인 인식이 전적으로 사라졌다는 것을 의미하지는 않는다. 페레라가 "돈을 벌어왔을 때 사회가 받아들였다"[84]고 말한 것과는 달리 현지 조사를 하면서 현실이 단순하지만은 않다는 점을 깨달았다. 예를 들면 이주민들과 그들의 가족들은 지역 사회에서 손상된 이미지를 복구하고 사회적 입지를 개선하기 위하여 사원에 많은 돈을 기부했다. 그러나 중상위 계급 사람들은 여전히 이주여성들을 무시하였다. 인터뷰 중에 만났던 콜롬보 대학의 원로 여교수는 이 점에 대해서 다음과 같이 언급하였다.

스리랑카 사회에는 혼전 섹스에 대한 사회적 낙인이 여전히 강하다. 그래서 이주여성 중에서도 특히 미혼 여성에 대한 편견은 여전히 존재한다. 누가 알겠는가? 그녀[이주여성]는 [해외에서] 누군가와 잠을 잤을 수 있다. 사람들은 그 점을 솔직하게 말하지는 않지만 마음속으로 생각한다. '이 소녀는 순결하지 않을 수 있다.'

여성 이주자에 대한 편견은 특히 상류계급에서 심하였다. 중상류계급 사람들은 특히 돈을 과시하거나 해외에서 살다온 것을 자랑삼아 말하는 이주여성들에게 아주 비판적이었다. 이들은 보석으로 치장하고, 좋은 옷을 입는 이주여성들, 심지어 짧은 거리를 삼륜자전거로 다니는 모습을 싫어하였다. 마을 원로들은 "그들은 게을러졌다"고 말하였다. 하지만 마을 지도자들이 실제로 불편했던 이유는 이 같은 사소한 변화 때문이 아니라 귀환한 여성들이 일시적일지라도 **그들보다** 많은 돈을 소유했다는 점, 또한 부분적으로는 이들이 공동체 원로들을 다르게 대했다는 점 때문이었다. 이런 점들이 공동체의 위계질서를 위협한다고 보았다. 그들이 생각하기에 이주여성들은 '자기 자리를 알고' 그에 따라 적절하게 행동해야만 하는 존재였다.

푸쉬파 찬드라세케라는 교육 수준이 높은 여성으로 지역 여성 NGO를 운영하고 있는데, 지역 사회 내 이주여성들에 대해 같은 이유로 좌절하고 있다. 이주여성들이 더 이상 그녀를 존중하지 않고, 예의를 갖추지 않기 때문이다. 푸쉬파가 여성 귀환자들이 소규모 사업을 할 수 있도록 돕기 위하여 단체를 조직하고자 하였을 때 귀환자 몇몇이 그녀에게 해외이주 경험이 없으므로 단체 의장직을 수행하기에 적합한 인물이 아니라고 말하였다. 명문가 출신의 푸쉬파는 더 낮은 계급의 사람들에게서 도전을 받아본 적이 없었기 때문에 이 일은 충격으로 다가왔다. 이 사건을 설명하는 동안에도 그녀는 분노하는 듯이 보였다.

그들[이주여성들]은 아주 가난하고 교육을 받지 못하였다. 어떻게 예의바르게 행동해야 하는지 알지 못한다. … 그들에게 행동하는 법을 훈련시켜야만 한다. 그들이 '두바이 여성'처럼 화려한 옷과 귀걸이를 걸치고 단체에 오는 것을 허락하지 않을 것이다. 스리랑카 여성들이기에 허락하지 않는 것이다. 아주 많은 문제들이 있는데 … 스리랑카에서는 NGO가 이주여성들과 함께 일하기를 원치 않는다. 이주여성들이 귀국할 때는 많은 돈을 가지고 와서 다른 사람인 양 행동하는데 이런 대도는 바뀌어야 한다.

이처럼 이주여성에 대한 편견이 여전히 스리랑카 사회에 존재한다. 이주여성에 대한 사회적 낙인은 최소한 중하층 계급에서는 사라지고 있으나, 노년층과 상류계급에서는 여전히 존재한다. 이주는 더 이상 젊은 중산층 여성들의 결혼 전망에 심각한 장애로 작동하지 않는다. 감부드는 1994년에 비해 1997년에 더 많은 미혼 여성이 해외로 이주했다는 사실을 발견하였다.[85]

현지 조사 기간 동안 나는 교육 수준이 높은 미혼의 스리랑카 이주여성들을 만나면서 많이 놀랐다. 실태조사 응답자 중의 한 명인 파티마는 훌륭한 집안 출신으로 'A 레벨[13년]'교육을 받았는데, 이후 몰디브에 가서 의류공장에서 일했고 나중에는 쿠웨이트에서 가사 노동자로 일했다. 그녀의 가족은 해외에서 일하는 것을 반대하였지만, 파티마는 강력히 주장했다. 그녀의 아버지가 가진 불안감은 분명 근거 없는 것에 비롯된 것이었다. 그녀는 스리랑카로 돌아왔을 때 성공한 사업가와 결혼했다. 파티마는 자신의 이주 경험이 남편을 찾는 데 방해 요인이 된다고 생각하지 않았다. 오히려 해외에서 번 돈과 거기서 배운 기술이 남편을 찾는 데 도움을 주었다고 생각했다. 의류공장에서 일했던 여성들은 특별히 높게 평가되었는데 이를 통해 가족을 위한 추가 수입을 벌어들일 잠재성이 있다고 여겨졌기 때문이다.

가사 노동의 경우 그것이 외국인을 위한 경우였을 때 사회적 편견이 덜했다. 파티마에게 스리랑카에서도 가사 노동자로 일하는 것을 고려한 적이 있는지 물었다. 그러자 그녀는 임금이 낮은 것은 물론이고 스리랑카 사회에서 "스리랑카 사람을 위해서 식기를 씻는 일"을 하면 무시당할 수 있으므로 결코 하지 않을 것이라고 말했다. 이 질문에 그녀는 화를 냈다.

나는 교육을 받았기 때문에 그런 일을 할 수는 없다. 부모님은 내가 누군가의 집에서 그렇게 일하도록 두지 않을 것이다. 우리 사회는 해외에서 가사노동자로 일하는 것은 좋게 여기지만 이곳에서 신할라족을 위해서 일하는 것은 안 된다고 생각한다.

쿠웨이트에서 일했으며 인터뷰 당시에는 콜롬보에 거주하는 일본인의 집에서 일하기 시작한 다야니 역시 스리랑카 가족을 위해서는 가사 노동을 결코 하지 않을 것이라고 말했다. 외국인을 위한 집안 돌보기는 인정과 신분을 부여받지만 똑같은 일을 현지 거주민을 위해서 하면 수치스럽게 보기 때문이다.

해외로 이주하는 여성에 대한 사회적 인정성은 스리랑카에서도 서서히 생겨났다. 사회적 인정성을 정확하게 측정할 방법은 없지만 교육받은 여성들에게서 보이는 태도는 특정 직업이 잘 받아들여지는지 여부를 보여준다. 어떤 직업이 사회적 비난을 강하게 받는다면 교육받은 여성들이 그 직업에 종사하지 않을 것이다. 이주자 중 교육받은 여성의 비율이 점점 증가한다는 점이 국제 이주여성에 대한 사회적 인정성이 늘어나고 있음을 보여준다. 이주여성의 교육 수준에 대하여 장기적으로 살핀 연구가 존재하지 않기에 정확한 방법으로 그 변화를 측정하기는 어렵다. 이런 변화를 평가할 수 있는 유일한 방법은 과거 20년 동안의 수행된 연구들을 검토함으로써 가능하다<표

표 6.3 ▌스리랑카 이주여성의 높아지는 교육 수준

교육기간	브로크만 (1985-86) (%)	교육기간	마르카 (1994) (%)	교육기간	야파 (1995) (%)	교육기간	오이시 (1999) (%)
9년 이상	3	9년 이상	29.3	9-12년	40	대학	6.3
8년	31	6-9년	45.6	6-8년	44	12년(A단계)	10.4
5-7년	31	1-5년	22.4	1-5년	15	10년(O단계)	52.0
5년 미만	35	무학	2.6	무학	1	9년 미만	31.3
총계	100	총계	2,000	총계	100	총계	50*

단위: (%)
주(*): 두 개의 결측치 포함.

6.3> 참조. 표본수집 방법의 차이 때문에 이 연구들 간의 비교가 엄격하게 이루어질 수는 없다. 그렇기는 하지만 이러한 연구들은 이주여성에게 요구되는 교육 수준이 상당히 높아지고 있음을 드러낸다. 브로크만은 1985~1986년 당시 이주여성의 3%만이 9년 이상의 교육 이수자임을 발견하였다.[86] 8년 후에는 그 비율이 높아졌다. 마르가 연구소는 이주여성의 29.3%가 9년 이상의 교육을 받았다는 사실을 알아냈으며, 야파는 40%의 이주여성이 9~12년 교육 이수자임을 밝혔다.[87] 1999년에 수행한 필자의 연구에서는 이주여성의 약 70%가 9년 이상 교육을 받은 것으로 드러나 급격한 증가를 보였다.

　사회적 인정의 증가는 보다 자유로운 성별 역할, 특히 여성의 순결과 결혼능력에 관한 기준이 보다 더 완화됨을 의미한다.[88] 점점 더 많은 여성들이 해외에서 일하게 되면서 이런 선택에 따라오는 사회적 오명이 약화될 것이다. 부모들은 자신의 딸이 해외에서 일하는 이웃이나 친척들이 선택한 길을 따르도록 허용하기 시작하였다. 오래된 편견이 분명 일부 사람들 사이에 남아 있지만, 스리랑카 사람들이 이주를 점차 여성의 직업적 선택으로서 바라보기 시작하였다.

방글라데시

방글라데시의 식민지 정권은 스리랑카나 필리핀과 달리 여성을 임금 노동에서 배제했다. 결과적으로 방글라데시는 최근까지 여성배제와 무슬림 전통인 푸르다를 유지하였다. 이 때문에 여성의 지리적 이동과 노동력 참여가 제한되었다. 아주 엄격하게 시행되지는 않았지만 여성이 '네 개의 벽' 안에 통제되어 살면서 남성 보호자들의 보호 속에 놓이는 것을 이상적으로 여겼다. '분리 여부'는 결혼을 앞둔 미혼 여성에게 특히 중요하였다. 아버지라는 존재와 보호는 이들에게 결정적 요소로 작용한다. 아버지가 없는 독신 여성이 배우자를 만나기는 정말 어렵다. 아버지가 해외에서 일한다면, 상당한 재산을 가지고 있더라도 아버지의 관리 부족이 여성의 순결성 부재로 여겨지기 때문에 결혼에서 불리하였다.

여성 이동성에 가하는 도덕적인 제약들은 결혼 이후에도 지속되었다. 기혼 여성은 남성 보호자 없이 장거리 여행이 어려웠다.[89] 이런 사회적 환경이 전반적으로 이동에 대한 방글라데시 여성들의 인식에 영향을 미쳤다. 빈민가처럼 여성 분리가 엄격하게 지켜지지 않는 곳에서도 여성들은 일반적으로 극히 폐쇄적인 세계에서 살았다. 이들은 전부 모르는 사람만 있는 '바깥'에 나가면 해를 당할 것이라 여겨 외출을 포기했다. 슬럼가의 한 여성은 "이곳을 벗어나는 것도 무서운데, 어떻게 해외로 갈 수 있겠어요?"라고 말했다.

방글라데시 여성은 기혼이건 미혼이건 상관없이 이동에 대한 자유에 많은 제약이 따랐다. 반드시 이슬람 규율 때문만은 아니었다. 사실상 이슬람 법은 이동의 자유를 보장한다.[90] 그러나 문화적 관습이 여성에게 그와 같은 권리가 확대되는 것을 막는다. 이 경향은 농촌 지역일수록 강력하여, 사회제도인 샤마지가 도시보다 더 강력하게 사람들의 생활을 지배한다. 샤마지는 인간의 탄생, 죽음, 결혼에 가족을 조직하고, 강력한 도덕적 역할을 수행하는 공동체 조직이다.[91] 카비어에 따르면 샤마지는 "샤리쉬의 지배하에 부자와 권력자의 이익을 대변하고, 사회적이고 도덕적인 질서의 수호자로서 작동한다"[92]고 하였다. 샤리쉬는 지역 분쟁을 해결하는 비공식적인 마을 법정으로, '적절한' 행동 규약을 규정하고, 지키지 않는 자를 제재한다.[93] 샤마지는 지역의 종교지도자들인 물라와 물라나스의 지지를 받는 샤리쉬를 통해 영향력을 행사한다. 이러한 종교지도자들은 "신성한 경전에 적힌 것을 위반하는 부적절한 행동을 하는 여성을 강력하게 비난한다"[94]고 말한다. 이러한 사회적 제도들은 푸르다 시행 및 여성이 종사할 수 있는 직업군을 규제하는 데에 강력한 힘을 보태고 있다. 농촌 지역에서는 최근까지도 유일하게 땅이 없는 가정의 가난한 여성들만이 집밖의 임금 노동에 종사할 수 있었다.[95]

이와 같은 환경에서 1980년대에 여성들이 임금 노동의 세계로 진출한 사실은 혁명적인 변화이다. 보호자를 동반하지 않고 길거리를 다니는 젊은 여성은 추문의 대상이었다. 카비어는 언론이 도시 공장에서 일하는 여성의 모습을 풍자만화로 그리기도 했다고 말했다.

> 아침저녁으로 값싼 화장품으로 치장하고, 윤기 있는 머리에 화려한 리본 장식을 하며 환상적인 색깔의 사리를 입고는 손에는 도시락 쇼핑백을 들고 다니는 소녀 무리를 일상적으로 만날 수 있다. 이들은 의류공장 노동자들로 새로운 계층이 나타났다.[96]

종교 집단들도 여성을 임금 노동자로 고용하는 것을 비난하며, 이는 공간의 성별 분리라는 '자연적' 법칙을 훼손할 수 있다고 주장한다.[97] 이슬람 경제학자들은 그들의 입장에서 여성 고용이 사회에 '재난'을 가져올 수 있는데, '도덕 와해'가 그중 하나라고 주장한다.

여성과 남성이 같은 작업장에서 얼굴을 맞대고 앉아 있다. 이 같은 상황에 대해 자유주의적 논리를 가지고 호의적으로 접근한다고 하더라도 실제로는 남성과 여성이 아주 근접하게 만나는 경우에, 결국 부도덕하고 수치스러운 연애 사건으로 이어질 욕망과 사랑을 불러일으킬 것이다. 집에 남겨진 아동들에게는 어떤 일이 벌어질까? 그들은 충분한 사랑과 적절한 보살핌을 받을 수 있을까? 그 대답은 "아니오"다.98)

'여공'에 대한 사회적 반응은 아주 부정적이었다. 처음에 이 여성들은 작업장 근처에서 종교 집단들이 여는 적대적인 캠페인을 참아야만 했다. 그러나 여성 노동력에 대한 요구가 증가하고 많은 여성들이 임금 고용으로 유입되자 상황은 점차적으로 변화하였다. 지금은 여성 임금 고용이 사회적으로 더 수용되고 있다.

또 다른 중요한 변화는 도시 여성뿐만 아니라 농촌 여성들도 도시 지역의 임금 노동자로 유입되기 시작하였다는 점이다. 방글라데시에서는 자발적으로 도시에 이주하는 농촌 지역 여성이 드물었으나, 오늘날은 보다 일반화되었다. 키브리아는 저소득 가구의 경우 공장 취업을 위하여 여성이 도시로 이주하는 것을 거의 반대하지 않는다는 점에 주목하였다.99) 방글라데시에서도 극빈층의 저소득 가정에게는 사회적 신망보다 생존이 더 문제였다. 그러나 일상의 생존 문제가 어느 정도 안정적인 중하계급 가정의 경우, 일부 가정이 딸들로 하여금 도시 공장에서 일하도록 허용하기 시작하더라도 여성이주 자체에 대해서는 여전히 반대 입장을 취했다.100)

그러나 이런 긍정적인 변화에도 불구하고, 수출 위주의 산업화 전략은 필리핀과 스리랑카에 비하여 여성에게 그다지 영향을 미치지 못했다. 앞서 <표 6.2>에서 보았던 바와 같이, 방글라데시의 도시 이주는 여전히 심하게 남성 위주이다. 게다가 수출제조업 분야에서도 여성은 여전히 소수로, 2002년 기준 방글라데시의 전체 여성 노동력의 10%만을 차지했으며,[101] 방글라데시 여성 대다수라 할 수 있는 80%의 여성들이 여전히 농업분야에서 일하고 있다.

'불결함'으로서의 이주

여성에게는 해외에 홀로 가는 것이 도시에서 일하는 것보다 훨씬 더 부정적이다. 저소득 여성이 보다 이주하기 쉬운 노동 업종으로 엔터테이너나 가사 노동자가 있지만, 이 두 노동은 보통 성적인 불결함이나 난혼이라는 부정적인 인식과 결부된다. 다카의 빈민가에서 현장조사를 하면서 발견한 점은 해외에서 일하고자 하는 여성을 포함한 저소득 여성 대부분이 가사 노동자를 이야기할 때에는 가사 노동자의 부정적인 면으로서 순결을 언급했다는 점이다. 그들에 따르면 가사 노동은 고용주가 여성에게 성적으로 학대할 수 있기 때문에 순결한 노동이 아니라는 것이었다. 빈민가 거주자인 45세 아샤는 가사 노동자로 해외에서 일하는 여성에 대해 비판적이었다.

소녀들이 가사 노동자로 해외에서 일하는 것은 좋지 않다. 순결하지 않다. 스스로를 보호할 보호자도 없고 고용주에게 거절을 표할 수도 없기에 성적인 학대를 당한다.

여성이주에 대한 편견은 여성이 가사 노동자로 이주한다고 하면서 실제로는 시간제 또는 전일제 성 노동자로 산다고 여기는 광범위한 사회적 통념에 근거해 있다. 또 다른 통념은 가사 노동자들이 남성 고용주와 성적 관계를 가지도록 강요받는다고 보는 것이다. 실제로 고용주와 성적 관계를 가지거나 성산업에 종사하는 이주여성이 어느 정도 되는지 알 수 있는 근거는 없는데 설령 그런 경험을 했다고 하더라도 아무도 드러내지 않기 때문이다. 동시에 여성이 매춘부로서 활동하지 않았다고 입증하는 것도 불가능하다. 여성이 어떻게 말하건 그것과 상관없이 사람들은 이들이 실제로 그런 일에 종사했다고 여전히 의심한다. 빈민가에서 살고 있는 42세 여성에게서 "이주여성들이 실제로 해외에서 무엇을 하였을지는 모르는 일이다"라는 말을 들었을 때 왜 방글라데시 여성들이 해외에 공장 노동자로 가기를 원하거나 또는 임금만 지불된다면 어떤 종류의 일도 할 수 있다고 말하였지만 아무도 해외의 가사 노동자로는 가지 않으려는지 그 이유를 이해할 수 있었다. 현지 통역사는 응답자들에게 해외의 가사 노동자 일을 권유하는 듯한 어감의 질문을 하지 말라고 당부하였다. 그런 질문은 여성들의 감정을 상하게 만들 수 있기 때문이다.

현지 여성들의 반응이 아주 부정적인 점에 비추어 국제 이주여성에게 남성들이 얼마나 가혹하게 구는지 쉽게 상상할 수 있다. 남성 중심의 사회에서 공장 노동과 가사 노동 사이에 윤리적인 가치의 차이는 없다. 하지만 여성들은 성적으로 난잡하고 잘못된 행실을 저질렀다는 혐의를 받기 때문에 노동 종류에 상관없이 해외에서 일하고 있다는 사실만으로 문제시된다. 심지어 이들은 방글라데시 내 HIV/AIDS의 원천으로 간주되고 있다. 아래는 한 신문 기사의 일부이다.

방글라데시 남성에게 어떻게 에이즈가 나라에 퍼졌는지 물으면 열에 아홉은 "방글라데시의 더러운 여성들이 해외에서 옮겨왔다"고 대답할 것이다. 남성들은 모국으로 귀국한 방글라데시 이주여성들을 '무절제하거나 나쁜 품성'을 가진 여성으로 본다. 여성들이 중동 또는 남아시아에서 가사 노동을 하든지 의류공장에 있었든지 간에 대다수의 남성들은 이주여성 대부분이 전부 파트타임성 노동자라고 생각하고 있다.[102]

물론 이런 종류의 낙인은 방글라데시 여성의 해외이주를 막지 못한다. 사회적인 낙인과 공식적인 금지에도 불구하고 극심한 빈곤은 미숙련 여성들이 비공식적인 경로를 통해서라도 해외의 가사 노동자로 나가게 만든다. 한 조사에 따르면 2000년 중동에서 일하는 방글라데시 미등록 이주여성은 3만 2,000명이었다고 한다.[103] 비록 이 수치가 NGO에 의해 다소 높게 측정되었다 하더라도, 방글라데시 전체 여성 노동력의 0.1%에 불과하다. 스리랑카 인구는 방글라데시 인구의 1/6에 못 미치지만 약 68만 명의 스리랑카 여성들이 같은 시기에 해외에서 일하고 있으며,[104] 이는 스리랑카 전체 여성 노동력의 5분의 1에 해당한다.[105] 필리핀은 그보다 규모가 더 크다. 2002년 해외 이주여성 규모는 전체 여성 노동력의 거의 4분의 1에 해당한다.[106] 이들과 비교할 때 방글라데시는 분명 이주여성 비송출국이라 할 수 있다. 방글라데시의 여성이주 금지는 2003년에 해제되었지만 사회적인 인정 부족으로 인해 미숙련 저임금 여성들의 이주는 여전히 작은 규모다.

결론

지구화는 의심할 바 없이 개발도상국의 여성 고용에 중대한 영향력을 미쳐 왔다. 새로운 지구적 생산과정은 여성의 저임금과 손재주, 유순함을 이유로 여성에게 새로운 기회를 제공하고 있다. 열악한 노동조건에도 불구하고 점차 많은 수의 여성들이 수출 중심 제조업과 서비스분야로 유입되어 왔다. 이 같은 직업적 기회는 여성으로 하여금 공식적 고용 분야에 진출하고 더 나아가 이주를 자율적으로 결정하게 함으로써 전통사회에 대규모의 변화를 초래했다. 많은 여성들은 농촌 출신의 이주자이다. 국내이주는 국제이주의 잠재적인 인력풀을 형성했다고 여겨져 왔다.

그러나 본 자료에서는 국내와 국제이주 사이의 직접적인 연관을 확인할 수는 없었다. 국내이주가 반드시 국제이주로 연결되지는 않는다. 많은 국제 이주자들은 농촌 지역 출신으로 어떤 직업경험도 가지지 않은 주부인 경우가 많았다. 게다가 수출자유지역의 영향은 생각한 것만큼 직업창출과 생산력을 가져오지 않았다.

지구화와 국제이주의 연결 고리는 보다 간접적이지만 강력하다. 지구화 과정과 그 결과로 생기는 수출위주의 산업화는 직접적으로 국제이주를 야기하지는 않지만 여성 고용과 여성의 독립적인 이동성에 대한 사회인식에 중대한 변화를 가져오도록 하였다. 여성 노동력에 대한 급격한 수요 증가는 주로 작은 공동체 안에서 오랫동안 여성의 지리학적 이동을 제한하였던 전통적인 규범을 점진적으로 변화시켰다. 게다가 여성의 높아지는 교육 수준이 국내이주를 증가하도록 만들었다. 여성들의 도농 간 이주가 사회적 인정성을 많이 확보함에 따라 국제이주를 수용하기도 쉬워졌다.

전통적인 사회규범에 대한 가장 중대한 도전은 여성이 결혼하기 전에 집을 떠나 자신을 '외부 세계'에 노출한다는 점이다. 도시로 이주하느냐 다른 나라로 이주하느냐 하는 실제적인 이주의 거리는 덜 중요하게 되었다. 공동체의 논쟁점은 젊은 독신 여성이 남성 보호자를 동반하지 않고 집을 떠난다는 사실에 있었다. 여성의 독립적인 이동이 처음 발생하였을 때에는 보수주의자들 사이에서 도덕적인 저항을 일으켰다. 그러나 이런 저항은 공장에서 노동하는 여성이 많아지면서 사라졌다. 도시로의 여성이주는 점점 '정상'으로 간주되면서 장거리 이주와 해외이주까지 점진적으로 받아들여지게 되었다. 이런 이유로 국가에서 여성의 국내이주는 정당화되어 왔고 여성의 국제이주 역시 점차 사회적 인정성을 받게 되었다.

이에 더하여, 사회적 인정성은 국제 여성이주에 대한 인식을 바꾸었고 이로써 정책적인 지원이 가능하도록 하였다. 여성 이주자의 평균 교육 수준은 정책 결정에 영향을 주는 주요한 요소이다. 필리핀과 스리랑카에서 인터뷰한 공무원들은 해외 이주여성들의 높은 교육 수준을 강조하면서 교육받은 여성들은 위험을 잘 인지하며 해외에서 당하는 문제들을 해결할 수 있고, 학대와 착취에 저항할 수 있다고 주장한다.

방글라데시 경우처럼 사회적 인정성이 부재하고 여성 이주자에 대한 강력한 낙인이 존재하는 경우 해외이주는 쉽지 않다. 여성은 사람들로부터 외면당하고 성적으로 문란하다는 딱지가 붙어 결혼을 하기 어려워지거나 가족 명예를 훼손할 것을 두려워한다. 이런 경우, 여성들은 생존 외에 절실한 것이 없거나 그런 사회적 인식에 신경을 쓸 여유가 없는 경우에 해외로 이주한다. 이와 같은 여성들의 이주는 정책 입안자의 지지를 받지 못하는데 정책입안자들은 교육 수준이 낮은 미숙련 여성 노동자의 경우, 외국 고용주의 학대와 착취에 취약하고, 문제를 해결할 능력이 없다고 믿기 때문이다. 방글라데시에서 인터뷰한 공무원은 미숙련 여성에 대한 이주 금지의 이유가 여성의 문맹과 취약성 때문이라고 하였다.

국제이주에 대한 사회적 인정과정은 끊임없이 개인, 공동체, 정책 입안자 사이에서 영향을 주고받으며 변화하기 때문에 측정하기 어렵다. 그러나 도농 간 이주와 이주여성들의 높아지는 교육 수준에 관한 자료들은 최소한 여성의 국내 이동에 대한 사회적 인정성 확보가 국제 여성이주를 위한 결정적인 조건이라는 점을 제시하고 있다.

여성 고용 증진 및 교육의 양성 평등, 경제적 지구화, 특히 수출 지역 확산이라는 역사적 유산은 여성의 국제이주에 대한 사회적 인정성을 증진하여 온 강력한 요인이다. 많은 농촌 여성들이 도시 지역으로 유입되면서, 지역 사회는 여성들의 이주 현상을 받아들였으며, 이주가 점차 자리 잡으면서 마침내 국가 경계를 넘어선 여성의 이동을 수용하게 되었다. 즉, 사회적 인정성은 지구화, 경제 발전 그리고 여성의 국제이주 간의 관계를 이해하는 핵심 요소이다.

women

in

7. 결론:
이주의 지구적 거버넌스를 향하여

motion

7장
결론: 이주의 지구적 거버넌스를 향하여

이번 연구는 아시아 국제 여성이주에 대한 국가 간 차이와 그 차이의 발생 원인에 대해 살펴보았다. 이번 연구는 유입국, 송출국, 비송출국을 분석하기 위해 네 단계에 걸친 통합적 접근을 시도했다<표 7.1> 참조. 지구화는 각기 다른 국가에서 여러 방식으로 유입국의 국제 여성이주 양상에 영향을 미쳤다. 일부 산업국가와 준산업국가 여성들이 임금 노동에 종사하기 시작하면서 가사 및 돌봄 노동자에 대한 수요가 증가했다. 복지국가 정책이 후퇴하면서 사실상 국가 돌봄서비스와, 맞벌이 가정에서 필요한 수요 사이에 간극이 발생했으며, 이는 이주여성에 대한 강력한 수요를 불러일으켰다. 다른 국가의 경우 부가 빠르게 축적되면서 허영의 상징으로 여겨지는 이주 가사 노동자에 대한 수요가 증가했다. 중동의 산유국, 걸프협력기구 국가들이 바로 그 예이다. 반면 일본에서는 이주 '엔터테이너' 여성들이 두드러졌고, 이들에 대한 수요 증가는 전 지구적인 범죄 조직망을 통해 충족되었다. 이 책에서는 미등록 이주나 인신매매를 직접적으로 다루지 않았지만 합법적으로 이주한 '엔터테이너'의 경우에도 많은 문제가 있음을 지적했다.

이주정책들을 통해 살펴보면 각 국가가 채택하고 있는 국제 여성이주의 전반적인 양상을 파악할 수 있다. 각국은 직업군을 제한하거

표 7.1 ┃ 국제 여성이주에 대한 통합적인 접근

분석 수준	여성이주 유입의 주요 분석 차원	여성이주 유출의 주요 분석 차원
거시(초국가)	• 생산과 서비스의 지구화	• 생산과 서비스의 지구화
거시(국가)	• 이민정책들 • 개발정책들 • 복지정책들 • 정치적 선택	• 송출정책들 • 개발정책들 • 사회정책들
중위(사회)	• 사회적 선택 • 사회적 네트워크	• 국제 여성이주를 가능하게 하는 사회적 인정성 • 사회적 네트워크
미시(개인)	• 고용주의 선택	• 여성의 자율성과 의사 결정 능력 • 함정 기제

나 때로 국가 이익과 외교 관계에 따른 '정치적 선택'이라는 이름으로 국적에 따라 이주여성을 받아들이기도 한다. 동시에 고용주 및 구인업체들은 국가에 대한 특정한 고정관념과 편견에 따른 '사회적 선택'을 통해 이주여성을 받아들인다. 언론 및 구인업체에 의해 형성되고 강화되는 이 같은 고정관념과 편견들은 특정 국가 출신의 이주여성을 받아들이고 차별화된 시장 임금을 채택하도록 한다.

개발도상국가의 결정 요인

국제이주는 수요에 의해 결정되는 현상으로 이민정책이 국제 여성이주의 전체적인 수준을 결정짓는다. 그러나 수요만으로 이주의 국가 간 차이를 설명할 수는 없다. 특히 일부 국가의 여성들이 해외 시장의 수요에도 불구하고 이주를 하지 않는 태도를 설명할 수 없다. 나는 이 책에서 송출정책, 여성의 자율성, 사회적 인정성 이 세 가지 사회적 요인이 아시아의 국제 여성이주의 규모에 영향을 미치고 있음을 보여주고자 했다.

송출정책은 남성보다 여성에 더 큰 영향력을 행사한다. 일부 국가들은 가사 노동이나 유흥과 같이 여성들이 주로 활동하는 직업군에 자국 여성들이 이주하지 못하게 한다. 이 같은 제약의 정도는 국가마다 다르다. 사회주의 국가의 경우 자국의 폐쇄 경제 정책에 따라 해외 이주를 강력하게 통제한다. 그러나 일부 자본주의 국가의 경우에도 여성의 해외이주 제한 정책을 실시하는 경우가 있다. 여기에는 여러 이유가 있겠지만 가장 중요한 이유는 국민 정체성과 관련된다. 국민 정체성은 이주정책에 근본적인 영향을 미친다.

자국 여성의 해외이주를 제한해 온 방글라데시의 정책 입안자와 엘리트층은 방글라데시 국가가 가진 무슬림 정체성을 강조한다.[1] 남성이 여성의 '보호자'가 되어야 한다는 코란의 가르침에 따라 국가 역시 보호자의 역할을 수행해야 한다고 믿는다. 따라서 여성의 이동을 제한하는 것은 외국인 고용주의 학대로부터 자국 여성을 보호한다는 명목으로 정당화된다. 그럼에도 불구하고 이슬람교가 항상 여성이주를 제한하는 정책에 영향을 미친 것은 아니었다. 인도네시아의 경우 적어도 초기에는 '개발국가'라는 국가 정체성이 무슬림 정체성을 압도했다. 인도네시아는 1980년대와 1990년대 초반, 경제 개발을 위한 국가 주도 계획에 적극적인 노동 수출 정책을 포함했다. 이주노동자의 송금이 자국 경제를 발전시킬 것이라 기대하며 남성과 여성 모두 해외로 나가 일할 것을 장려했다. 스리랑카 역시 비슷한 경로를 걸었는데 이런 정책은 민주적인 철학에 기반을 두었다. 국가 관리들은 스리랑카가 이동의 자유를 포함한 자국 시민의 인권을 보장하는 '민주 국가'임을 강조했다. 필리핀의 경우 과거 여성이주가 여러 번 일시적으로 금지되었지만 대다수 정책 입안자들은 민주주의를 이유로 지난 삼십 년 동안 남성과 여성 모두를 포함하는 해외이주 정책을 공개적으로 시행했다.

국민 정체성이 결코 변하지 않는 것은 아니다. 국민 정체성은 이주여성들이 대중적 논쟁의 대상이 되는 '상징적 젠더 정치학' 과정을 통해 변화한다. 남성 중심적 관점을 지닌 대중은 외국인 고용주에 의해 '자신의 여성들이' 학대를 당하는 것에 격렬하게 반응한다. 이주여성이 당하는 학대 문제는 때로 자국 내 여성이 가정에서 당하는 유사한 학대에 대한 대중의 분노와 비교할 때 훨씬 더 폭발적인 경향이 있다. 자국을 떠나는 순간부터 이 여성들은 국민적 존엄성에 대한 상징이자 자긍심을 대표하기 때문이다. 일반 대중은 이주여성에 대한 학대나 성폭력의 문제를 국가 전체에 대한 폭력의 문제로 여기기도 한다. 이 같은 현실 속에서 일부 국가들은 여성이주를 제한하기도 한다. 여성이주의 경우 남성이주에서 고려되지 않았던 별개의 정책이 마련되는 것이다.

마지막으로 시민사회 역시 여성이주 정책이 형성되는 데 영향을 미친다. 필리핀의 경우 이주 단체들의 압력으로 가사 노동자의 해외이주를 금지한 정책이 폐지되기도 했다. 반면, 방글라데시는 몇몇 단체만이 이주문제에 관심을 두었기 때문에 저숙련 이주여성의 해외 금지 조치가 시행되었을 때 반대하는 움직임이 거의 없었다. 방글라데시에는 강력한 시민사회가 존재했지만, 이주문제는 서구 기부자들의 관심사가 아니었기 때문에 대다수 NGO가 이주문제에 개입하지 않았다. 방글라데시의 많은 단체들은 북미와 유럽 지역의 기부로 운영되고 있기 때문에 이들의 관심이 시민사회 단체의 활동에 영향을 미칠 수밖에 없었다. 바로 이런 이유로 지역에 기반을 둔 단체들이 이주문제로 자신들의 활동 영역을 넓히기 어려웠다. 전반적으로 살펴볼 때 정치적 영향을 행사할 수 있는 이주 단체들이 많이 존재하는 국가에서 여성의 해외이주에 대한 보다 개방적인 정책이 시행되었음을 확인할 수 있다.

여성의 자율성

대규모 여성이주가 일어나기 위해서는 미시적 차원의 강력한 유인 요소가 필요하다. 다시 말해 각 개별 여성들이 해외에 나가 일해야만 하는 동기가 필요하다. 이번 연구에서 여성의 자율성과 가족 경제에 대한 책임 정도가 이주 동기와 긴밀하게 연결되어 있고 실제 이주 과정에도 영향을 미치고 있다는 것이 확인되었다.

여성이 가족 내 경제에 관한 의사 결정권을 가진 국가의 경우 여성 이주 비율이 높은 경향이 있는데 이는 여성들이 추가 수입의 필요성을 인식해 온 경우였다. 이 여성들에게 이주는 분명 중요한 선택이었다. 특히 젊은 미혼 여성의 경우 자신이 얼마나 자율성을 가지고 있는지가 중요했는데 부모나 나이 많은 형제자매들이 이 여성들의 해외이주 결정에 영향력을 행사할 수 있었기 때문이다.

여성이 자율적으로 선택할 수 없거나 가족 경제에 영향력을 거의 행사하지 못하는 국가의 경우 여성은 해외이주를 하려 하지 않았는데 이런 경우 가족이 여성의 이동성을 제약하거나 여성이 가족을 경제적으로 책임져야 하는 상황이 아니었기 때문이다. 이런 국가에서 여성 이주는 여성이주가 허용되고 때로 장려되기도 하는 저소득층에서만 일어났다.

사회적 인정성

이 연구는 거시적 측면의 정책과 미시적 차원의 개인적 선택을 연결하는 축으로서 '사회적 인정성'이라는 새로운 개념을 제안했다. 한 사회가 국제 여성이주를 받아들이고 인정하는 정도가 여성이 해외이주를 결정하는 데 중대한 영향을 미친다는 것이다. 사회적 인정과정은 몇 가지 조건 속에서 형성된다. 식민 역사의 경험이 여성 고용에 대한 사회적인 인식에 기반을 제공한다. 예를 들어 스리랑카와 필리핀 같은 일부 국가에서 여성은 식민 경제에 중요하게 통합되었다. 이 국가들이 독립한 이후에도 여성의 임금 노동이 사회적으로 용인되었다. 방글라데시처럼 이 같은 사회적 인정성이 결여된 국가의 경우 초기에는 여성의 고용을 전통적인 가치에 대한 위협으로 바라보는 경향이 있었다.

최근에는 지구화가 국제 여성이주의 사회적 인정 확립에 영향을 미쳤다. 수출위주산업화로 인해 여성의 노동력 참여 및 도농 간 이주가 증가했다. 이 같은 현상은 필리핀과 스리랑카에서 여성의 위치를 가정 내에 한정시키고 젊은 미혼 여성들이 결혼 전에 집을 떠나는 것을 금지했던 기존의 전통적 사회 규범을 바꾸는 데 일조했다. 여성 고용 및 도시 이주는 초기에 지역 사회의 반발을 불러일으켰지만 이 여성들이 벌어들이는 소득으로 가정 경제가 나아지면서 더 많은 여성들이 도시로 일하러 가기 시작했고, 사회적 낙인은 점차 사라져 갔다. 다시 말해 이들 사회는 지구화로 인해 여성 고용과 도농 간 이주를 용인하게 되었다. 여성의 도농 간 이주가 점차 사회적으로 받아들여지면서 지역 사회는 젊은 미혼 여성이 어떤 이유로든 지역을 떠나는 것에 대해 인정하게 되었고 여성의 국제이주 역시 사회적으로 받아들이게 되었다. 즉 여성의 도농 간 이주 경험이 해외이주 역시 인정하는 계기가 된 것이다.

방글라데시처럼 지구화와 수출위주산업화가 더디게 이루어진 나라에서 여성의 국제이주에 대한 사회적 인정과정은 제대로 이루어지지 않았다. 여성 대다수가 농업 분야에 종사하고 있었고 남성에 비해 도농 간 이주가 훨씬 적었다. 이 같은 여성의 지리적인 이동 제한은 여성의 국제이주를 사회적으로 제한하는 효과를 낳았다.

간접적이기는 했지만 여성의 교육 수준 정도 역시 여성의 국제이주에 대한 사회적 인정을 높이는 데 영향을 미쳤다. 정책 입안자들은 교육 수준이 높은 여성에 한하여 해외이주에 호의적이었는데,[2] 이 여성들은 어려움에 처했을 때 어떻게 대처할지를 잘 알고 있고 또한 자신을 학대할지 모를 고용주로부터 자신을 보호하는 방법을 알고 있다고 생각했기 때문이다. 이 같은 전제가 반드시 옳은 것은 아니었는데 학대는 여성의 교육 수준과는 무관하게 거의 모든 일터에서 일어날 수 있기 때문이다. 역으로 정책 입안자들은 교육 수준이 낮은 여성들은 자신을 보호할 능력이 부족하다고 보고 국가가 나서서 이들의 이동을 제약하면서 보호해야 한다고 생각했다. 이 같은 경향은 여성의 교육 수준이 상대적으로 낮은 국가의 정책 입안자나 엘리트에게서 흔히 나타났다. 여성이 남성과 동등한 교육 수준을 가진 나라의 경우 여성이주에 대한 제약이 적다. 이 경우 정책 입안자와 엘리트층이 여성들이 해외 일터에서 문제가 발생했을 때 대처할 능력이 있다고 믿었기 때문이다. 여성의 교육 수준이 높을수록 해외이주가 사회적으로 수용된다.

국가정책 역시 여성의 해외이주에 대한 사회적 인정과정에 영향을 미친다. 필리핀의 경우 페르디난드 마르코스 대통령이 적극적으로 해외 고용을 장려했고 이후 들어선 필리핀 정부들도 남성과 여성 모두의 이주를 증진하고자 했다. 필리핀에서 이주자는 사랑하는 사람과 국가를 위해 헌신하는 국가 영웅으로 칭송된다. 스리랑카의 경우 국가 차원에서 여성이주를 증진하지는 않지만 전체적으로 보면 국제이주가 장려된 편이다. 이 같은 자유방임적 정책이 여성이주에 대한 정치적 인정성을 어느 정도 확보하게 했다. 반면 방글라데시에서는 국제 여성이주에 대한 사회적 인정의 결여가 여성이주 금지 및 제한 조치와 같은 송출정책을 강화시켰다.

각 요인별 상호작용

개발도상국에서 국제 여성이주는 다층적 요인들의 상호작용에 의해 결정된다<그림 7.1> 참조. 수출위주산업화 정책 및 개방적 이주 송출정책은 여성의 고용과 이동성에 대하여 우호적인 사회 환경을 구축했다. 이는 또한 여성이 해외로 나갈 결심을 가능케 했다. 역으로

그림 7.1 ▮ 개발도상국에서 결정요인의 상호작용

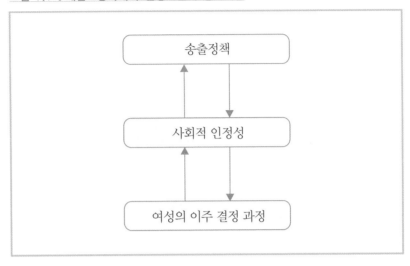

폐쇄적인 이주 송출정책과 여성의 일과 이주에 대한 사회적 인정의 결여는 여성이 이주하지 못하게 했다. 그러나 여성은 단순히 국가나 사회에 영향을 받는 존재가 아니었다. 전통적 사회 규범에 따라 여성 이주가 사회적으로 비난받았지만 사회적 시선을 고려할 수 없을 만큼 절망적이었던 일부 여성들은 지역사회의 압력에 저항하며 해외로 이주했다. 이주한 여성들이 집으로 돈을 부치면서 이들의 경제적 지위가 개선되자 다른 여성들 역시 이주하기 시작했다. 이주여성의 수가 증가하고 이들이 축적한 재산이 일정 정도의 '전시 효과'를 가지면서 사회적 규범도 점차 변화했다. 이주여성의 수가 증가하고 가족과 국가에 대한 경제적 기여가 높아지면서 여성이주가 점차 사회적으로 받아들여진 것이다. 이주여성들이 사회적 인정을 받으면서 정책 입안자들의 인식도 변했다. 이로 인해 여성이주에 대한 보다 개방적인 송출정책들이 마련되었다. 여성의 국제이주는 다층적 요인들이 지속적으로 상호작용한 결과이다.

후속 연구에 대한 제안

처음에 밝혔듯이 이번 연구는 아시아에 초점을 맞추고 있다. 따라서 이 연구는 경제 개발과 노동시장의 역동성 측면에서 아시아의 지역적인 특이성을 반영했다. 즉 이번 연구 결과는 다른 지역에는 적용되지 않을 수 있다. 그렇지만 많은 연구들이 보여주고 있는 것처럼 이번 연구 결과를 다른 지역에 적용하는 데 큰 무리가 없다. 경제 개발의 측면에서 필리핀, 스리랑카, 인도네시아와 비슷한 경로를 걸어온 라틴 아메리카의 이주 흐름 역시 여성화 경향을 띠고 있다.[3] 반면 수출위주산업화가 크게 확산되지 않은 사하라 남부 아프리카 지역의 경우 국내외 이주 흐름은 여전히 남성 중심적이다. 물론 최근 몇 년 사이 이 지역에서 여성이주가 증가하고 있기는 하다. 따라서 여성이주 양상을 분석하는 데 있어 다른 개발 지역에서도 이와 같은 통합적 접근을 시도하는 것이 유의미할 것으로 보인다.

국가정책과 여성의 자율성, 그리고 사회적 인정 수준에 따라 아시아 외 다른 지역에서 여성이주가 어떻게 결정되는지를 탐구하는 것 역시 필요하다. 예컨대 동유럽과 옛 소비에트 연방국의 여성 이주를 탐구하는 것은 가치가 있을 것이다. 이 지역들은 주요한 여성 이주 공급국가로 변화하고 있고 특히 인신매매 피해자가 늘어나고 있는 국가들이다. 공산주의와 사회주의적 유산이 여성 고용에 대한 전반적인 사회의식에 어떤 영향을 미쳤는가? 특히 자국 여성의 해외 고용에 어떠한 태도를 보이는가? 혹은 지구화가 여성의 도농 간 이주와 해외이주를 증가시켰는가? 이 같은 질문에 대답하기 위해서는 더 많은 비교 연구가 필요하다.

이주 학자들이 직면한 가장 중요한 과제는 미등록 이주, 특히 인신매매를 포함하는 이론적 틀을 마련하는 것이다. 이번 연구에서 몇몇 미등록 이주자들을 포함하기는 했지만 일반화된 설명을 제시하기에는 턱없이 적은 수였기에 이 문제를 부각하지 않았다. 게다가 인신매매 및 미등록 이주의 경우 그 자체의 독특한 인과 기제가 있기 때문에 별도의 연구를 필요로 한다. 미등록 이주는 국제이주의 큰 부분을 차지하고 있고, 많은 사례 연구가 지난 몇 년간 발표되었다.[4] 그러나 젠더 관점을 가진, 보다 체계적이고 이론적인 연구가 필요하다. 자료와 방법론의 어려움이 있겠지만 이주 학자들에게는 이러한 도전에 직면할 필요가 있다. 다시 말해 여성의 신상과 위험에 대한 인식 정도로 볼 때 이 같은 미등록 노동이주는 일반적인 노동이주와 어떻게 다른가? 미등록 노동이주는 여성의 사회경제적 지위가 낮을 때 더 많이 일어나는가? 국가정책은 이 같은 이주 유형에 어떤 영향을 미치는가? 앞으로의 연구들이 이러한 질문을 제기하고, 이를 기존 연구틀에 통합할 수 있다면 우리는 여성의 국제이주를 보다 더 잘 이해할 수 있게 될 것이다.

국가와 국제 사회를 향한 도전: 정책적 함의

이번 연구는 각국마다 다르게 나타나는 여성이주의 양상과 인과 기제에 대해 분석했다. 이 연구 결과는 여러 국내외 정책적 함의를 가지고 있다. 지구적 경쟁 심화 및 산업화된 사회에서 점증하는 돌봄의 간극 현상을 살펴볼 때 이주여성 노동자에 대한 수요는 점차 증가할 것이다. 지구화가 계속해서 사회적 환경을 변화시키고 여성이주에 대한 장벽을 제거함에 따라 더 많은 여성들이 이주노동에 참여할 것이다. 따라서 보다 효율적인 이주여성 보호 체제가 설립될 필요가 있다. 마지막 장은 이주여성 보호 차원에서 개별 국가와 국제 사회가 직면한 주요 문제와 도전들을 살펴볼 것이다.

이주여성 보호에 대한 국가적 책임

앞에서 살펴본 것처럼 각 국가들은 보호라는 명목으로 여성이주에 대한 금지와 제한 조치를 취하고 있다. 그러나 그러한 조치들이 직면한 근본적인 문제는 금지와 제한 조치에 대한 정보가 잠재적 이주여성들에게 잘 전달되지 않고 있다는 점이다. 이번 연구에서 드러난 것처럼 모든 이주여성들이 송출정책에 대해 잘 알고 있는 것은 아니었다. 필리핀 이주여성 대다수가 기초적인 송출정책에 대해 알고 있었다면, 스리랑카 이주자들은 훨씬 더 적은 정보를 가지고 있었다. 이들 대다수가 스리랑카해외고용국과 같은 국가 기관에 대해 전혀 들어본 바가 없거나 해외이주를 하기 전 등록을 해야 한다는 사실조차 알지 못했다.

방글라데시 이주여성들은 정보를 거의 얻지 못한 경우가 대다수였다. 비이주자를 포함하여 거의 모든 면접 참여자들이 이주 금지 조치가 있다는 사실과 심지어 이주자 등록 기관이 존재한다는 사실에 대해 모르고 있었다. 해외에서 돌아온 귀환 이주자들 역시 출발 전에 등록하도록 되어 있었음에도 불구하고 방글라데시 인력고용훈련사무소와 같은 국가기관에 대해 전혀 들어본 바가 없다고 말했다. 방글라데시에서 이 문제는 다소 복잡한데 잠재적 이주자들의 교육 수준이 매우 낮기 때문이다. 내가 이야기를 나눈 많은 마을의 여성들의 경우 정부가 무엇인지조차 알지 못했다. 그들 중 한 명은 정부와 고용업체를 구분하지 못했다. "그들정부은 나쁜 사람들이에요. 우리를 인도에 팔아넘기죠." 교육 기회가 부족하고 마을 바깥의 사회에 노출된 적이 거의 없었던 이 여성들은 어떻게 사회 시스템이 작동되는지를 이해하지 못했다. 글을 읽지 못했기 때문에 신문을 볼 수 없었고 가난했기 때문에 라디오나 텔레비전을 살 수 없었다. 이 가난한 여성들이 해외에 일하러 나가고 싶어 하는 집단이기 때문에 당연히 이주 금지조치에 대해 알고 있어야 했지만 사실 이들이야말로 그런 정보에서 가장 멀리 떨어진 집단이기도 했다. 여성이주를 금지한 논리는 이러한 정보를 볼 때 논란의 여지가 있다.

여성이주 금지는 보호 차원에서 역시 이상적인 해결책은 아니다. 이런 조치들은 여성들을 미등록 이주자로 만들고 이들이 받을 수 있는 보호를 오히려 줄인다는 점에서 여성들을 보다 취약한 상황에 놓이게 한다. 해외이주에 대한 수요가 존재하는 한 금지 조치가 시행되기는 어렵다. 범죄 조직이 운영하는 인신매매 산업이 증가하고 있기 때문이다. 미등록 여성이주의 수가 증가하는 상황에서 잠재적 이주자들에게 불법 고용업체들과 인신매매업자들에 대한 정보를 제공하는 캠페인을 시행하는 것이 보다 효과적인 보호 전략이 될 수 있을 것이다. 외국에서 일하는 여성이나 해외 고용을 생각하는 여성이 이 같은 범죄 조직으로부터 자신을 보호할 수 있도록 정보를 제공하는 일이 필요하다. 일부 의식 고양 프로그램들이 지역과 국제 NGO 단체들에 의해 제공되는데, 이는 보다 확장되어야 한다. 국제 지원 단체들 역시 이 같은 예방 프로그램에 재정적인 도움을 제공해야 한다.

이주자를 보호할 국가의 능력

이주 송출국가들은 자국 남녀 노동자를 보호하기 위한 노력을 한다. 그러나 그 보호정책의 효율성은 각기 다르다. 아마도 필리핀 정부가 이러한 노력에 있어서는 가장 독보적일 것이다. 필리핀 정부는 모든 이주자들이 필히 출국 전 사전교육을 이수하도록 했다.[5] 더 나아가 많은 노동 사무관과 복지 사무관을 파견하여 이주노동자가 도착국에서 직면하는 문제 해결을 위한 외교 업무를 담당하도록 했다. 이러한 업무에는 심각한 상황을 피해 고용주로부터 도망친 이주자를 위한 임시 쉼터 운영과 법률 상담 서비스가 포함되었다. 필리핀 대사관과 영사관은 사회적 행사를 조직하는 것뿐 아니라 해외에서 일하고 있는 동안 다른 기술을 배우길 원하는 이주자를 위한 직업 교육 프로그램을 마련하기도 했다.

그러나 여전히 송출국은 역량이 부족하여 스스로 문제들을 해결하기는 어렵다. 예를 들어 가장 발전된 보호 체제를 갖추고 있다고 알려진 필리핀 대사관이나 영사관의 경우에도 해외에서 일하는 필리핀 이주자가 7백만 명이 넘는데, 1999년 기준 겨우 35명의 노동 사무관이 파견되었다. 다른 나라들은 훨씬 더 열악한 보호 체제를 갖추고 있었다. 출국 전 사전교육을 운영하는 시설과 대사관 및 영사관 내 쉼터 시설 등이 여전히 부족했고 노동 사무관 및 복지 직원이 충분히 파견되지 못한 상황이었다. 일부 국가들은 심지어 고용주와 좋은 관계를 유지하고자 고용주 편을 들기도 했다. 분명 이 국가들의 목적은 많은 이주자를 파견하여 송금으로부터 이익을 취하는 것이었다. 나는 몇몇 이주노동자에게서 자국 대사관과 영사관이 자신의 문제에 무관심할 뿐 아니라 고용주에 대해 항의한 일부 노동자를 본국으로 보내기도 했다는 사실을 접하기도 했다. 이러한 사례들은 송출국과 유입국 간의 불균등한 정치경제적 권력을 반영하고 있다. 이러한 권력 불균형으로 인해 송출국이 자국의 힘만으로 이주자를 보호하기가 매우 어렵다.

이주 유입국의 역할

이주자 보호의 핵심 역할은 이주 목적국가에 있다. 이주 유입국이 취할 수 있는 가장 중요한 조치는 가사 노동자와 엔터테이너를 포함한 이주노동자를 보호할 수 있는 제도적 장치를 마련하는 것이다. 이주여성들이 처한 근본적인 문제는 이들 대부분이 노동법으로 보호받을 수 없는 직업에 집중되어 있다는 점이다. 부당한 대우와 열악한 노동 조건으로 고통받는 것은 이주여성뿐 아니라 같은 직종에 근무하는 자국 노동자들도 마찬가지이다. 이러한 직업군에서 일하는 **모든** 노동자를 보호하는 것은 자국 노동자와 이주노동자의 복지에 있어 매우 중요한 일이다.

이주 유입국가들은 또한 고용주를 교육하고 이들의 의식을 향상하기 위해 더 많은 노력을 기울여야 한다. 싱가폴의 경우 고용주에 의한 가사 노동자 살해 사건이 다수 발생한 이후에야 가사 노동자를 처음 고용하는 고용주에 대한 교육을 의무화했다. 또한 가사 노동자를 고용하는 업체들은 반드시 국가의 승인을 받도록 했다.[6] 국가의 능력에 한계가 있었기 때문에 전반적인 노동 감시 및 개입은 불가능했다. 그럼에도 주요 이주 유입국들은 이주노동자의 노동조건을 감시하기 위해 적어도 일정 정도의 감시관을 파견해야 한다. 이주여성을 잘 보호하기 위해서는 노동 감시관들이 가사 노동자가 일하고 있는 고용주의 집에 불시로 감시하러 갈 수 있어야 할 것이다.

마지막으로 이주 유입국가들은 이주자 쉼터와 상담 센터에 대한 재정적인 지원을 고려해야 한다. 이들 쉼터나 센터들 대부분이 지금까지 송출국가의 대사관이나 NGO 단체들에 의해 제한적으로 운영되어 왔다. 도움이 필요한 이주자의 수는 항상 이러한 기관들의 수용 능력을 초과한다. 따라서 이주자를 보다 잘 보호하기 위해서는 이주 목적국들의 역할이 이주자 쉼터와 법률 지원 센터 운영 지원으로까지 확대되어야 한다.

국제 사회를 향한 도전:
국제이주의 지구적 거버넌스를 향하여

국제 사회가 직면한 중요한 도전 과제는 이주자를 보호하기 위한 기존의 체제를 발전시키는 것이다. 앞서 살펴본 것처럼 여성이주를 제한하는 정책은 부분적으로 송출국이 처한 국제 노동시장에서의 불리한 위치와 국제이주에 대한 지구적 거버넌스 체제의 결핍에서 비롯된다. 많은 국가 공무원들은 유엔과 같은 초국적 기관이 이주노동자를 보호하기 위해 효과적으로 개입할 수 있다면 이주 금지조치와 같은 여성의 이주를 제한하는 정책을 실시할 필요가 없다고 말한다.

해외 이주노동자의 권리를 보호하기 위한 여러 국제 법률적 장치가 마련되었지만 여전히 국제이주를 위한 지구적 거버넌스는 초기 단계에 머물러 있다. 예를 들어, 국제노동기구는 1949년 취업을 위한 이주노동 협약 개정 No. 97, 1975년 이주노동자 부칙 협약 No. 143, 1949년 취업을 위한 이주노동에 관한 권고 No. 86, 1975년 이주노동자 권고 No. 151를 채택했다. 1990년에는 유엔 총회에서 "유엔 이주노동자 협약"으로 불리는 「모든 이주노동자 및 그 가족의 권리 보호를 위한 국제 협약」을 채택했다. 그러나 유엔 이주노동자 협약을 비준한 국가의 수가 충분치 않아 채택된 후 13년이 지난 2003년 7월에서야 발효할 수 있었다. 게다가 이 같은 법적 장치들은 여러 이유로 효과적이지 못했다. 첫 번째 이유로 주요 이주 유입국 대다수가 이 협약을 서명하거나 비준하지 않았다. 유엔 협약의 비준국 전체가 이주 송출국이었고, 유입국은 단 한 국가도 이에 서명하지 않았다. 유입국들이 이 협약을 비준하지 않은 이유는 부분적으로 자국 시민사회의 정치적 압력이 부족했기 때문이기도 했지만, 이 협약에 수반된 책임 때문이기도 했다. 한 국가가 국제 협약을 비준하면 그에 따라 국내법을 개정하고 이행 상황을 보고해야 한다. 유입국 내 거주하는 이주자의 수를 고려할 때 이러한 협약을 완벽하게 이행하는 것은 불가능하다. 그러나 이 같은 협약의 비준은 곧바로 이주자와 송출국의 기대를 불러일으킬 것이다. 이주자와 송출국이 곧 유입국의 협약 위반 사례들을 발견하고, 국제회의에서 비판할 수 있기 때문이다. 대다수 공무원들은 이러한 협약을 비준하는 것이 유입국에 정치적으로 이롭지 않다고 판단한다.

'이주 협약'들이 효과적이지 않은 두 번째 이유는 국제 협약을 집행할 수 있는 실질적인 체제가 부족하기 때문이다. 현재까지는 그 어떤 국제기구도 이주자의 권리 침해 사례에 직접적으로 개입할 수 없다. 국제 협약을 비준한 유입국만이 유일하게 자국 고용주나 무자비한 고용업체들을 처벌할 수 있는 행위자라 할 수 있다. 그렇지만 처벌하지 않는다 해도 아무 문제가 없다. 국제 협약을 이행하지 않는 국가에 가해지는 가장 큰 처벌이란 국제회의에서 고작 몇 분간 비난받는 것뿐이다. 이주노동자를 보호할 수 있는 국제적인 법적 체제는 적어도 현재 형태로는 매우 제한적이다.

이주문제는 정치적으로 민감하다. 거의 모든 국가에서 이주노동자들이 제대로 된 대우를 받지 못한다. 하지만 그 어떤 국가도 이 같은 상황에서 누군가에게 비난받거나 개입당하기를 원치 않는다. 많은 국가들은 이주가 주권의 문제라고 주장해 왔다. 이 같은 정치적 환경은 이주에 관한 국제 정치에도 영향을 미쳤다. 사실 이러한 이유로 국제이주와 개발에 관한 회의를 개최하는 것이 1994년 유엔 총회 결의안으로 통과되고, 카이로 유엔 인구 회의에서 제안되었음에도 불구하고 불가능했었다.[7] 1994년 유엔 결의안에서 유엔 총회는 난민, 귀환 이주자, 이주자들이 처한 문제를 철저하게 검토하기 위한 유엔 회의를 개최할 것을 제안했었다.[8]

이주를 둘러싼 국제적 지형 변화

유엔은 이주 관련 회의를 개최하는 데 어려움을 겪어 왔다. 그럼에도 국제이주를 둘러싼 환경들은 점차 변화하고 있다. '지구적 거버넌스'를 성취하기에는 아직 갈 길이 멀지만 다층적 차원에서 여러 움직임들이 일어나고 있다. 국제적 차원에서 유엔 및 다른 국제기구들은 국제이주 관련 문제들을 활발히 제기해 왔다. 지난 삼십 여 년 동안 유엔 총회는 이주노동자의 상황을 개선하고 그들의 인권과 존엄성을 보장하기 위한 결의안들을 채택해 왔다. 그렇지만 이주자를 보호하기 위한 움직임은 1990년대에 들어서 가속화되었다. 1990년에 「모든 이주노동자와 그 가족의 권리 보호에 관한 국제 협약」이 통과된 것은 중요한 성과였다.

1992년 유엔 총회는 여성 이주노동자에 대한 폭력에 대응하기 위한 결의안을 채택했다. 국제 여성이주를 구체적으로 언급한 최초의 결의안이었다. 이는 국제 사회가 이주여성들이 그동안 오랜 기간 성적 학대와 여러 형태의 불합리한 처우를 겪어 왔다는 것을 인식하게 되었음을 시사한다. 유엔 총회는 그 이후부터 거의 매년 이주여성에 관한 결의안을 채택했다. 1993년과 2002년 사이 유엔 인권 위원회는 총 24개의 이주노동자 결의안을 발표했다. 또한 유엔 경제 사회 이사회 역시 1983년 이후 이주 관련한 7개의 결의안을 공표했다.

국제적 차원에서의 제도적 장치 역시 강화되었다. 1997년 유엔 인권 위원회는 1) 이주자 인권 보호의 걸림돌에 관한 모든 정보를 수집하고, 2) 이주자 인권의 증진, 보호, 추진을 위한 방법을 권고하기 위하여 '이주자 인권 보호에 관한 국가 간 전문가 그룹'을 만들었다.[9] 1999년, 이 전문가 그룹의 권고로 이주자 인권을 위한 특별 보고관이 임명되었다. 특별 보고관은 무엇보다도 정보를 요청하고 분석할 때 젠더를 중요하게 다루며 이주여성에 대한 차별이나 폭력 문제에 특별한 관심을 기울일 것을 요청받았다.[10]

2000년 유엔 총회는 이주문제에 관한 세 가지 결의안을 채택했다. 그중 하나는 여성 이주노동자에 가해지는 폭력에 관한 결의안이었는데 이 결의안은 각 국가가 특별 보고관에게 적극 협조하고 "여성 이주노동자의 권리 및 복지를 보호하고 증진하기 위한 별도의 노력"을 기울일 것을 촉구했다.[11] 유엔 결의안은 정치적인 문건이지 집행 체제를 가진 법적인 수단은 아니었다. 그리하여 이런 결의안은 이주자의 상황을 증진할 직접적인 영향력을 행사할 수는 없었다. 그러나 이 결의안은 특정 사안에 대한 유엔의 관심을 보여주는 공식 문건이라는 점에서 지구적 차원의 규범적 틀을 마련할 수 있고 이주 관련 국가의 여론 형성에 영향을 미친다. 또한 결의안은 국제 기금 배분 방향을 결정하는 데 영향을 미쳤다. 개발 기구, 국제 NGO, 개별 기부자들이 미래 프로젝트를 개발하는 데 있어 유엔의 의제와 관심사를 참고하기 때문이다.

1998년, 국내외 NGO와 국제기구들이 모여 유엔 이주노동자 협약 비준을 위한 전 지구적 캠페인을 조직했다. 1998년과 2002년 사이에 이 협약에 서명한 국가가 7개국에서 12개국으로, 협약을 비준한국가가 9개국에서 20개국으로 증가했다. 이는 그 이전 8년간의 더딘흐름과 비교할 때 유례없는 성공이었다. 과테말라는 2003년 3월에 협약을 비준하고 2003년 7월 1일 협약을 발효하였다. 2005년 2월 1일기준, 22개국이 비준했다.12)

이주 관련 지구적 거버넌스 틀은 아직 마련되지 않았지만 점차 진보하고 있다. 여러 국가들이 협력하고 있으며 1990년대 이후 지역적움직임이 전 세계적으로 증가하고 있다. 최근 몇 년 동안 지역적인 경계를 넘어선 다층적인 움직임이 일어나고 있다. 서구 지중해 국가 이주에 초점을 둔 "5+5" 대화를 통해 북아프리카 송출국들과 남부 유럽목적국들이 연결되고 있으며 장관급 회의가 2001년 이후 매년 열리고있다. 이 회의에서 미등록 이주 및 관련 이주민에 대한 인간적 처우 문제, 이주와 개발, 그리고 이주자 통합 문제가 논의되고 있다.13)

또 다른 논의틀은 2001년 스위스 정부가 시작한 베른 이니셔티브이다. 이 회의는 모든 지역에서 온 정책 입안자, NGO, 학자 등이모여 이주문제에 대해 논의하고 공통의 관심사를 파악하고자 한다. 이이니셔티브의 목적은 "사람의 이동을 인도적 차원에서 질서 있게 계획하고 관리하는 것"이며 이를 위해 "국가 간의 협조를 발전시키기위한 포괄적인 정책틀을 마련"하는 데에 중점을 둔다.14) 연례 자문과정을 통해 베른 이니셔티브는 국제이주에 대하여 다양한 차원의 대화와 협력을 증진해 왔다.

2003년에는 유엔 사무총장과 스웨덴, 스위스 정부의 지원으로 '이주문제에 일관성 있고, 포괄적이며, 지구적인 차원으로 대응할 수있는 제도틀을 마련하기 위한' 국제이주에 관한 글로벌 위원회가 설립되었다.[15] 13개 국가와 바티칸이 참여한 이 위원회는 국제이주 관련 정책적 접근의 격차를 분석하고, 다른 지역의 이주문제가 미칠 영향을 검토하며, 국제이주를 지구적 의제로 삼을 것을 목적으로 하는 여러 회의와 지역 청문회를 개최했다.[16] 이 위원회는 2005년 여름, 유엔 사무총장과 관련 당사자들에게 최종보고서를 제출했다. 유엔 사무총장과 주요 산업국가들이 이처럼 강력하게 국제이주에 관한 다국적 포럼을 열겠다는 의지를 보인 것은 처음으로, 국제이주와 관련한 지구적 환경이 변화하고 있음을 보여주는 지표라 할 수 있다. 이 위원회가 실제 국가정책에 영향을 미칠 수 있을지 여부는 미지수이지만 이를 통해 국제 사회에서 이주문제가 새로운 세기에 접어들면서 '관심도가 낮은 정치'에서 '관심도가 높은 정치'로 변화하는 계기가 되었다.

이 같은 시도들은 이주에 관한 지구적 제도틀을 마련하는 데 기여하고 있다. 2004년 국제노동기구회의에서 정부, 고용주, 노동자들이 모여 노동이주 권리에 기반을 둔 접근을 목표로, 구속력 없는 다국적 제도틀을 마련하기 위한 새로운 행동 강령을 채택하는 데 합의했다. 이들은 또한 다른 국제기구 및 다국적 단체들과 협력하여 이주에 관한 국제노동기구 대화 채널을 만들기로 합의했다. 정치적으로 민감하다는 이유로 최근까지도 이주가 의제로 거론되지 않았던 상황을 고려할 때 이 같은 시도들은 매우 큰 변화라 할 수 있다.

이러한 사례들은 지난 몇 년간 지구적 이주 체제를 구축하기 위한 합의틀이 마련되고 대화가 시작되고 있음을 보여준다.

변화하고 있는 아시아 상황

이 같은 국제 환경의 변화는 아시아에 직접적인 영향을 미친다. 오랜 기간 동안 국제이주에 대한 논의는 지역 간 공식적인 대화 채널에서 금기어였다. 아시아의 대다수 이주 흐름은 아시아 내에서 일어났지만 1990년대 중반까지 이주노동자를 보호하기 위한 지역적 협력이나 논의는 없었다.

이 같은 지역적 협력과 대화의 부족은 아시아 국가들 사이에 정치적으로 단일한 합의체가 존재하지 않았기 때문이기도 했다. 아시아는 유럽 연합, 미주 기구, 아프리카 연합에 비견할 만한 지역 정치체를 가지고 있지 않다. 아시아의 경우 언어, 종교, 문화적인 차이가 많고, 경제적 수준 격차가 커서 지역적인 정체성이 발전하지 못했기 때문에 지역적인 정치 공동체를 조직하는 데 어려움이 있었다. 또한 전쟁과 갈등으로 점철된 오랜 역사는 아시아 민족들 사이에 불신을 심화했다. 이 같은 지역적 정치 공동체의 부재 때문에 아시아는 지역적 인권 위원회가 없는 유일한 지역이 되었다. 아시아에는 지역적 차원의 인권 문제를 제기할 수 있는 제도적 장치가 마련되어 있지 않은 상황이다.

그럼에도 불구하고 최근 몇 년간 아시아의 많은 국가들이 여성과 아동 인신매매가 불거지면서 이주에 관한 지역적 협력의 필요성을 인식하기 시작했고 이미 논의가 시작되고 있다. 1996년 17개국이 모인 첫 번째 협상 테이블이 마닐라에서 열렸다. "마닐라 프로세스"라 불린 이 회의를 통해 각국의 이주 담당자들이 미등록 이주 및 인신매매에 관한 경향과 관련 정책 정보를 정기적으로 교환할 수 있게 되었다.[17] 또 다른 회의체로는 국제이주기구와 유엔난민고등판무관실이 지원하는 아시아태평양자문회의가 있다. 이 회의는 아시아 태평양 국가들이 이주자 및 난민, 국가 내 추방 난민을 포괄하는 지역적 인구 이동에 관하여 논의할 수 있는 장을 마련하였다.[18]

1997년 아시아 외환 위기는 아시아 지역의 협력을 촉진하는 역할을 했다. 이주노동자들이 대거 본국으로 송환되면서 많은 문제가 발생하자 아시아 각국들은 이주에 관한 보다 효과적이고 지역적인 차원의 지속적인 협력 필요성을 인식하게 되었다.[19] 이 위기는 또한 단순히 잠재적 이주자에 대한 법적 장벽을 세우는 것만으로는 막을 수 없는 대규모의 미등록 이주에 관한 우려를 증가시켰다. 이런 상황으로 인해 첫 번째 지역적 협력 움직임으로서, 1999년 4월 방콕에서 "미등록 이주에 관한 지역적 협력을 위해"라는 이름이 붙은 장관급 회의가 열렸다. 이 방콕 선언에 19개 아시아와 태평양 국가들이 참여했다.

그 이후 미등록 이주에 관한 지역적 협력이 확장되었다. 2002년, '밀입국, 인신매매 및 초국적 범죄에 관한 발리 장관 회의'가 열렸다. 국제이주기구 및 유엔난민고등판무관실을 비롯, 38개 아시아 태평양 국가들이 참여했다. 참여한 국가들은 인신매매로 인한 인권 문제를 인식하고, 미등록 이주를 억제할 목적으로 법집행 및 비자 체제에 협력하고 정보를 교환하는 것에 동의했다.[20)]

이주 송출국 간의 다자적 협력 역시 증가하기 시작했다. 2003년 필리핀은 인도네시아, 태국, 베트남, 미얀마, 스리랑카와 함께 홍콩이 추진하던 이주노동자 임금 삭감 조치에 반대하는 6개국 연합을 조직했다. 이 연합체는 임금 삭감에 반대하는 행동을 취하면서, 불공정한 노동 관행이 벌어지는 이주 목적국 내 이주노동자 노동 환경을 조사했다.[21)] 이러한 움직임은 송출국들이 이주노동시장의 틈새를 두고 경쟁했던 과거에는 불가능했다. 그러나 다양한 지역적 논의를 통해 이들 국가는 공동의 이익과 이주 목적국에 대응하는 연합체 건설의 중요성을 깨닫기 시작했다. 이러한 움직임은 아시아 지역에서 이주노동자를 보호할 수 있는 긍정적인 변화라 할 수 있다.

이주노동자, 특히 여성 이주노동자의 어려움을 드러내고자 했던 NGO의 노력 역시 1990년대 후반 이후 가속화되었다. 지역 이주 NGO들은 여러 지역적 사회 연결망을 구축하고 이주문제에 관한 협력을 강화하고자 했다. 1998년 이후 매년 지역NGO들은 이주여성 보호를 주요한 목표로 삼은 '아시아 이주민 권리를 위한 공동 캠페인'을 조직했다.[22)] 2002년, 지역NGO들은 스리랑카에서 '이주 가사 노동자를 위한 지역 정상회의'를 열었다. 이 정상회의에는 24개국 국가 공무원, NGO, 그리고 관련된 사람들이 참여했다. 회의 끝 무렵에 이들은 이주 가사 노동자의 권리 증진을 위한 협력의 중요성을 강조하는 콜롬보 선언을 발표했다.[23]

이와 같은 국가적, 풀뿌리 차원의 지역적 움직임들로 볼 때, 바로 지금이 아시아에서 공식적으로 활동할 수 있는 아시아 지역 인권위원회 및 아시아 인권법원과 같은 공식적 인권 기구를 발족할 최적기이다. 아시아에는 현재 유럽인권위원회, 미주 인권위원회, 아프리카 인권 및 민중권리위원회와 같은 지역적 차원의 인권 기구가 없다. 인권법원과 함께 설립된다면 더할 나위 없을 지역 인권위원회의 설립은 해당 지역뿐 아니라 전 세계의 이주자 인권을 보호하는 데에 중요한 걸음이 될 것이다. 인권위원회는 또한 정책 입안자들과 NGO가 이주자를 보호하기 위한 체제를 마련할 수 있는 지속적인 논의의 장을 제공할 것이다.

국제이주에 관한 광범위한 지구적 거버넌스 체제가 마련되기까지는 오랜 시일이 소요될 것이다. 최근 지역적, 지역 간의 대화가 시작되면서 그 가능성이 현실화되고 있다. 유엔 기구, 국가 간 기구, 국제NGO 등과 같은 지구적 시민사회는 이러한 국제 협력의 흐름을 장려하고, 이주자, 특히 이주여성 보호를 논해야 한다. 이와 같은 국가적, 지역적, 지구적 차원의 오랜 노력을 통하여 남성과 여성 이주노동자의 권리를 더 효과적으로 보호하는 일이 가능하게 될 것이다.

에필로그
이주와 여성의 역량강화

현지 조사를 수행하는 동안 많은 이주여성들이 여성에게 있어 이주의 의미와 여성의 역량강화의 의미에 대한 나의 시야를 넓혀 주었다. 이는 직접적으로 나의 연구와 관련된 부분은 아니었고, 보다 심도 깊은 검토와 분석을 필요로 한다. 따라서 이 부분에 대한 나의 지식과 전문성은 한계를 가지고 있다. 그럼에도 나는 향후 이 분야에 대한 토론과 연구가 활발해지기를 바라는 마음에서 이 부분에 대해 논하고자 한다.

앞서 살펴본 것처럼 여성의 국제이주는 학대나 착취와 같은 부정적인 문제를 가지고 있다. 대중 매체는 이주여성을 절망적인 피해자로 묘사하거나, 아니면 자녀의 학교 자퇴율이나 남편의 알코올 중독 등 여성의 이주로 인해 발생하는 가족 문제에 초점을 둔다. 여성의 국제이주에는 분명 이 같은 부정적 측면이 있다. 그렇지만 정말 국제이주가 단지 금전적 이익과 이러한 문제만 불러일으키는가? 이주는 여성에게 어떤 영향을 미치는가? 이주로 인해 여성의 역량이 강화되는가? 아니면 그 반대인가?

많은 학자들이 이주는 여성의 역량을 강화시키기도 또 약화시키기도 했다고 주장해 왔다. 그동안 이주가 가진 부정적 영향에 관심이 치우친 경향이 있다. 많은 연구들이 이주여성들이 해외에서 직면하는 어려운 노동 조건이나 불공정한 대우와 같은 부정적 영향을 강조해 왔다.1) 게다가 많은 이주자들이 이주 후에 자신이 가진 전문성에 합당하는 영역에서 일할 수 없기 때문에 사회적 지위 하락을 경험한다.2) 특히 미등록 이주와 인신매매는 "이주자들이 목적국 정부에 연락을 취할 경우 강제 출국될 수 있는 점을 이용하여 모집업자와 고용주가 권력을 남용한다는 측면에서" 여성에게 부정적 영향을 미친다.3) 많은 경우 이주는 여성의 사회적 지위를 거의 향상시키지 못한다. 이들이 갖게 되는 직업은 가사 노동자, 엔터테이너, 생산직 노동자 등과 같이 보통 저임금, 열악한 노동 조건, 낮은 노조 조직률로 대표되는 업종이기 때문이다. 여러 연구들은 이주여성을 학대와 괴롭힘의 피해자로 묘사해 왔다.

이주여성이 때로 취약한 상황에 놓이는 것은 사실이다. 학대, 괴롭힘, 임금 체불은 빈번하게 일어나는 일이다. 이주여성들은 "때로 고용주 앞에서 전적으로 무기력하다."4) 그렇다고 해서 이주가 여성들에게 부정적인 영향만을 미치는가? 이 질문에 대답하기란 쉽지 않다. 질문에 대답하기 위해서 우리는 역량강화라는 개념에 대해 주의 깊게 살펴보아야 한다. 필라이Pillai에 따르면 역량강화란 다음과 같다.

개인이 또는 개인들로 구성된 집단들이 삶의 모든 영역에서 온전한 정체성과 힘을 가질 수 있게 하는 다층적 차원의 과정을 뜻한다. 그러기 위해서는 지식과 자원에 접근할 수 있어야 하고, 스스로 자신의 삶을 계획할 수 있는 의사 결정에 대한 자율성이 보장되어야 하며, 자신의 삶에 영향을 미칠 수 있는 주변 환경을 통제할 수 있어야 하고, 관습이나 믿음, 풍습으로 인한 속박으로부터 자유로울 수 있어야 한다.5)

이 정의를 문자 그대로 받아들이면, 이주 과정은 여성에게 역량강화의 경험이 아닐 수도 있다. 외국에서 일하는 이주자들이 법적인 보호를 받지 못하거나 의사 결정권을 갖지 못하고, 또한 자신의 노동 환경에 대한 통제권이 없는 경우가 많기 때문이다. 휴고는 이주여성 노동자들이 "자국의 가부장제 가족과 크게 다르지 않은, 혹은 더 악화된 또 다른 가부장제로" 이동한다고 주장한다.6) 엔터테이너나 공장 노동자는 작업장에서의 학대와 착취에 취약하다. 특히 서아시아 노동자들이 취약한데 이들 대다수가 고용주의 집을 벗어나는 것이 허용되지 않고 자유를 보장받지 못하기 때문이다.

출신국 사회의 태도 역시 이주여성의 역량강화를 방해하는 요소이다. 중동 지역에서 일한 인도네시아 가사 노동자에 관한 연구를 보면, 2년간의 이주 경험은 이들이 본국으로 돌아간 이후의 사회적 지위에 긍정적인 영향을 미치지 못한다. 이는 부분적으로는 마을을 중심으로 한 전통적 위계질서 속에서 이주가 일시적인 현상으로 규정되고, 기존 사회 질서를 유지하려는 경향이 뿌리 깊기 때문이다.7) 필리핀과 스리랑카에서 수행한 현지 조사에서도 알 수 있듯이 역량이 강화된 여성들조차도 본국으로 돌아간 후 예전처럼 가능한 조용히, 순종적으로 살고자 노력하고 있었다. 이들은 가족과 이웃들의 부정적인 반응을 두려워했다.

역량강화의 문제는 본국으로 돌아온 여성들이 스스로 자신의 권리를 획득하려는 노력과 결합할 때 더욱 복잡해진다. 현지 조사 결과에 따르면 이주 경험은 여성들에게 긍정적인 영향을 미쳤다. 필리핀 이주자 중 87%, 스리랑카 이주자의 58.3%가 자신감이 상승하고 독립적인 성향으로 변화하는 등 자신 내부에서 긍정적인 변화를 경험했다고 대답했다. 이즈마엘과 몸센은 스리랑카 무슬림 여성들이 본국으로 귀환한 후 더 많은 의사 결정권을 갖게 되었다고 말한다.

여성들은 점차 소비나 저축, 옷차림, 사회적 의무 및 가족의 범위, 함께 거주할 확대가족의 범위 등에 대해 많은 결정을 내리고 있다. 비록 이 여성들이 이러한 결정 과정에서 온전한 자율권을 가지지는 못하지만 해외의 경험은 이들이 가족의 복지와 사회 활동에 적극적으로 개입할 수 있게 하는 자신감과 존중감을 가질 수 있게 해 주었다. 이들은 과감하게 자신과 가족의 더 나은 삶을 위해 모르는 곳으로 떠났다. 이 여성들은 대개 귀국하고 나서도 자신이 경험한 고난을 잊지 않으려 했다. 지위 및 자신감과 자존감의 상승, 또한 역량강화의 경험은 이들이 획득한 가장 큰 사회적, 심리적 변화였다. 90% 이상의 여성이 해외이주 경험으로 인해 자아에 대한 가치와 여성으로서의 지위 상승을 경험했다.[8]

여성들은 열악한 가부장적 노동 조건을 가진 저임금 직종에 집중되어 있다. 그러나 이들 중 많은 수가 일정 정도의 역량강화 과정을 경험한다. 브록켓은 시드니에서 일하는 태국 성 노동자들이 이주를 통해 실제 역량강화 과정을 경험했다고 주장한다.[9] 연구에 참여한 대다수 가사 노동자 역시 이주가 자신의 삶을 실질적으로 변화시켰다고 이야기했다. 해외이주라는 어려운 과정을 겪고 외국인 고용주에 대처하는 과정을 겪으면서 이들은 과거에 비해 더 많은 자신감을 획득하게 되었다. 귀환 여성 이주자들 대부분이 다음과 같이 말한다.

[돌아온 후에] 모든 것이 달라졌어요. 더 독립적으로 변한 것 같고, 또 자랑스러워요. 많은 것을 얻었고요. 전에는 이웃들이 저를 무시했지만 이제는 그렇지 않아요! [웃음] … 제 가족들에게도 중요한 사람이 되었죠. 아이들도 저를 더 많이 존중하고요.

해외에서 일했다는 게 자랑스러워요. 무엇인가를 성취했다고 자신 있게 말할 수 있어요. … 다른 문화에서 온 사람들과 섞여 지내면서 많은 것을 배웠지요. 적응하는 법도 배웠고요. 인내심이 보다 늘어났다고나 할까요? 요리하는 것도 배우고 지식도 얻고 많은 것을 알게 되었죠. 전에는 진공청소기 사용법조차 몰랐거든요.

이 같은 긍정적인 반응이 꼭 성공한 이주여성에게서만 나오는 것은 아니다. 심지어 많은 어려움에 봉착했던 이주여성 역시 과거를 돌아보며 자신의 경험을 긍정적으로 이야기한다. 사우디아라비아에서 일했던 로레인은 고용주로부터 성적 학대를 당한 끔찍한 경험을 가지고 있었다. 하지만 로레인은 자신의 이주 경험을 아래와 같이 표현했다.

[이주하기] 전에는 사람들 뒤에 숨기만 했어요. 아무것도 안하고 그냥 앉아만 있었죠. 열등감 콤플렉스가 있었거든요. … 그렇지만 이제는 규율도 익히고 인내심도 키우고 끈기도 생겼어요. 자신감도 더 많이 생기고요. 새로운 나라에서 좀 더 성장한 거죠.

필리핀 대사관 쉼터에 있던 몇몇 필리핀 여성들도 이주를 통해 영적인 성장을 경험했다고 말했다. 그들 중 한 명은 이주를 하면서 자신의 신앙이 공고해졌다고 말한다. 마리아는 이주 경험이 신앙적으로 의미 있는 경험이었다고 했다.

참 많은 것을 배웠어요. 신에게 감사드리죠. 이제 저는 아랍, 인도인, 파키스타인 등등 다양한 사람들을 대할 수 있게 되었어요. 전 세계에서 어떤 일들이 벌어지는 지도 알게 되었고요. 신과도 더 가까워졌죠. 신의 축복을 얻었어요.

전체적으로 보면 필리핀인의 63%, 스리랑카인의 69%가 자신의 이주 경험이 좋았다고 답했다. 이 수치는 필리핀과 스리랑카 응답자의 절반 정도가 임금 체불과 성희롱, 성폭력 및 신체적 폭력 등의 이유로 고용주로부터 도망 나온 여성들을 수용하고 있는 법률상담센터나 쉼터 출신이라는 점을 고려할 때 매우 높은 수치라 할 수 있다. 이런 긍정적인 답변은 일정 정도 자기 합리화 과정을 반영하고 있는지도 모른다. 그러나 응답자의 대다수필리핀인의 72%, 스리랑카인의 56%가 여전히 현재 자신이 일하고 있는 그 나라에 머물거나 혹은 다른 나라로 다시 이주하고 싶어 했다. 외부인의 눈에는 '자유를 속박'하거나 혹은 '자신감을 저해하는' 것처럼 보이는 일이 실제 이주자에게는 독립심과 자신감을 높인다는 점에서 긍정적인 영향을 미치고 있는 것이다.

지지 기반이 없거나 약할 수밖에 없는 새로운 국가에서 이주여성은 모든 문제를 스스로 해결해야 한다. 적대적인 고용주에 어떻게 대응해야 할지, 불합리적인 요구나 학대에 어떻게 대처해야 하는지, 계약과 다르게 임금이 지불될 때 어떻게 문제제기해야 하는지 등등 삶의 모든 일을 스스로 결정해야 한다. 이주여성은 또한 본국의 재정적 문제에 대해서도 일정 정도의 의사 결정권을 가진다. 특히 자신이 부친 돈을 낭비하는 가족이 있는 경우 돈의 사용처를 통제하려 노력하고 있다. 집으로 돈을 부칠 때마다 이들은 부모와 남편에게 돈의 사용처에 대한 구체적인 요구를 한다. 이들 중 일부는 집으로 보낼 돈을 계산해 보내고 나머지는 거주하는 국가의 은행에 저축한다. 해외의 이주 경험은 과거에는 배우지 못했던 다양한 방식의 삶을 계획하는 기술을 획득할 수 있게 해 준다.

새로운 언어와 문화 획득을 통한 자기 계발 역시 이주여성이 획득하는 역량강화의 효과이다. 대다수의 연구 참여자들은 처음에는 언어 장벽으로 인해 고용주가 원하는 것을 잘 이해하지 못했다고 말했다. 그렇지만 이들은 일에 필요한 언어를 배우고자 최선을 다했고, 서너 달 후에는 이들 대부분이 고용주와 간단한 대화를 할 수 있을 정도의 언어를 익힐 수가 있었다. 자신의 언어 학습 과정에 대해 이야기할 때마다 이주여성들은 매우 자랑스럽고 자신감 있는 모습을 보였다. 스물여섯 살인 스리랑카 이주여성 찬드라는 "4개월이 지나자 아랍어를 할 수 있게 되었어요. 언어도 할 줄 알고 생각하는 능력도 많이 키웠지요"라고 이야기했다. 특히 작은 마을이나 폐쇄적인 사회에서 자란 여성의 경우 새로운 문화를 배우고 다른 배경을 가진 사람들을 만나게 된 과정을 새로운 사회에 진입한 경험으로 받아들였다.

시민 참여의 경험 역시 이주여성의 역량강화에 기여했다. 이주자의 조직화 권리가 보장된 일부 목적국가에서 이주여성들은 학대와 노동 착취, 임금 삭감, 인권 침해 정책에 대응하기 위한 노동 조합 및 협회를 결성했다. 이러한 활동들을 통해 이들은 행정 처리 능력과 리더십을 키울 수 있었다. 아시아 대다수 목적국가들이 이주노동자들의 조직에 상당히 억압적인 태도를 보였지만, 홍콩, 일본, 한국은 상대적으로 이러한 조직화에 관대한 편이었다. 따라서 이들 국가에서 이주여성들은 자신들의 관심사와 우려를 표출하기 위한 다양한 조직을 결성했다.

이주여성들이 자신의 삶에서, 노동에서 또 의사 결정 과정에서 온전한 통제권을 지녔는가 하는 측면에서 보면 이들의 역량이 온전히 강화된 것만은 아니다. 하지만 이들 대다수가 해외이주 경험이 자신의 삶 전반에 긍정적인 영향을 미쳤다고 바라보고 있었다. 비록 자신이 기대한 만큼의 월급을 받지 못했고, 때로 부당한 대우나 성적인 착취를 경험하기도 했지만 말이다. 많은 연구들이 이주여성들이 자신의 삶 속에서 억압에 저항하고자 눈에 보이지 않는 다양한 방식으로 고용주에 대항해 왔음을 보여주고 있다.[10] 이주여성들이 해외에 있는 동안 고용주와 제도화된 권력에 의해 단순히 억압받지만은 않는다. 이들은 어떻게든 자신의 행위 능력을 키우려 한다. 이주여성이 때로 취약한 지위에 놓이므로 우리가 이들을 보호하기 위한 필요성을 제기해야 하는 것은 사실이다7장 참조. 그러나 또한 많은 이주여성들이 '스스로의 역량강화’를 경험하는 것 역시 인식되어야 할 것이다. 학대를 당한 여성들이 스스로 자신들의 역량이 강화되었다고 말하는 것을 우리의 판단기준으로 부정할 수는 없다.

역량강화는 구조적 차원뿐 아니라 주관적 차원의 문제이기도 하다. ‘행위성’은 여성의 역량강화의 중요한 부분을 차지하고 있는데, 역량강화는 카비어에 따르면 “반성과 분석과 같은 눈에 보이지 않는 인식론적 과정뿐 아니라 흥정, 협상, 조작, 전복, 저항, 투쟁 등”을 통해 “자신의 목표를 정하고 그를 위해 행동할 수 있게” 만들어 주기 때문이다.[11] 비록 카비어는 역량강화가 가진 다른 차원, 즉 개인이 “선택할 수 있는 능력을 증진시키고”, 각 개인의 목표 성취 및 실제 실현을 가능케 하는 경제적, 사회적, 인간 자본의 측면을 지적하고 있지만,[12] 카비어가 지적한 주관적이고 인식론적인 역량강화의 측면은 이주여성의 역량강화 연구에 새로운 길을 제시한다.

여성의 역량강화에 관한 최근 연구들은 국제 여성이주의 사회적 차원에 대한 이해를 증진할 수 있는 흥미로운 시작점이다. 예를 들어 내적 역량강화와 외적 역량강화의 관계, “외적 역량강화가 항상 내적 역량강화를 가져오는가?”와 같이 역량강화의 개념을 분명하게 제시할 수 있는 더 많은 연구가 필요하다. 모든 이주여성이 구조적으로 역량강화를 경험할 수 있게 노력하는 한편, 주관적인 역량강화의 중요성을 인식하려는 노력이 필요하다.

주석

제1장 서론: 전 지구적 이주와 여성

1) '가정부'나 '가사도우미' 같이 보다 대중적으로 사용되는 용어들이 있지만 이러한 용어에는 다소 문제가 있다. '가정부'라는 말은 다소 경멸의 의미를 담고 있고, '가사 도우미'라는 말은 이주여성들이 가사 대부분을 전담하고 있다는 것을 고려할 때 정확한 표현이 아니다. 고용주의 입장에서는 '도우미'이지만 이들이 단순히 가사를 '돕는' 것은 아니기 때문이다. 이 여성들이 '적법한' 노동자라는 것을 부각시키기 위해 나는 이 책에서 가정 내 생산적인 일을 담당하는 개인들을 일컫는 말로 '가사 노동자'라는 용어를 사용한다.

2) UN 2004. 이 수치는 UN 인구 부서 자료에 근거하고 있다. 이 수치는 '이주자' 전체, 즉 조사 당시 '일상적 거주지'인 본국 밖에서 살고 있는 사람들을 지칭한다. 일반적으로 국제이주는 다음 네 가지 분류로 구분될 수 있다. (1) 영구 이주 (2) 단기 이주 (3) 미등록 이주 (4) 강제 이주. 단기 이주는 다시 계약직 이주와 전문직 이주로 구분된다. 계약직 이주는 계절직이나 1년 또는 2년의 단기 계약을 맺고 일하는 준숙련직, 또는 비숙련직 노동자의 이주를 말한다. 전문적 이주는 한 국가에서 다른 국가로 파견된 다국적 기업에서 일하는 고숙련직 기술자나 관리자를 지칭한다(Stalker, 1994, 4쪽 참조). 이 책에서는 단기 국제이주의 첫 번째 분류에 속하는 단기 이주 즉, 준숙련직 또는 저숙련직 노동자의 이주를 주로 다룬다.

3) UN 2002.

4) [역주] 이주의 여성화는 신자유주의적 구조개혁의 결과로 여성의 빈곤화가 가속화되면서 여성 이주자의 수가 급증하고, 이주여성들이 전통적으로 여성의 일로 간주된 돌봄 노동 등을 위해 국제이주하는 것을 의미하는데, 여성이 남성의 종속자로서 이주하는 것이 아니라 생계 부양자로 이주한다는 점에서 새로운 현상이다(김현미, 「국제결혼의 전 지구적 젠더 정치학」, <경제와사회> 2006년 여름호 참조).

5) UN 2004.

6) ILO 2001, 1

7) Anker 1998, 264

8) Mckay 2005.

9) Anderson 2000.

10) Hochschild 2000.

11) Parrenas 2001.

12) Gereffi and Korzeniewicz 1994.

13) Sturgeon 2001.

14) '신흥공업국'이라는 용어는 북미 지역에서 홍콩, 한국, 대만, 싱가포르를 지칭하는

용어로 널리 퍼져 있으나 '신흥공업경제지역'이라는 용어가 국제적으로 보다 널리 인정되고 있다. 홍콩은 하나의 '국가'로 보기 어려우며, 중국은 대만을 자신의 연방 중 하나라고 주장하기 때문이다.

15) Nash and Fernandez−kelly 1983.

16) Lim 1998, 8.

17) U.S. Department of State 2004.

18) Lim 1998, 8−9.

19) 이 책은 사우디아라비아, 쿠웨이트, 아랍에미리트연합 등의 '서아시아'를 포함하는 유엔 규정의 '아시아' 정의를 따른다. 1994년에 파키스탄 이주자의 99.7%, 인도 이주자의 95.9%, 스리랑카 이주자의 94.9%가 일자리를 찾아 다른 아시아 국가로, 그중에서도 서아시아로 주로 이주했다(Huguet 1995).

20) 합법적 이주를 할 수 있는 하나의 대안이 망명, 난민 지위 신청과 관련된다. 이 같은 접근은 많은 개발국에서 열띤 논쟁을 불러일으켰다. 난민 문제는 다른 인과적 요인을 부각시켜야 하기 때문에 이 책에서는 다루지 않을 것이다.

21) '저숙련'이나 '미숙련'이라는 용어는 매우 논쟁의 소지가 있다. 여성이주 가사 노동자는 '미숙련'으로 분류된다. 이는 사회가 재생산 노동, 특히 가사 노동에 대해 의미를 거의 부여하지 않고, 가사 노동이 기술이 필요하다는 것을 인정하지 않기 때문이다. 그러나 가사 노동은 사실상 다양한 기술을 요한다. 전기 가전제품의 적절한 사용, 요리 및 청소 기술, 관리 기술 등이 그것이다. 필리핀과 스리랑카의 경우 이주여성들은 출국 전에 가사 노동 관련 '기술'을 익히는 교육 과정을 들어야 한다. 대개 이 노동자들은 교육이나 공장 노동, 사무직 등 과거 다른 영역의 경험을 통해 획득한 전문 기술들을 함께 가진 경우가 있다. 그러나 나는 의약, 법, 사업 등과 같은 다른 전문 직업군 종사자와 이 여성들을 구분하기 위해 '미숙련' 여성 또는 이주자라는 일반적 용어를 사용할 것이다.

22) POEA 2004; Commission for Filipinos Overseas 2004.

23) 이 추정치는 다양한 종류의 자료를 적용해 산출한 것이다. 스리랑카, 인도(케랄라 지역만), 인도네시아의 경우 전체 여성 이주자 수를 파악한 공적 자료를 사용했다. 필리핀과 방글라데시의 경우 전체 이주자 통계가 여성 젠더 구성비를 기준으로 산출한 총 이주자 수와 유사할 것이라는 전제 속에서 연간 송출인구의 여성 비율을 기준으로 계산해 산출하였다. 베트남과 태국은 본국에서 자료를 구하지 못했기 때문에 목적국에서 나온 자료를 첨부했다. 4백만 명이라는 전체 추정치는 주요 7개국만 포함한 것이기 때문에 여전히 낮게 계산된 수치이다. 아시아 이주여성의 수를 정확하게 추정하기 위해서는 더 많은 자료가 수집되어야 할 것이다.

24) '비합법적 이주자' 또는 '미등록 이주자'는 불법적 통로를 통해 국외로 이주하는 사람들부터, 합법적으로 이주했으나 체류 기간을 넘겨 지위가 불법이 된 사람들을 아우르는 다양한 집단을 지칭한다. 일부 이주자들은 이주자의 여권을 압수하고 성매매를 강요하는 악덕 중개인이나 고용주에게 걸려 원치 않게 초과 체류하게 된다. "불법체류 이주자"라는 말은 사회적으로 경멸의 의미를 담고 있기 때문에 국제회의에서는 사용을 피하곤 한다.

25) Lim and Oishi 1996.

26) Harris and Todaro 1970; Todaro 1976.

27) Palma-Beltran 1992; Vasquez et al. 1995; Asis 2001.

28) Piore 1979.

29) ILO 2004.

30) 이 같은 상황은 그다지 개선되지 않았다. 여성이주 연구에 대한 통계적 취약점에 관해 더 알고 싶다면 INSTRAW(1994) 참조.

31) Thadani and Todaro 1979, 26.

32) 도농 간 이주에 대한 좋은 예는 Chant (1992)과 UN(1991)이다. 국제 이주에 대한 좋은 예는 Heyzer et al.(1994), Palma-Beltran(1992), and UN(1995).

33) Taylor 1986; Massey and Garcia spana 1997; Gurak and Caces 1992.

34) MacDonald and MacDonald 1997; Massey 1986.

35) Hagan 1998; Menjivar 2003.

36) Curran and Rivero-Fuentes 2003.

37) Kritz et al. 1992.

38) Harbison 1981; Lauby 1987; Lauby and Stark 1988.

39) Wood 1981, 1982; Radcliffe 1986.

40) Grasmuck and Pessar, 1991; Chant 1992.

41) Phillips 1989; Sen 1990; Wolf 1992; Goss and Lindquist 1995.

42) Hondagneu-Sotelo 1994.

43) Sen 1990; Wolf 1992; Grieco and Boyd 1998.

44) Palma-Beltran 1992; Eelens 1995; Gurak and Kritz 1996; Ortiz 1996.

45) Constable 1997.

46) Parrenas 2001.

47) Gamburd 2000.

48) Chin 1998.

49) Chant 1992; Fairhurst et al. 1997; Momsen 1999.

50) Parrenas 2001.

51) Lim and Oishi 1996.

52) Goss and Lindquist 1995.

53) Ibid., 326.

54) 최근 이주 학자들은 '이주 송출국'과 '이주 유입국'이라는 기존의 오랜 구분 방식이 현재 대다수 국가가 송출국이자 유입국이라는 점에서, 또한 많은 국가들이 이주자들이 다른 곳으로 이주하기 전 짧은 기간 거쳐 가는 '경유국'이라는 점에서 충분치 않다는 데 동의한다. 나는 이런 현실을 전적으로 인정하면서도 각 국가가 가지는 더 두드러진 측면들을 강조하기 위해 이러한 용어를 사용하기로 했다. 그리고 '이주 공급 국가'나 '출발국/목적국'과 같은 용어들도 같은 의미로 사용할 것이다. '이주 송출국/유입국'이라는 용어는 이주 과정에 있어 행위자로서의 송출국가를 지칭하기 위해 사용될 것이다. 그러나 이는 국가가 노동자를 '송출'하거나

'유입'시키는 유일한 행위자라고 말하기 위함이 아니다. 이번 연구는 국제 이주에서 여성을 주요 행위자로 인식하고 있다.

55) 초기 생각은 J.S. Mill(1967) [1843]에서 왔다. Skocpol and Somers(1980)과 Wickham–Crowley(1992) 참조.

56) Sassen–Koob 1984; Sassen 1991; Parrenas 2001.

57) Nayyer 2002; WCSDG 2004.

58) 나는 여기서 '국가'를 특정 지리적 영토 내 '모든 행정적, 사법적, 관료적, 억압적 시스템'으로 규정하는 스테판(Stepan)의 정의를 따른다(Stepan 1978, xii). 국가와 정부에 대한 많은 정의가 있다. 이 연구에서 '정부'는 중앙 정치 기구와 행정 기구로 한정한다.

59) Weiner 1990, 1995; Cornelius et al. 1994; Russell 1995.

60) Brubaker, 1992.

61) Peek and Standing 1982; Chant and McIlwaine 1995.

62) Battistella and Paganoni 1992; Abella 1995; Hugo 1995; Lim and Oishi 1996; Gonzalez 1998.

63) 몇 가지 예외 중 하나가 Heyzer et al. 1994이다.

64) Sassen 1988, 116.

65) 싱가포르와 쿠웨이트에서는 현지 조사를 수행할 수 없었기 때문에 이들 국가에 대한 정보는 2차 문헌에서 온 것이다.

66) 이 책에서 '이주NGO'는 이주 노동자나 가족의 필요와 이해를 구체적으로 실현시키기 위해 일하는 비정부기구들을 지칭한다. 많은 '이주NGO'들이 과거 이주자가 조직하거나 운영하는 것은 아니다. 따라서 이주자와 그 가족들에게 봉사하는 것을 구체적 목표로 하는 경우 그러한 단체를 이주NGO로 본다. 또 다른 용어인 '이주자 협회'는 과거 이주자나 현 이주 노동자로 구성된 조직만을 일컫는다.

제2장 경제발전과 이민정책 −목적국 정부와 사회의 역할−

1) Gaw 1991, 67.

2) 위의 책, 73.

3) 남편들은 보통 주인이나 가족 구성원으로 역할을 부여받는다. 상세한 내용은 Gaw(1991)를 참고하라.

4) Jaschok 1988, 106.

5) 위의 책, 101.

6) Huff 1994: 154.

7) 위의 책.

8) Ginsberg and Roberts 1958, 251.

9) Stockard 1989, 169.

10) Gaw 1991, 78.

11) Chiang 1994, 239.

12) Welsh 1997, 404.

13) Vogel 1991, 68.

14) Salaff 1990, 102.

15) Mak과 Yue−ping은 남성 노동참여율의 감소는 교육 확대의 영향을 반영한다고 본다. 확대된 교육 기회에 따라 많은 청년들이 더 오랜 기간 학교를 다니고 나중에 취업한다. Mak과 Yue−ping(1997, 19)을 참고하라.

16) Salaff 1974, Ⅱ; Constable 1997, 24에서 인용

17) 홍콩 인구조사통계청 1991.

18) Constable 1997, 27.

19) 위의 책, 29.

20) Salaff 1995, ⅩⅩⅶ.

21) Hong kong Government 1965, 5−6; Pui−lan 외 1997에서 인용

22) Stalker 1994, 259.

23) Sasaki 1994, 29.

24) Hong Kong Government 2004.

25) Stalker 1994, 259.

26) Sasaki 1994, 30.

27) Johnson, 1982.

28) Vogel 1991, 77.

29) 싱가포르는 사실상 독립을 하던 시기에 심각한 실업 문제가 있었으며, 싱가포르 정부는 인구 압박을 덜기 위하여 강력한 인구 통제 프로그램을 착수하였다. 싱가포르의 인구 정책의 변화에 관해서는 Palen(1990)을 참고하라.

30) Wong 1997, 142.

31) Then 1996, 5; Wong 1997, 144에서 인용.

32) Wong 1986, 209; ILO 2004.

33) ILO 2004.

34) Wong 1986, 212.

35) Wee 1987, 5−12.

36) 공식적으로 승인된 '비전통적 지역'은 방글라데시, 인도, 인도네시아, 태국 그리고 미얀마에서 온 건설 노동자를 포함한 다른 직업군 노동자를 포함한다.

37) Hui 1992, 267; Wong 1996, 92에서 인용

38) 싱가포르 노동부 1998, 60.

39) Wong 1986, 212.

40) Yeoh 외 2004.

41) Yeoh and Huang 1995, 448.

42) Straits Times, November 7. 1997.

43) Yeoh and Huang 1995, 450.

44) filmo Communications 2001.

45) [역주] 글로벌 사회정책 브리프, February 2016 Vol. 5, 한국보건사회연구원.

46) Ofstedal 외 1999, 26.

47) Stalker 1994, 256; Henson 2002.

48) 스토커는 1990년 싱가포르 열다섯 가정당 한 명 비율로 있는 가사 노동자 수가 이미 세계에서 가장 높은 수준에 있다고 보았다. Stalker(1994, 256)를 참고하라.

49) AMC and MFA 2001, 133.

50) Chia 2004.

51) Chin 1998, 123.

52) 대만 노동협의회 2004; 출간예정인 Lan에서 인용.

53) Choi 2001, 464.

54) Lee, 출간예정.

55) De Vos 1971; Yoshino 1977; De Vos and Wetherall 1983; Weiner 1997.

56) 비록 다른 '민족'은 아니었지만 또 다른 소수자는 부락구민이었다. 이들은 일본인 이지만 19세기 말까지 쫓겨난 불가촉천민으로 존재했다. 그들은 오늘날까지 차별 을 겪고 있다.

57) Stalker 1994, 248.

58) 일본 법무부 2004.

59) 위의 책.

60) 위의 책.

61) 위의 책.

62) Komai 1995, 104.

63) Asahi Shimbun, 1995년 6월 22일.

64) De Dios 1989, 139–140. 관광객으로 일본에 입국하는 사람들은 3개월만 머물 수 있다. 그러나 여성운동 진영의 저항에도 불구하고 섹스 관광객들은 여전히 존 재한다.

65) 1990년대 중반에, 필리핀 정부는 이 문제를 다루기 위하여 오디션 제도를 도입하 였다. 연예인 신분으로 해외로 출국하려는 자원자들은 사전에 노래 또는 무용 시 험을 통과해야만 했다. 합격한 사람만이 '자격 있는' 연예인이 되어 필리핀 해외 취업협회(POEA)로부터 자격증을 받았다.

66) De Dios 1989, 139–140.

67) 일본 법무부 2004.

68) 일본 법무부 2004.

69) 언론협회, 2004년 12월 7일.

70) 미국 국무성 2004.

71) 몇 지역의 요양원은 일본계 브라질인 진료 보조에 대한 의존성을 높이고 있다고

언론이 보도한다.(아사히신문, 2000년 1월 14일)

72) Ozawa 1995, 62−65.

73) 위의 책.

74) 일본 내각부 2004.

75) Nakamatsu 2005.

76) Choshi 2004.

77) 일본 내각부 2004.

78) UNDP 2002, 162. [역주] 연합뉴스 "日 80대 노인 1천만 명 돌파, 65세 이상 역대 최다" 2015년 9월 21일.

79) UN 2000a, 50.

80) IMF, 2004년 12월 8일.

81) Asian Migration News, 2000년 3월 1−15일.

82) Daily Yomiuri, 2000년 4월 26일.

83) 일본 법무부 2000.

84) 외무부 2004.

85) Yomiuri Shimbun, 2004년 11월 17일

86) Asian Labour News, 2004년 1월 15일

87) Yomiuri Shimbun, 2004년 7월 1일

88) Japan Times, 2000년 1월 19일

89) JISEA 2004.

90) 서아시아의 목적국을 언급할 때 '걸프국가'라는 용어를 때때로 사용할 것이다.

91) UN 2004.

92) Stalker 1994, 239.

93) Birks and Sinclair 1980, 131.

94) ILO 1973.

95) Ogawa 1987, 285.

96) Birks and Sinclair 1980, 160.

97) 위의 책, 14−15.

98) 위의 책, 4.

99) Choi 2001, 464.

100) Evans and Papps 1999.

101) EACWA 1993.

102) Russell 1995, 258.

103) 위의 책, 260.

104) UN 2004.

105) shah 외 2002.

106) Humphrey 1990, 8.

107) shah 1995, 1012.

108) 위의 책, 1009.

109) Stalker 1994, 245.

110) Scalabrirni Migration Center 2004a; POEA 2004.

111) ESCWA 1997b, 102.

112) Bakan and Stasiulis 1995, 323－324.

113) Chin 1998, 108.

114) 경제 협력 정책이 폐지되었는지 아니면 경제 협력이 단순히 다른 국가들로 확장된 것인지는 모르겠지만, 말레이시아는 1997년에는 태국으로부터, 1998년에는 스리랑카로부터 가사 노동자를 받아들이기 시작한 것으로 자료에 나타난다.

115) Manila Times, 1998년 9월 27일.

116) 말레이시아의 인종은 말레이와 토착민 58%, 중국 24%, 인도 8% 그리고 나머지 10%로 구성되어 있다. CIA World Fact Book(2000)을 참고하라.

117) Hong Kong Standard, 1999년 4월 14일.

118) Lan, 출간예정.

119) Humphrey 1990, 11.

120) Constable 1997; Lan 출간예정.

121) Pei Chia Lan은 대만의 경우 인도네시아인 가사 노동자 수가 이미 필리핀인 가사 노동자 수를 능가했다고 말한다. 이는 부분적으로는 필리핀인들이 너무 솔직하다는 인식이 증가하였기 때문이고, 또 다른 이유는 중개업체들이 고객들에게 더 높은 수수료를 지불한 인도네시아인들을 고용하도록 장려하였기 때문이다. Lan을 참고하라(출간예정).

제3장   가치 중심 송출정책 －송출국의 역할－

1) 특히 9.11 테러 이후에 많은 국가에서 국가 안보가 이민 정책의 중요한 축으로 자리 잡았다.

2) Abella 1995; Lim and Oishi 1996.

3) 송출국의 노동 수출 장려 초기에는 노동력 송출로부터 발생하는 기술 이전이나 인적 자본 형성이 경제적 이익에 포함되었다(Stahl, 1982 참조). 많은 정부가 자국 노동자들이 해외에서 일하는 동안 자유롭게 새로운 기술을 획득하고 본국에 돌아와서 경제적 발전에 기여할 것을 기대했다. 그러나 이주 노동자들에게는 저숙련 일감들이 주어졌고 발전이나 기술 획득의 기회가 거의 주어지지 않는다는 사실이 드러났다. 최근 연구들은 인적 자본 형성과 관련된 경제 기록들이 실제로 암울함을 드러냈다. 왜냐하면 대다수 이주 노동자들이(심지어 연수생들도) 단순 육체노동이나 저숙련 일에 종사하기 때문이다. Kuptsch and Oishi(1995) 참조.

4) IMF 2003.

5) 필리핀의 경우 전체 이주자의 4%, 스리랑카의 경우 전체 이주자의 10%가 미등록 이주자인 반면, 인도네시아의 경우 전체 이주 노동자 중 적어도 25%가 미등록 이주자이다. 약 50만 명의 인도네시아인들이 등록되지 않은 채로 해외에서 일하고 있는 것으로 추산된다. Asian Migrant Center(AMC) and Migrant Forum in Asia(MFA) 1999.

6) Migration News 2(5), May 1995.

7) 인도 외무부 장관이 쿠웨이트 가사 노동자 이주 금지를 2001년 말 전에 해제할 것이라고 발언한 것이 보도되었다(NRIOL, 2000년 7월 10일 자)

8) 처음 연령 제한은 45세였으나 지난 십 년간 차츰 낮아져 35세가 되었다.

9) 정부의 공식적인 발표는 없었지만 인도네시아 정부와 네팔 정부는 여성 이주에 점차 제약을 가했다. 아부 다비에 위치한 인도네시아 대사관 비서관은 1999년 아랍 지역으로의 가사 노동자 이주는 일시적으로 중단되었다고 말했다. 같은 해 델리에 위치한 국제노동기구 사무소의 젠더 사무관은 추측컨대 인신매매에 대한 우려로 네팔 정부가 현재 공항에서 여성들의 출발을 엄격하게 통제할 시도를 하고 있다고 말했다.

10) Raj−Hashim 1994, 123.

11) Hugo 1998, 14쪽에 인용된 미간행 정부 자료에 근거해 계산한 수치임.

12) Teodoro 1981, 3; Kitano and Daniels 1988, 80.

13) Tyner 1999, 679.

14) 1982년 7월 20일 대통령 연설; Tigano 1990, 76에서 인용.

15) Abella 1979, 3.

16) 이 같은 노동이주의 제도화는 대체로 당시의 심각한 경제적 어려움에서 기인한다. 마르코스 대통령은 높은 실업률을 완화하고 국제 수지를 증진하기 위해 송금액을 늘리려고 노력했고, 노동법에 따라 이주 노동자는 해외에서 번 돈을 자국으로 보내도록 요구받았다. 그러나 이 같은 노력은 결국 실패했는데, 이는 노동에 대한 해외 수요가 극적으로 증가해, 이를 관리할 수 있는 정부의 능력을 넘어섰기 때문이다. 1978년까지 필리핀 정부는 노동이주를 통제하겠다는 생각을 버려야 했다. 필리핀 정부는 한 가지 대안으로 필리핀 이주자를 모집하고 배치하는 업무를 사적인 업체에 의존하기 시작했다. Asis 1992, 71−72 참조.

17) Abella 1979, 8; POEA 2004.

18) 필리핀의 이주 관련 자료는 육지 기반과 해양 기반 두 가지로 분류된다. 그러나 선박 노동자와 승무원과 같이 '선원'을 지칭하는 해양 분류는 목적국을 나타내는 일부 이주 통계에는 포함되지 않는다. 비록 선원들이 외국 배에 고용되지만 이들은 사실상 거의 선박 소유권과 관계없는 다양한 국가들을 여행하면서 일한다. 따라서 '목적국'을 구체화하는 것은 어렵다.

19) POEA 2004.

20) Asis 1992, 74.

21) Abella 1995, 247.

22) DOLE 1995, 36.

23) Imson 1992, 17.

24) DOLE 1995, 36-37.

25) 예를 들어 미국, 캐나다, 유럽의 경우 가사 노동자의 노동 시간은 하루에 15시간 이상 일하도록 되어 있는 아시아나 중동 국가에 비해 짧은 편이다. 북미나 유럽에서 지내는 가사 노동자들 대다수가 적어도 매주 하루는 쉬도록 되어 있는 반면, 중동에서는 그렇지 않다.

26) Enloe 1990, 188.

27) Constable 1997, 207-208.

28) Ministry of Justice [Japan] 1992.

29) Simon and Thomas 1995.

30) Gonzalez 1998, 127.

31) U.S. Department of State 1996, 10.

32) 이 정보는 1999년 7월 22일에 있었던 전 국회의원과의 인터뷰에 근거함.

33) Manalansan 2003.

34) Alcuitas 2002.

35) Korale 1984, 5.

36) Gonzalez 1998, 127.

37) Rodrigo 1997, 52.

38) Korale 1984, 1.

39) SLBFE 2003.

40) ILO-ARTEP 1985; Eelens and Speckman, 1990에서 인용.

41) SLBFE 2003.

42) Ibid.

43) 이 정보는 1999년 9월 데이비드 소이사와의 인터뷰에 근거함.

44) 1999년 9월 아브하 다얄과 푸니트 탄돈이 한 인터뷰 발췌. UNDP 촬영본.

45) SLBFE 2003.

46) 1999년 9월 아브하 다얄과 푸니트 탄돈이 SLBFE 사무총장과 한 인터뷰. 인터뷰어 직접 촬영본.

47) Soysa 1999, 20; Weerakoon 1998, 106.

48) Sunday Times Plus, 1999년 8월 22일.

49) Asian Migration News, 2000년 4월 30일.

50) Abdullah 2003.

51) Gamburd 2000.

52) Sunday Times Plus, 1999년 8월 22일.

53) 위의 글.

54) 방글라데시는 1971년까지 독립된 국가로 존재하지 않았기 때문에 여기서 필자가

사용하는 '벵골인'은 문자 그대로 '벵골어를 사용하는 사람들' 또는 '벵골 출신 사람들'을 말한다. '방글라데시인'이라고 쓸 때는 독립 이후 방글라데시인민공화국의 시민을 지칭하는 것이다.

55) Mahmud 1989, 59.

56) 독립 전쟁 발발 원인은 방글라데시가 무슬림 정체성을 부정했기 때문이 아니라 오히려 민족 정체성의 표현이었다. (문자 그대로 '벵골어를 쓰는 사람들'인) 방글라데시인들은 파키스탄 정부가 우르드어를 공식 언어로 강요하는 정책을 펴자 반기를 들었다. 이 갈등은 이후 보다 넓은 민족적-문화적 맥락을 갖게 되었다.

57) ASK 1999, 31.

58) 주로 준숙련 또는 미숙련 노동자들을 대상으로 이주노동이 장려되었다. 반면 전문직 종사자의 이주는 어렵게 되었다. 3차 5개년 계획은 "방글라데시 정부는 반드시 자국 경제에서 필요한 구체적 기술을 명시하는 분명한 정책을 채택해야 한다. 또한 이 나라에 필요한 전문인력들이 해외로 빠져나가는 것을 제한해야 한다"고 명시하고 있다(REPELITA III 1979, 431).

59) Government of Bangladesh 1983, 382; ASK 1999, 23에서 인용.

60) AMC and MFA 2001.

61) 1991년 첫 번째 걸프전 기간 동안 귀환 이주자 중 3%만이 여성이었다. INSTRAW and IOM(2000, 8) 참조.

62) INSTRAW and IOM(2000, 15).

63) Inter Press Service, 2000년 12월 18일.

64) AMC, 2001.

65) 이 같은 정책은 같은 방글라데시인끼리는 학대를 하지 않으리라는 가정에 근거했다. 그러나 나는 고용주가 가사 노동자와 같은 민족 또는 종족인 경우에도 가사 노동자를 학대했다는 이야기를 많이 들었다.

66) 이 같은 정책 발달에 대해서는 엇갈린 보고서가 존재한다. 한 NGO는 방글라데시 정부가 1981년에 미숙련 여성이주를 금지했다고 밝히고 있다. 그러나 이 보고서의 출처는 알려져 있지 않다(ASK 1999). 소브한(1989)은 금지조치가 그보다 더 이후에 내려졌다고 주장한다. 내가 BMET 전 사무총장에게 이를 확인하기 위해 연락했을 때 그는 분명하게 기억하기로 당시 내각이 1976년에 결정했다고 말했다. 또한 노동부 및 인력부와 방글라데시 인력고용훈련사무소에 확인했으나 이들 주장을 뒷받침할 어떤 정보도 없었다.

67) ASK n.d., 29.

68) Jahan 1993, 35.

69) Ibid.

70) Ahmed 1998, 382.

71) RMMRU 1998.

72) Asian Migration News, 1999년 9월 1-15일.

73) Hasan 2003.

74) Scalabrini Migration Center 2004a.

75) Dawn, 1999년 4월 30일.

76) 인도 정부는 전문인력의 이주 숫자를 기록하지 않는다. 고급 숙련 이주자의 수를 통계에 포함한다면, 이 수는 훨씬 높아질 것이다.

77) 이 인터뷰는 송출 규제법이 명시하는 대로 여성들이 35세가 넘었는지를 확인하기 위한 것이다. 칸은 여성들이 35세가 넘었는지를 확인하기 위해 직접 인터뷰를 했다고 한다. 이 같은 확인 시스템은 정확한 출생 기록이 존재하지 않고, 일부 사람들은 자신의 나이를 모르기 때문에 마련되었다고 설명했다.

78) Lan, 출간 예정.

제4장 왜 젠더 정치학인가? ―국가, 사회 그리고 상징적 젠더 정치학―

1) Evans 1997.

2) Skocpol 1985; Pierson 1994.

3) Brubaker 1992, 1.

4) Johnson, 1982.

5) Asis 1992, 74.

6) NCRFW and ADB 1995, 46.

7) POEA 1992, 9. 인도네시아 정부는 이후에 산업국가에서 수용하는 기준에 맞추어 간호사를 훈련할 수 있는 기관을 설립하였다고 한다. Hugo 1995, 295에 인용된 Ball 1990 참조.

8) Zachariah et al. 2002, 22.

9) Skocpol 1985, 19.

10) Katzenstein 1985, 235.

11) 취업대행사들은 정부기관이 아니지만, 일반적으로 풀뿌리 조직, 비영리 협회를 의미하는 'NGO'도 아니다.

12) ANGOC 1995, 121.

13) POEA 2004.

14) Scalabrini Migration Center 2004b.

15) 이것은 필리핀의 외화 보유액이 바닥나고, 국제수지는 급속히 악화된 1980년대 초반의 경제 위기 때문이었다.

16) CIIR 1987.

17) ANGOC 1995.

18) Ibid., 131.

19) Gamburd 2005, 21.

20) Dias and Jayasundere 2002, 22―23.

21) 이 숫자는 방글라데시 정부의 NGO국에 공식적으로 등록되지 않은 NGO들을 포함하였다. 1994년에 공식적으로 등록된 NGO 수는 1,370개였으며 이들 중 1,223개는 지역 차원에서, 147개는 국제적으로 운영되고 있다.

22) ANGOC 1995, 80.

23) Dasgupta 2003.

24) 타나(thana)는 방글라데시 행정 단위로서 (한국 행정구역으로 보면) 리와 구 중간에 위치하고 있다.

25) Brubaker 1992.

26) Ibid.

27) Joppke 1999.

28) Asian Migration News, September 15－30, 1997.

29) UNDP 2004.

30) Khair 1998, 9.

31) 1999년 인터뷰할 시기에 노동부가 해외이주 정책을 담당하고 있었다. 부속 기관인 인력고용훈련사무소가 실질적으로 해외 이주노동자들 보호 및 옹호 활동에 관한 행정업무를 담당하였다. 이후 구조 개편으로 인력고용훈련사무소는 독립 부처가 되었고, 지금은 해외거주자 복지와 고용부(Ministry of Expatriates' Welfare and Overseas Employment)로 불린다.

32) 옥스퍼드 백과사전(1999)에 의하면 푸르다는 "천이나 커튼으로 여성들을 이방인과 차단하는 특정한 이슬람과 힌두 사회 내 제도"이다. 일반적으로는 여성들을 대중의 시선으로 보호하는 것을 뜻하고 그 공무원의 말처럼, 더 나아가 보통 공공장소에서 여성들이 베일을 사용하는 것을 지칭한다.

33) 크로레(Crore)는 남부 아시아 용어로 천 만(ten million)을 말한다. 아시아 이주연감(2003)에 의하면 이주자들이 송금한 액수는 1999년에 18억 달러였다.

34) RMMRU 1998.

35) 흥미롭게도 이 금지는 공식적인 법률 제정을 통해서가 아니라 해외 고용을 책임지고 있는 정부기관의 고위 공무원의 구두 지시에 의해서 이루어졌다.

36) McClintock 1997, 90.

37) Nixon 1997, 78.

38) Tohidi 1998, 279.

39) Nixon 1997, 78.

40) Ibid.

41) Kabeer 1991, 122.

42) Siddiqi 1998.

43) 나중에 미국 정부는 제3자 기관의 부검을 시행하는 데 동의하였다. 이 기관은 싱가포르 정부가 주장한 대로 플로러 콘템플라시온이 실제 2건의 살인에 책임이 있다고 보았다. 이 발표가 있은 후에야 대중의 분노가 감소하였다.

44) Gonzales 1998, 7.

45) Inter Press Service, December 18, 2000.

제5장 집을 떠나는 여정: 여성의 자율성, 이주 그리고 함정 기제

1) 1999년에 방글라데시에서 인터뷰한 모든 이주여성들은 1998년 방글라데시 정부가 미숙련 여성들의 이주를 금지하기 전에 이주했던 여성들이다.

2) SLBFE 2003, 38.

3) Bangladesh Bureau of Statistics 1993(UNDP 1994에서 인용). 1980년대 초반에 는 전 세계에서 가장 낮은 연령인 17세보다 더 낮았다. UNDP 1994, 4 참조.

4) UNDP 1999, 33.

5) UNDP 2002, 151.

6) Palma-Beltran and De Dios 1992; NCRFW and ADB 1995.

7) Brochmann 1990; Yapa 1995.

8) Palma-Beltran 1992, 10; Vasquez et al. 1995, 26.

9) Alailima 1997; UNDP 2002.

10) World Bank 2000; 284.

11) UNDP 2004.

12) Lewis 1968.

13) Sassen 1988, 116-118.

14) Brochmann 1990; Yapa 1995; Jayaweera et al. 2002.

15) 여기서 나는 단기 이주자만을 지칭하고 있음을 다시 한 번 밝힌다. 영구 이민자와 난민은 제외한다.

16) Tacoli 199, 27.

17) Wolf 1992; Salaff 1995; Tacoli 1996.

18) UNDP 1994, 5.

19) Tsuda 1987.

20) UNDP 1994, 2.

21) Massey 1986; Massey et al. 1993.

22) Massey et al. 1993, 452-453.

23) Hondagneu-Sotello 1994.

24) Parrenas 2001, 122-123.

25) Rodriguez and Tiongson 2001, 722.

26) Gamburd 2000.

27) Wood 1981, 1982; Trager 1984, Lauby 1987, Chant and Radcliffe 1992.

28) Stark and Bloom 1985; Stark 1991.

29) Ellis 1998; Morris 1990; Selby et al. 1990; Davidson 1991(Wolf 1992, 14에서 재인용).

30) Becker 1981(Sen 1990, 131에서 재인용).

31) Wolf 1990, 63.

32) Yapa 1995, 84, 86.

33) 가구 밖의 가족 구성원이 돈을 받는 경우도 있지만 대부분 가구 구성원이 송금의 주요 수혜자가 된다.

34) Kabeer 1999, 17.

35) Oppong and Abu 1987.

36) Geertz 1961; Jay 1969(Wolf 1992, 63에서 재인용); Blumberg 1988; Kabeer 1999.

37) Blumberg 1988, 53.

38) Blumberg 1988, 66−69; Stichter 1990, 58.

39) Heinonen 1996, 111.

40) Yu and Liu 1980 (Go 1992, 263에서 재인용).

41) Deano 1985 (Go 1992, 263에서 재인용).

42) Eviota 1992, 35.

43) Eder 1999, 113.

44) Abeywardane 1996.

45) UN 1998; Karunaratne 1999, 22; Takakuwa 1999, 25−40.

46) Takakuwa 1999, 35−36.

47) CIRDAP 1993(UNDP 1994, 6에서 재인용).

48) White 1992, 123.

49) Ibid.

50) Yapa 1995, 64−65.

51) Scalabrini Migration Center 2004a.

52) DOLE 1995(Gonzalez 1998, 91에서 재인용).

53) SLBFE 2003, 26.

54) DOLE 1995(Conzalez 1998, 90에서 재인용)

55) SLBFE 2003, 26.

56) Tacoli 1996, 21−23.

57) '재통합'이란 용어는 주로 필리핀 이주 노동자가 본국으로 돌아간 후에 필리핀에서 잘 살아 나가는 것을 지칭한다. 귀환 이주자가 자신의 경제적 조건을 개선하는 경우가 너무 적기 때문에 정부와 NGO들은 귀환한 이주자들이 집으로 돌아온 후에도 삶을 잘 살아 나갈 수 있도록 지원하고자 다양한 '재통합 프로그램'을 시작했다. 재통합은 때로 소규모 사업을 시작하거나 땅이나 집에 투자하는 것 등을 가리킨다.

58) 이주가 여성들의 역량강화에 미친 영향에 관하여 더 많은 논의를 보고 싶다면 에 필로그를 참조.

59) McKay 2005.

제6장 사회적 인정성: 여성이주와 지구화의 연결 고리

1) Sassen 1988, 116−118.

2) World Bank 2002.

3) Nababsings 1996, 1.

4) Sparr 1994, 7; Jayaweera 1996, 108−109.

5) 수출자유지역은 노동법을 준수하지 않으므로 노동 조합 결성은 금지된다. 이는 개발도상국이 외자를 유치할 때 직면하는 어려움을 보여준다. 개발도상국 정부는 외자를 유치하기 위하여 토지, 시설, 세금감면 등 엄청난 혜택을 제공하여야 한다. 수출자유지역의 노동문제를 보려면 ILO 1998년 호를 참고하라.

6) Aripe and Aranda 1981. (Kabeer 1994, 165에서 재인용)

7) Chant and Mcllwaine 1995, 48.

8) CIIR 1987, 33과 Shoesmith 1986, 17. (Chant and Mcllwaine 1995, 49에서 재인용)

9) Chant and Mcllwaine 1995, 60.

10) ILO 1998, 3.

11) Ibid., 20.

12) Remedio 1996, 13.

13) Chant and Mcllwaine 1995, 67.

14) UN 1993, 99.

15) Jackson 1998, 122.

16) ILO 2001.

17) Eviota 1992, 105.

18) Jayaweer 1994, 105.

19) Gunatilaka 1997, 1.

20) Jayaweera 1994, 105.

21) Maex 1985, 11.

22) 대안적 발전을 위한 민중포럼(PEFDA) 1998, 27.

23) Ibid., 45.

24) Ibid., I.

25) Abeywardene 1994. (Vimaladharma 1997, 51에서 재인용)

26) PEFDA 1998, 51.

27) Jayaweera 1994, 105.

28) Feldman 1992, 116.

29) ESCAP 1981. (Feldman 1992, 116에서 재인용)

30) Kabeer 2000.

31) Bhattacharya 1998, 15; Banglapedia 2004.

32) Bhattacharya 1998, 1.

33) BEPZA 2004.

34) Ibid.

35) ILO 1998, 33.

36) The Daily Star, July 2, 1998.

37) ILO 1998, 37 – 39.

38) Ibid., 7.

39) Kibria 1998, 20

40) Paul – Majumder and Begum 1999, 21.

41) Huq – Hussain 1996, 160.

42) 비공식 산업 노동은 거리에서 물건 팔기, 식당에 쓰이는 양념 갈기, 과자 만들기, 코코넛 섬유소로 만드는 밧줄과 매트짜기, 황마 가방과 플라스틱 가방 꿰매기, 비공식 영역 내에서 소비되는 작은 공장용 사탕 포장 및 종이가방 만들기를 포함한다. Huq – Hussain(1996, 161).

43) Bangladesh Bureau of Statistics 2001.

44) Paul – Majumder and Begum 1999, 21.

45) Sassen 1988, 116.

46) Brochman 1990; Eelens 1995; and Yapa 1995. 조사 결과는 비슷한 양상을 띤다.

47) 스리랑카와 필리핀을 포함한 이러한 수치들은 ILO 자료와 EPZ의 노동과 고용에 관한 통계 자료를 참고로 저자가 계산하였다. Boyenge(2003)과 ILO(2004)를 참고하라.

48) PEFDA 1998, 20.

49) Chant and Mcllwaine 1995, 62.

50) Infante 1975, cited in Lauby and Stark 1988, 474.

51) Mananzan 1998, 195.

52) Lauby and Stark 1988, 474.

53) Hunt et al. 1963, 291(Hart 1971, 109에서 재인용)

54) UN 1993, 99.

55) Population Reference Bureau 2001.

56) Barnum and Sabot 1975(Todaro 1997에서 재인용); Pathak 1997, 375, 386.

57) Hart 1971, 109.

58) Bulletin Today, October 18, 1974.

59) NCRFW and ADB 1995, 48.

60) National Statistic Office 1995.

61) Lauby and Stark 1988, 485.

62) Heinonen 1996, 109.

63) Ogaya 1999, 47.

64) Lauby and Stark 1988, 485.

65) 이 책의 제5장에 수록된 <가계 재정 부실 관리와 소비주의의 증가> 편과 Hart 1971, 133 참조.

66) Bulletin Today, Octorber 18, 1974.

67) Ibid.

68) Ibid.

69) 마닐라에 위치한 스칼라브리니 이주 센터는 국제 이주 문제를 다루는 많은 교회 문 서를 수집한다. 1988년 필리핀 대주교가 가사노동자의 이주를 금지하는 법을 승인 하고, 이를 엔터테이너에게까지 확대하자고 제안했던 때를 제외하고는 가톨릭 교회 (필리핀 국내 및 바티칸을 포함한)는 남성과 여성 모두의 국제 이주에 대해 긍정적 입장을 밝혀 왔다. 이주에 관한 가톨릭 교회의 역할에 대한 보다 자세한 내용은 스 칼라브리니 이주 센터의 「이주와 종교」를 참조(www.smc.org.ph/Home.htm).

70) 교황 요한 13세 1963.

71) Sacred Congregation of Bishops 1969.

72) Morelos 1995.

73) Brochmann 1990, 115.

74) Wesumperum 1986, 90.

75) Kearney and Miller 1987, 54.

76) Kearney and Miller 1987, 52.

77) Perera 1991, 152.

78) Alailima 1997; UNDP 2002.

79) Perera 1991, 166. 최초의 인용에서 'FTZ'라는 약어는 EPZ 대신에 사용되었다. FTZ는 EPZ와 동의어인 자유무역지대(free trade zone)를 나타낸다.

80) Perera 1991, 167; Eelens 1995, 267.

81) Eelens 1995, 267.

82) Perera 1991, 167.

83) Ibid.

84) Ibid.

85) Gamburd 2000, 242.

86) Brochmann 1990, 93.

87) Marga Institute 1995; Yapa 1995.

88) Gamburd 2000, 242.

89) Islam et al. 1987, 149.

90) Mahmood 1993, 220.

91) World Bank 1990, 7.

92) Kabeer 2000, 64.

93) 샤리쉬는 보통 지방 공무원과 농촌 엘리트로 구성된다. 여성은 포함되지 않는다. 여성이 갈등을 조정하고자 샤리쉬를 원하면, 남성 보호자를 앞세워야만 한다. World Bank(1990, 7) 참조.

94) Adnan 1990, 11.

95) Wallace et al. 1987, 79.

96) New Nation, December 22, 1986(Kabeer 2000, 82에서 재인용)

97) Islamic Economics Research Bureau 1980(Kabeer 2000, 82에서 재인용)

98) Hossain 1980, 270.

99) Kibria 1998, 8-10.

100) Ibid.

101) ILO 2004.

102) Dasgupta 2003.

103) Inter Press Service, December 18, 2000.

104) AMC and MFA 2003.

105) 이 비율을 계산하는 데 있어 분모에 전체 스리랑카 여성노동력에 합법적인 이주자 숫자를 더하였다. 노동인력조사자료에서는 이주자를 제외하였기 때문이다.

106) 이 수치는 해외 이주자를 755만 명으로 추정한 자료(AMC and MFA, 2003), 전체 이주자 중 여성 비율(POEA, 2004), 그리고 노동력 자료에 근거하여 계산했다. 이 계산 방식은 스리랑카의 경우에도 동일하게 사용했다.

제7장 결론: 이주의 지구적 거버넌스를 향하여

1) 정치적으로 보면 방글라데시는 '이슬람 국가'라기보다 의회 민주주의에 기반을 두고 있다고 보아야 한다. 그렇지만 정책 입안자들이나 지도층들은 방글라데시인들의 신념, 행위 및 국가 정책의 기반이 이슬람의 가르침에 기반을 두고 있다는 점에서 방글라데시를 '무슬림 국가'라고 지칭한다.

2) 여성 간호사들의 해외이주를 금지한 정책은 방글라데시 정부가 시행한 몇 안 되는 예외적인 정책이었는데 이마저도 몇 개월만에 폐지되었다.

3) Simmons and Guengant 1992, 99.

4) Kyle and Koslowski 2001; MacKlin 2003; Heckman, 2004.

5) 필리핀에는 두 가지 형태의 사전교육이 있다. 하나는 이주를 고민하고 있는 사람들을 위한 고용 전 오리엔테이션이고, 다른 하나는 이미 해외이주를 결정하고 고용 계약서에 서명한 사람들을 대상으로 하는 프로그램이다.

6) Asian Migration News, 8월호, 15-31, 2002.

7) UN 1994 and 1995.

8) UN 1999.

9) UNHCHR 1997.

10) UN 2000b.

11) 위의 책, 2000c.

12) UN 2005.

13) IOM 2004a.

14) IOM 2004b.

15) Global Commission on International Migration 2004.

16) 위의 책.

17) Paiva 1999, 2.

18) 위의 책.

19) IOM 1999, 22.

20) MFA 2002.

21) Gulf News, 2003년 3월 11일.

22) AMC 2000.

23) CARAM Asia 2002.

에필로그: 이주와 여성의 역량강화

1) Brochmann 1990, 197; Chin 1997, 387; Hugo 1998, 25

2) Hugo 1998, 29.

3) 위의 책, 24.

4) Cheng 1996, 115.

5) Pillai 1995, 60.

6) Hugo 1998, 23－24.

7) Adi 1996; Hugo 1998, 22에서 인용.

8) Ismael and Momsen 1997, 146.

9) Brockett 1996, 128; Hugo 1998, 19에서 인용.

10) Constable 1997; Parrenas 2001; Hondagneu－Sotelo 2001; Lan, 출간예정.

11) Kabeer 2001, 21.

12) 위의 책, 18－22.

이 QP코드를 스캔하면
『여성들 이주하다—지구화, 국가정책, 아시아 노동이주』의
참고문헌을 열람할 수 있습니다.

역자 약력

이안지영

국민국가를 중심으로 한 국경이 가진 폭력성에 대한 질문과 성찰을 삶의 중요한 고민으로 여기며 살아가고 있다. 현재는 인종적 소수자로 이주 목적국에서 사는 삶에 대해 고민하며, 캐나다 칼튼 대학교 사회학과에서 <'위장 결혼' 담론과 결혼 이주 여성 통치: 캐나다와 한국의 비교 연구>라는 주제로 박사 논문을 쓰고 있다. 동대학에서 <국제 이주의 사회학>과 <여성학이론: 상호교차성>을 강의했다.

차미경

25년 전 홍콩에서 아시아 노동이주여성들과 조우했다. 이 책의 가사노동자들도 그 시절 처음 만났다. 지나온 세월의 '사회적 고통'에 대한 성찰적 접근을 고민하면서 명지대학교 기록정보과학대학원에서 기록학 박사과정을 수료하였다. 지금은 <국제사회에서의 북한 재해에 대한 기록과 아카이브>라는 주제로 박사논문을 쓰고 있다. <사라지는 깃발은 없다>, <초국적기업, 세계를 삼키다>, <Voice of Migrants> 등을 집필, 번역했다.

허오영숙

2007년부터 한국이주여성인권센터에서 활동하며, 강릉원주대학교 다문화학과 겸임교수이다. "결혼이주여성의 본국 가족 지원(2013)"을 썼다. 이주여성 현장에서 젠더, 빈곤, 국가, 민족, 인종이 교차하는 모순을 경험하며 활동가로서 현장을 분석하고자 노력하고 있다.

권미경

80년대 한국의 가난한 여성문제에 관심 가졌고, 이후 지구적 차원의 여성문제에 눈떴다. 2006년부터 이주여성지원기관에서 현재까지 근무하고 있다. 이주여성들이 겪는 차별과 폭력, 한국인의 뿌리 깊은 차별의식과 행동을 늘 경험하면서 야만이 감소되는 사회를 희망한다.

여성들 이주하다 ─ 지구화, 국가정책, 아시아 노동이주

초판발행	2018년 12월 5일
지은이	나나 오이시(Nana Oishi)
옮긴이	이안지영 · 차미경 · 허오영숙 · 권미경
펴낸이	안상준
펴낸곳	㈜ 피와이메이트
	서울특별시 금천구 가산디지털2로 53 한라시그마밸리 210호(가산동)
	등록 2014. 2. 12. 제2018-000080호
전 화	02)733-6771
f a x	02)736-4818
e-mail	pys@pybook.co.kr
homepage	www.pybook.co.kr
ISBN	979-11-88040-01-8 93330

copyright©이안지영·차미경·허오영숙·권미경, 2018, Printed in Korea

* 잘못된 책은 바꿔드립니다. 본서의 무단복제행위를 금합니다.
* 역자와 협의하여 인지첩부를 생략합니다.

정 가	19,000원

박영스토리는 박영사와 함께하는 브랜드입니다.